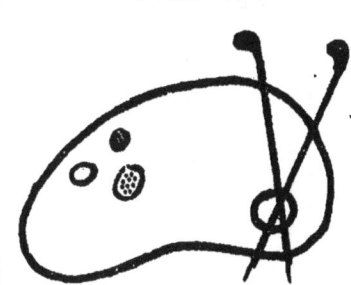

Couvertures supérieure et inférieure en couleur

Illisibilité partielle

BIBLIOTHÈQUE ROSE ILLUSTRÉE

CAPITAINE MAYNE-REID

BRUIN

ou

LES CHASSEURS D'OURS

TRADUIT DE L'ANGLAIS AVEC L'AUTORISATION DE L'AUTEUR
PAR A. LETELLIER

OUVRAGE ILLUSTRÉ DE 8 VIGNETTES

PARIS
LIBRAIRIE HACHETTE ET Cie
79, BOULEVARD SAINT-GERMAIN, 79

PRIX : 2 FRANCS 25

LE JOURNAL DE LA JEUNESSE

NOUVEAU RECUEIL HEBDOMADAIRE ILLUSTRÉ
POUR LES ENFANTS DE DOUZE A QUINZE ANS

CONDITIONS DE VENTE ET D'ABONNEMENT

Un numéro comprenant 16 pages grand in-8 paraît le samedi de chaque semaine.

Prix de chaque année, brochée en 2 volumes : 20 fr.
Chaque semestre, formant un volume, se vend séparément : 10 fr.
Le cartonnage en percaline rouge, tranches dorées, se paye en sus par volume ?...

Prix de l'abonnement pour Paris et les départements :
un an, 20 fr. ; six mois, 10 fr.

Prix de l'abonnement pour les pays étrangers qui font partie
de l'Union générale des postes : un an, 22 fr. ; six mois, 11 fr.

Les abonnements se prennent du 1ᵉʳ décembre et du 1ᵉʳ juin
de chaque année.

MON JOURNAL
NOUVEAU RECUEIL HEBDOMADAIRE
ILLUSTRÉ DE NOMBREUSES GRAVURES EN COULEURS ET EN NOIR
A L'USAGE DES ENFANTS DE HUIT A DOUZE ANS

MON JOURNAL, à partir du 1ᵉʳ octobre 1882, est devenu hebdomadaire de mensuel qu'il était, et convient à des enfants de
8 à 12 ans.

Il paraît un numéro le samedi de chaque semaine.
Prix du numéro, 15 centimes.

ABONNEMENTS :

FRANCE { Six mois... 4 fr. 50 } UNION POSTALE { Six mois 5 fr. 50
        { Un an...... 8 fr. }   { Un an... 10 fr.

Prix de chaque année de la 2ᵉ série : broché, 8 fr. ; cartonnée avec
couverture en couleurs, 10 fr.

Paris. — Imprimerie Lahure, rue de Fleurus, 9.

BRUIN
ou
LES CHASSEURS D'OURS

OUVRAGES DU MÊME AUTEUR

PUBLIÉS DANS LA BIBLIOTHÈQUE ROSE ILLUSTRÉE

PAR LA LIBRAIRIE HACHETTE ET Cⁱᵉ

Les chasseurs de girafes, traduit de l'anglais, par H. Vattemare; nouvelle édition. Un vol. avec 10 gravures d'après A. de Neuville.

A fond de cale, voyage d'un jeune marin à travers les ténèbres, traduit par Mme H. Loreau; nouvelle édition. Un volume avec 12 gravures.

A la mer! traduit par Mme H. Loreau; nouvelle édition. Un vol. avec 12 grandes gravures.

Bruin, ou les Chasseurs d'ours, traduit par A. Letellier; nouvelle édition. Un vol. avec 8 grandes gravures.

Le chasseur de plantes, traduit par Mme H. Loreau; nouvelle édition. Un vol. avec 12 grandes gravures.

Les exilés dans la forêt, traduit par Mme H. Loreau; nouvelle édition. Un vol. avec 12 grandes gravures.

Les grimpeurs de rochers, suite du Chasseur de plantes, traduit par Mme H. Loreau; nouvelle édition. Un vol. avec 20 grandes gravures.

Les peuples étranges, traduit par Mme H. Loreau; nouvelle édition. Un vol. avec 8 gravures.

Les vacances des jeunes Boers, traduit par Mme H. Loreau; nouvelle édition. Un vol. avec 12 grandes gravures.

Les veillées de chasse, traduit par H.-B. Revoil; nouvelle édition. Un vol. avec 5 gravures d'après Freeman.

L'habitation du désert, ou Aventures d'une famille perdue dans les solitudes de l'Amérique, traduit par A. Le François; nouvelle édition. Un vol. avec 23 grandes gravures d'après G. Doré.

La chasse au Léviathan, traduit par J. Girardin; nouvelle édition. Un vol. avec 51 gravures d'après Ferdinandus et Weber.

Prix de chaque volume, broché : 2 fr. 25 c.

La reliure en percaline rouge, tranches dorées, 3 fr. 50.

Coulommiers. — Imp. Paul BRODARD. — 744-97.

CAPITAINE MAYNE-REID

BRUIN

ou

LES CHASSEURS D'OURS

TRADUIT DE L'ANGLAIS AVEC L'AUTORISATION DE L'AUTEUR

PAR A. LETELLIER

OUVRAGE ILLUSTRÉ DE 8 VIGNETTES

NOUVELLE ÉDITION

PARIS
LIBRAIRIE HACHETTE ET Cie
79, BOULEVARD SAINT-GERMAIN, 79
1898

Droits de traduction et de reproduction réservés.

BRUIN
ou
LES CHASSEURS D'OURS

I

Le palais Grodonoff.

Sur les rives de la Newa, près de la grande ville de Saint-Pétersbourg, s'élève un magnifique palais appelé palais Grodonoff, du nom de son propriétaire, qui en fait sa résidence habituelle. Au-dessus de la porte d'entrée se voit un écusson, sculpté dans le granit, dont la principale figure est un ours, dans le cœur duquel s'enfonce la lame d'un couteau, dont le manche est tenu par une main d'homme. Ouvrez la porte et entrez dans la vaste cour qui précède le palais. A droite et à gauche, vous apercevrez deux ours bruns, vivants, et de la grosseur d'un buffle.

Il serait difficile de ne pas les remarquer, car sur dix personnes qui pénètrent dans la cour du palais Grodonoff, il n'en est peut-être pas une sur laquelle ils ne se ruent avec de terribles hurlements, et qui, sans la chaîne à l'aide de laquelle ils sont solidement attachés l'un et l'autre, n'eût probablement à se repentir d'en avoir franchi le seuil. Une fois entré, jetez les yeux autour de vous, et au-dessus de toutes les portes ouvrant sur la cour, vous retrouverez le même ours sculpté dans la pierre, comme au-dessus de la porte principale : aux écuries, aux remises, aux cuisines, il est partout. Cet écusson, en effet, est celui du maître de ce palais, le baron Grodonoff, dont les armes sont un ours ayant dans le cœur la lame d'un couteau tenu par une main d'homme.

Il est naturel de supposer qu'au choix de cet écusson se rattache une histoire, et que c'est pour perpétuer le souvenir de quelque trait de la vie de Grodonoff, que la famille a été autorisée à placer cet ours dans ses armes. Telle est en effet leur véritable origine, et si nous entrons dans la galerie de tableaux que possède le palais, nous y verrons cette origine plus explicitement rappelée et représentée dans une grande peinture à l'huile, placée de la façon la plus apparente, au centre de la pièce. Le tableau représente une forêt de vieux arbres, dont les troncs gris et noueux se dressent sur le sol, étroitement serrés les uns contre les autres et remplissant tout le paysage, à l'exception d'une petite clairière, sur le premier plan, occupée par trois figures : deux hommes et un ours. L'ours est entre les deux hommes, ou plutôt l'un de ceux-ci est à terre, renversé par un coup de la terrible patte de Bruin, qui, tout à côté, se tient droit sur ses membres de derrière. L'autre homme est debout, évidemment engagé dans une lutte désespérée contre la bête féroce, et vraisemblablement tout près d'être victorieux, car la lame de son grand couteau de chasse est entrée dans la poitrine du monstre, juste au-dessus de la région du cœur. L'ours donne déjà des signes de défaillance; sa patte

Tableau principal de la galerie Grodonoff.

alanguie n'étreint plus l'épaule de son adversaire; le sang lui sort de la gueule et des narines; il est évident que ses forces l'abandonnent et qu'il sera bientôt étendu sans vie sur le sol.

Les deux hommes qui figurent dans ce tableau diffèrent essentiellement de costume et d'aspect. Tous deux sont jeunes et vêtus pour la chasse, mais rien qu'à l'habit néanmoins, il est facile de voir qu'ils n'appartiennent pas à la même classe de la société. Le vêtement de celui qui est à terre annonce la richesse; sa tunique, du plus beau drap vert, est garnie au collet, aux manches et sur les bords, de fourrures de prix; son pantalon blanc est de peau de daim très-fine, et des bottes à larges plis, de couleur brune et d'un cuir très-souple, lui montent presque jusqu'aux cuisses; un ceinturon, richement brodé, lui serre la taille, et à son côté pend une courte épée de chasse dont la poignée est ciselée et ornée de pierreries. Un léger chapeau à plumes, évidemment tombé dans la lutte, est à terre près de sa tête, et un peu plus loin un épieu, échappé sans doute à ses mains au moment de sa chute. Dans son ensemble, le costume est celui que prennent au théâtre les acteurs chargés de représenter quelque prince allemand ou slave, à la chasse du sanglier, dans les forêts de la Lithuanie.

C'est un prince, en effet, qui est représenté à terre, dans le tableau de la galerie du baron Grodonoff, mais un prince russe; et l'ours est l'ours de Russie.

L'autre chasseur, celui qui vient de donner à la bête le coup de la mort, est vêtu tout autrement. Son costume est celui d'un chasseur de fourrures, d'un trappeur de martres ou de zibelines. Il consiste en une sorte de tunique de peau, serrée à la taille par une ceinture de cuir; sa tête est couverte d'un bonnet fourré, et ses pieds se perdent dans de grosses bottes de peau à peine tannée qui lui recouvrent également une partie des jambes. A ce vêtement grossier, il est facile de reconnaître un paysan ; mais sa figure, telle que le peintre l'a représentée, n'est point commune, et ses traits n'ont rien de désagréable. Il n'est pas aussi beau que son compagnon, car il faudrait qu'un peintre fût bien malavisé et entendît bien peu ses propres intérêts pour donner à un paysan la beauté d'un prince. En Russie comme ailleurs, l'artiste capable d'une telle maladresse serait un véritable phénix, — *rara avis*.

Le tableau dont nous venons de parler est le morceau principal, la *pièce de résistance* de la galerie Grodonoff. Ses dimensions, la place qu'il occupe prouvent l'importance qu'y attache le maître du palais, et le fait dont il est destiné à rappeler le souvenir justifie pleinement la distinction dont il est l'objet. Sans ce tableau, en effet, ou plutôt sans la scène qu'il représente, il n'y aurait ni galerie, ni palais, ni baron de Grodonoff.

L'histoire est simple et peut se raconter en peu de mots. Comme on vient de le dire, le personnage du tableau qui est à terre, son chapeau à côté de lui, son épieu loin de sa main désarmée, est un prince russe ; ou plutôt il l'était, car au moment où commence notre récit, il est empereur de toutes les Russies. Il chassait le sanglier, et comme il arrive souvent aux princes à la chasse, il s'était trouvé tout à coup séparé de sa suite et de ses compagnons. Emporté par son ardeur et tout à la poursuite du gibier, il s'était enfoncé de plus en plus dans la forêt, lorsqu'il se trouva soudain face à face avec un ours. Les princes ont, à l'occasion, leur amour-propre de chasseur comme les autres hommes : celui-ci, dans l'espoir d'un glorieux trophée, attaqua l'ours avec l'épieu qu'il avait à la main. Mais l'arme qui, bien dirigée, eût pénétré aisément dans la chair d'un sanglier, fut sans effet sur la rude toison et le cuir épais de Bruin. Le coup ne fit que l'irriter. Comme tous les ours bruns en général, celui-ci se jeta alors avec furie sur son agresseur, et, de sa large patte, il donna au prince, sur l'épaule, une tape si bien appliquée que, non-seulement l'épieu échappa à sa main défaillante, mais que l'imprudent chasseur tomba étendu tout de son long sur le gazon.

Poursuivant ses avantages, l'ours s'était jeté d'un bond sur son ennemi renversé, et, sans aucun doute, il allait en un clin d'œil en faire un cadavre, soit en l'étranglant par une de ses formidables étreintes, soit en le déchirant à belles dents. Un instant encore, et l'espoir de la Russie allait périr au fond d'un bois, victime d'une bête féroce! mais au moment suprême, un troisième acteur vint prendre sa part du drame, dans la personne du jeune paysan, — un véritable chasseur celui-là, — qui était déjà depuis quelque temps sur les traces de l'ours et l'avait suivi jusqu'en cet endroit.

En arrivant sur le lieu de la scène, le premier mouvement de ce nouveau venu fut de décharger sur l'ours son coup de fusil; mais voyant que ce n'était pas assez pour venir à bout d'un tel ennemi, il tira son couteau et se précipita sur la bête. Une lutte désespérée s'engagea aussitôt, lutte dont le lecteur sait déjà que le jeune chasseur sortit victorieux, et dans laquelle l'ours frappé au cœur fut bientôt réduit à « mordre la poussière. »

Ni le prince ni le paysan ne se tirèrent tout à fait sains et saufs de l'aventure. Tous deux portaient des traces de la griffe du vaincu, mais aucune de leurs blessures n'offrait de danger sérieux et Son Altesse se retrouva bientôt sur ses pieds, avec la conscience de l'avoir échappé belle.

Je n'ai pas besoin d'ajouter que le prince n'épargna rien pour exprimer, à celui qui venait de lui sauver la vie, toute sa gratitude. Le jeune chasseur ne faisait pas partie de sa suite; c'était tout simplement un paysan dont la demeure se trouvait dans la forêt même où s'était passé l'événement. Mais leur connaissance ne finit pas avec cette aventure. Le prince devint empereur; le paysan fut lieutenant dans la garde impériale, puis capitaine, colonel ensuite, général enfin et baron de l'empire!

Son nom?

Grodonoff, — et le palais où s'offre à tous les regards le tableau que nous venons de décrire est le sien.

II

Le baron Grodonoff.

Pénétrons dans le palais Grodonoff, et, dans l'un des appartements, nous trouverons son propriétaire, le baron lui-même. Il est assis devant une lourde table en chêne, dans un fauteuil de même bois. Sur la table est étendue une mappemonde, et à côté du fauteuil se voit un globe terrestre de grande dimension. Plusieurs tablettes disposées le long des murs sont chargées de livres, et cependant cette pièce n'est pas une bibliothèque, dans le vrai sens du mot. C'est un salon oblong dont trois côtés sont occupés par de spacieuses vitrines dans lesquelles sont rangés divers objets d'histoire naturelle : des oiseaux, des quadrupèdes, des reptiles, des insectes, préparés avec le plus grand soin et classés dans un ordre méthodique. Le baron en fait son muséum; c'est là qu'il conserve les collections qu'il s'est plu lui-même à former, et les volumes qui garnissent les tablettes sont les œuvres de divers naturalistes.

A voir la physionomie toute militaire du personnage assis devant la table de chêne qui occupe à peu près le milieu de cette pièce, — un vrai type de vétéran, avec des cheveux blancs comme neige et d'épaisses moustaches de même couleur, — peut-être un étranger eût-il eu quelque peine à se figurer qu'il était en présence d'un homme adonné à l'étude d'une science d'un caractère aussi essentiellement pacifique que l'histoire naturelle. On l'aurait cru plus volontiers occupé de résoudre quelque grand problème de fortification, les œuvres de Vauban sous les yeux, ou d'écrire l'histoire de quelqu'une des campagnes de Suwarrow, de Diebitch, de Paskiewitch ou de Potemkin. On se serait trompé cette fois en jugeant sur les apparences. Quoique le baron eût acquis, dans l'armée, le renom d'un excellent officier et eût servi avec éclat, l'étude de la nature était devenue sa plus chère occupation. La vie de chasseur, qu'il avait menée dans sa jeunesse, avait fait naître en lui un penchant pour l'histoire naturelle qui, plus tard, s'était développé par la lecture et les recherches. Ce n'était plus une prédilection, mais une passion, et, dans sa retraite, le vétéran consacrait presque tout son temps à son étude favorite. La grande fortune qu'il devait aux libéralités de son souverain lui permettait de se livrer sans restriction, sans parcimonie, à son goût pour les sciences, et la magnifique collection dont il était entouré prouvait que rien ne lui avait coûté pour le satisfaire.

Au moment où nous pénétrons dans le muséum du baron, la mappemonde et le globe semblaient absorber toute son attention. Ses recherches géographiques se rattachaient-elles à quelque question d'histoire naturelle? Oui, d'une façon au moins indirecte, comme la suite va nous l'apprendre.

Il y avait sur la table un timbre. Le baron en pressa le bouton, et presque aussitôt un domestique entra.

« Prévenez mes fils que je les attends, » dit le général.

Le domestique salua et sortit.

Quelques minutes après, la porte se rouvrait pour donner passage à deux jeunes gens qui pouvaient avoir l'un seize, l'autre dix-huit ans. L'aîné et le plus grand avait le teint brun, de longs cheveux noirs et des yeux de même couleur. L'expression de sa physionomie annonçait un caractère ferme et porté aux choses sérieuses, tandis que ses vêtements, ou plutôt la manière dont il les portait, indiquaient, chez lui, l'absence de toute espèce de recherche et de coquetterie. Il était beau d'ailleurs et avait déjà ce grand air qui distingue la noblesse russe. Il se nommait Alexis.

Son jeune frère lui ressemblait aussi peu que s'il n'eût existé entre eux aucun lien de parenté. Il tenait surtout de sa mère, la baronne, tandis qu'Alexis avait les traits et en grande partie le caractère de son père. Ivan était un joli garçon, dont les cheveux blonds tombaient en boucles dorées sur un front brillant de jeunesse, et dont les joues avaient les couleurs de la rose. Ses yeux étaient de ce bleu foncé qui se remarque fréquemment parmi les populations de race slave, et la vivacité de son regard annonçait un cœur franc et ouvert, toujours prêt à prendre sa part de quelque bon tour ou de quelque plaisanterie, mais sans un grain de malice ni de méchanceté.

Tous deux, en s'approchant de leur père, avaient un air grave et respectueux. Alexis semblait d'ailleurs parfaitement à son aise, tandis qu'Ivan s'avançait de l'air de quelqu'un qui, ayant la conscience troublée de quelque récent méfait, cherche à se donner une contenance propre à tromper les regards les plus clairvoyants.

Mais avant d'aller plus loin, disons un mot de ces deux jeunes gens et de l'objet pour lequel leur père les avait appelés en sa présence. Il y avait déjà plus de dix ans que l'un et l'autre étudiaient dans des livres, sous la direction des plus habiles maîtres que pût fournir la Russie. Leur père avait lui même consacré beaucoup de temps à leur instruction, et naturellement, il leur avait communiqué, à l'aîné surtout, son goût pour l'histoire naturelle.

Alexis s'adonnait donc volontiers à l'étude de la nature, tandis qu'Ivan se montrait plus sensible au récit des grands événements de l'histoire. Tout en lui indiquait un penchant prononcé pour les splendeurs d'un monde où il aspirait à jouer un rôle à son tour. Les livres qu'ils avaient eus entre les mains et qui étaient pour la plupart des relations de voyages, avaient fait naître, chez ces jeunes gens, une envie de voir le monde qui, accrue chaque jour, était devenue un désir très-vif. Ce désir, ils l'avaient souvent manifesté dans leurs conversations avec leur père, et enfin ils avaient résolu de le formuler nettement, sur le papier, dans une lettre qu'ils avaient rédigée en commun, arrêtée après mûre délibération, et que le baron avait prise sur sa table et ramenée devant lui au moment où ils étaient entrés.

Ils demandaient simplement à leur père d'être assez bon pour leur permettre de voyager et de voir les pays étrangers, laissant à sa sagesse et à son autorité le soin de décider où ils iraient et comment ils voyageraient.

C'était pour répondre à cette pétition que le baron avait appelé ses fils en sa présence.

III

Les ordres cachetés.

« Ainsi, mes jeunes lurons, dit le général en attachant sur ses enfants un regard où la bonté s'alliait à la fermeté, vous avez le désir de voyager; vous voulez voir le monde?

— Oui, père, répondit modestement Alexis. Notre gouverneur assure que nous sommes assez instruits pour voyager avec fruit, et si vous ne vous y opposez pas, nous aimerions à voir du pays.

— Comment! avant d'aller à l'Université?

— Mais papa, je croyais que vous n'aviez l'intention de nous envoyer à l'Université que dans quelque temps; et ne nous avez-vous pas dit qu'une année de voyage valait mieux que dix ans passés à l'Université?

— Peut-être l'ai-je dit; mais cela dépend de la façon de voyager. Si vous ne cherchez en voyage que votre amusement, vous pouvez faire le tour du monde et rentrer au logis sans être plus savants ou plus sages qu'au départ. J'ai vu bien des gens revenir d'un voyage de circumnavigation autour du globe, sans avoir rien appris qu'ils n'eussent pu tout aussi bien apprendre en restant chez eux. Franchir les distances dans l'étroit compartiment d'un wagon de chemin de fer ou dans des bateaux à vapeur bien confortables, et coucher dans de splendides hôtels, est-ce là ce que vous entendez par voyager?

— Oh! non, père; quoi que vous décidiez vous-même à cet égard, je m'y conformerai volontiers, dit Alexis.

— Quant à moi, ajouta Ivan, je ne suis pas difficile, et la fatigue ne m'effraye pas. Quelles que soient les conditions du voyage, je suis prêt. »

Ces paroles furent prononcées d'un petit air un peu fanfaron. Au fond, Ivan ne tenait pas à un mode de voyager où la fatigue jouât un trop grand rôle, et s'il en parlait de ce ton dégagé, c'est qu'il ne croyait pas que sa résolution dût être mise à bien rude épreuve.

« Et si je consentais à votre départ, reprit le baron, où iriez-vous? Vous, Alexis, quelle partie du monde aimeriez-vous à visiter?

— L'Amérique, père, ses grands fleuves, ses forêts, ses montagnes. Si le choix m'était laissé, j'irais certainement en Amérique; mais cela dépend de vous, et je ferai ce que vous voudrez.

— Et vous, Ivan?

— Moi, de toutes les villes du monde, c'est Paris surtout que je voudrais visiter, répondit le jeune homme, sans songer que sa réponse allait déplaire à son père.

— J'aurais dû m'en douter, » murmura le baron, dont le front se plissa sous une impression de mécontentement.

Ivan s'aperçut du déplaisir que sa réponse avait causé.

« Oh! papa, ajouta-t-il aussitôt, je ne tiens pas tant

à Paris. J'irai partout : en Amérique, si c'est là ce que préfère Alexis ; avec lui je ferais le tour du monde.

— Ah ! ah ! reprit le baron en riant, voilà qui est parler, Ivan ; et puisque vous n'y avez pas d'objection, vous ferez le tour du monde.

— En vérité? fit Alexis ; quel bonheur !

— Comment ! nous visiterons toutes les grandes villes du monde, ajouta Ivan, dont l'esprit était surtout occupé des plaisirs qu'offre le séjour des grandes cités.

— Non, répondit le père ; mes intentions sont tout autres. Il y a beaucoup à apprendre dans les villes ; mais on y apprend aussi beaucoup de choses qu'il vaudrait mieux ignorer. Je ne m'oppose pas à ce que vous passiez dans les villes, car vous en rencontrerez sur votre route ; mais l'une des conditions que je mets à votre départ, c'est que vous ne vous arrêterez dans aucune plus de temps qu'il n'en faut pour vous mettre en mesure de continuer votre voyage. Votre but doit être de visiter des pays, des contrées où la nature vous apparaisse sous toutes ses formes, et non des villes, des capitales, où vous ne verriez guère que ce que vous pourriez voir tout aussi bien à Saint-Pétersbourg. C'est la nature que je veux que vous appreniez à connaître, et pour cela il faut la voir dans son état le plus primitif. Là seulement elle vous apparaîtra dans sa sublimité et sa grandeur.

— Bien volontiers, père, s'écrièrent à la fois les deux enfants. Quelle contrée devons-nous visiter? Où faut-il aller?

— Il faut, comme l'a dit Ivan, faire le tour du monde.

— Oh ! quel long voyage ! Vous voulez, je suppose, que nous traversions l'Atlantique et gagnions ensuite par l'isthme de Panama, l'océan Pacifique, ou bien qu'à l'exemple de Magellan nous doublions le cap Horn?

— Ni l'un ni l'autre. Je désire que vous voyagiez par terre plutôt que par mer. Si les voyages par terre sont plus longs et plus fatigants, ils sont aussi plus instructifs. Croyez bien, mes enfants, que si j'expose vos jours dans quelque lointaine entreprise, ce n'est pas sans dessein. J'ai même plus d'un but en le faisant. Je désire d'abord que vous complétiez vos études sur l'histoire naturelle dont je vous ai moi-même enseigné les éléments. La meilleure école pour cela, le meilleur maître, c'est la nature, que vos voyages vous mettront à même d'explorer. En second lieu, je suis, comme vous le savez l'un et l'autre, grand amateur de tout ce qui existe dans la nature et particulièrement de tout ce qui a vie : — les bêtes de la terre et les oiseaux de l'air. Vous les observerez dans les pays d'où ils sont originaires ; vous étudierez leurs habitudes, leurs mœurs, leur mode d'existence. Vous tiendrez un journal de tous les faits et événements qui vous paraîtront dignes de remarque et vous y raconterez dans tous leurs détails les aventures qui pourront vous arriver en route et dont il vous semblera que le récit puisse m'intéresser à votre retour. Je fournirai amplement à vos dépenses ; mais je n'entends pas que vous gaspilliez votre argent en séjours inutiles dans les grandes villes ; il ne vous est donné que pour frais de route et dépenses de voyages. L'empereur a eu la bonté de me remettre, pour vous, une lettre circulaire à l'aide de laquelle vous trouverez, chez ses agents dans le monde entier, l'argent et toute l'assistance dont vous pourrez avoir besoin.

— Nous promettons, père, de nous conformer strictement à vos instructions. Mais par quelles contrées devons-nous commencer notre voyage ? » demanda Alexis.

Le baron fut quelques instants sans répondre. Puis,

tirant de l'un des tiroirs de son bureau un pli dont le cachet et l'enveloppe semblaient encore tout frais, il le présenta à ses fils en leur disant :

« Sous ce pli, vous trouverez les conditions auxquelles je vous permets de voyager. Je ne vous demande pas d'y souscrire avant de les avoir examinées avec soin et d'y avoir mûrement réfléchi. Vous allez donc vous retirer dans votre salle d'études, lire attentivement le traité ici contenu, et quand vous en aurez bien pesé toutes les clauses, vous reviendrez me dire si vous les acceptez; si c'est non, qu'il ne soit plus question de voyage.

— Par le grand Pierre! murmura Ivan à l'oreille d'Alexis, il faudrait qu'elles fussent bien dures pour que nous ne disions pas oui. »

Alexis prit le papier, et tous deux, après avoir salué leur père, retournèrent à leur appartement.

Le pli fut immédiatement ouvert, et le contenu ne laissa pas de leur causer quelque surprise. C'était une lettre de leur père ainsi conçue :

« Mes fils, Alexis et Ivan,

« Vous voulez voyager, et vous avez demandé ma permission. Je l'accorde, mais seulement aux conditions suivantes : Vous me rapporterez une peau de chacune des espèces et variétés d'ours connues. Je ne parle pas de ces variétés accidentelles, résultant de l'albinisme ou de causes analogues, mais de toute espèce ou variété admise par les naturalistes, classée par eux et reconnue comme permanente. Les ours dont vous réunirez ainsi les peaux devront être tués dans les pays mêmes où la nature les a fait naître, et par vous, sans autre secours que celui d'un compagnon de voyage que je vous donnerai. Pour accomplir la tâche que je vous impose, il faudra que vous fassiez le tour du monde ; mais j'entends, et c'est là encore une de mes conditions, que vous ne le fassiez qu'une fois. En d'autres termes, je vous laisse libres de parcourir en tous sens les divers degrés de latitude, et d'aller ainsi d'un pôle à l'autre, si cela vous plaît (les deux jeunes gens ne purent s'empêcher de sourire en se voyant accorder tant de liberté), mais il n'en sera pas de même pour les degrés de longitude. Vous ne devez en aucun cas, traverser deux fois le même méridien, si ce n'est en revenant à Saint-Pétersbourg. Cette condition ne s'applique pas aux courses en tous sens où peuvent vous entraîner la poursuite d'un ours ou la nécessité de le suivre dans son repaire ; elle ne concerne que votre voyage proprement dit. Vous partirez de Saint-Pétersbourg et prendrez votre direction à l'est ou à l'ouest, comme il vous plaira. Vous avez déjà, je l'espère, en histoire naturelle et en géographie, assez de connaissances pour comprendre que, par les conditions mêmes que je vous impose, votre route est toute tracée, et qu'il ne vous reste plus qu'à décider si vous prendrez votre direction à l'est ou à l'ouest. Ce point, comme tout ce qui se rapporte à votre manière de voyager, est laissé complétement à votre choix, et j'espère que l'éducation pratique que vous avez reçue vous mettra à même de régler tous ces détails de la façon la plus convenable. Une fois sortis de mon palais, je ne m'occupe plus de vous. Vous serez peut-être quand je vous reverrai, plus vieux de quelques années ; mais je compte que ce temps n'aura pas été perdu pour vous et que vous pourrez, à votre retour, rendre bon compte de vous-mêmes. C'est le ferme espoir et le plus vif désir de votre affectionné père.

« Michel GRODONOFF. »

IV

Discussion des articles.

Les deux jeunes gens ne purent se défendre d'un certain étonnement en lisant cette singulière épître ; mais, en somme, les conditions de leur père ne leur semblèrent ni dures ni déraisonnables, et ils n'hésitèrent pas à les accepter. Ils devinaient une partie au moins des motifs qui avaient déterminé la conduite du baron. Ils savaient qu'il les aimait l'un et l'autre d'un amour paternel, mais qu'il ne fallait attendre de cette tendresse, ni molles complaisances, ni une vie d'enfant gâté, au milieu du luxe d'un palais somptueux. A ses yeux l'éducation acquise à la rude école de la fatigue et des voyages était bien préférable à celle qu'on trouve dans les livres et dans les universités, et il voulait qu'à cet égard celle de ses fils ne laissât rien à désirer. Il avait décidé qu'ils verraient le monde, non pas, dans le sens le plus ordinaire de cette phrase banale, c'est-à-dire le monde des villes et des grandes capitales, avec ses vaines apparences et ses vices, mais le monde de la nature ; et pour que rien ne manquât, sous ce rapport, à leur instruction, il leur avait tracé un plan qui devait les conduire au milieu des contrées les plus sauvages, où la nature leur apparaîtrait sous les aspects les plus rares et les plus primitifs.

« Sur ma parole, frère, s'écria Ivan aussitôt qu'Alexis eut fini de lire la lettre de leur père, voilà de quoi satisfaire notre envie de voyager; mais il faut convenir que papa a pris un singulier moyen de nous tenir éloignés des grandes villes.

— Oui, répondit tranquillement Alexis, il n'y a pas beaucoup de villes où les ours abondent.

— Ce sont là vraiment d'étranges conditions, reprit Ivan, et je ne vois pas quel peut être le but de notre père en nous les imposant.

— Je ne le devine guère moi-même, et je n'y vois qu'une explication.

— Laquelle, frère?

— Tu sais, Ivan, l'intérêt que prend notre père à tout ce qui se rapporte aux ours. C'est, au dire de chacun, presque une manie chez lui.

— Oh! nous savons pourquoi, et le grand tableau de la galerie est là pour l'apprendre à qui l'ignore, répondit Ivan en riant. Sans un ours, papa n'eût jamais été baron.

— C'est juste, et cela peut expliquer l'intérêt qu'il prend à ces animaux.

— Et les bizarres conditions auxquelles il nous permet de voyager, continua Ivan. Tout cela cependant a l'air quelque peu excentrique.

— Papa a sans doute ses raisons, poursuivit Alexis. Qui sait s'il n'a pas l'intention d'écrire une monographie des ours, et si ce n'est pas pour cela qu'il veut avoir une collection complète de leurs peaux, le costume entier d'un membre de chaque branche de la grande famille de maître Bruin? Eh bien! faisons de notre mieux pour le satisfaire. Il ne nous appartient pas de rechercher les motifs qui font agir notre excellant père. Notre devoir est d'obéir à ses ordres, quelque laborieuse et difficile que soit la tâche qu'il nous impose.

— Tu as raison, frère, et je pense comme toi. Je suis donc tout prêt à obéir et à accomplir, quelle qu'elle soit, la tâche que papa a cru devoir nous imposer. »

La surprise éprouvée par les deux frères, en lisant la lettre du baron, se conçoit d'ailleurs aisément, et sans les progrès que, grâce à ses leçons, ils avaient déjà faits dans les sciences naturelles, il leur eût été difficile, sinon tout à fait impossible, de bien comprendre et de suivre ses instructions. Il leur était prescrit de tuer, pour avoir sa peau, un ours de toutes les variétés connues ; de plus l'animal devait être tué dans le pays où la nature l'a fait naître, et de leurs propres mains, ce qui impliquait nécessairement l'obligation de visiter toutes les contrées où il y a des ours. Malgré leur jeunesse, les deux fils du baron étaient d'habiles chasseurs et d'excellents tireurs. Nourri lui-même dans le métier, leur père les avait initiés de bonne heure à tous les secrets de l'art de la chasse, et il leur avait fait prendre des habitudes de sang-froid et de résolution qu'on n'acquiert en général qu'à l'âge d'homme. Tous deux étaient aguerris contre les périls et les privations dont la vie du chasseur est pleine. Il leur était déjà arrivé à l'un et à l'autre de marcher un jour ou deux sans manger et sans boire ; de dormir en plein air, sans autre abri que la voûte du ciel et sans autre matelas que le gazon dont la terre était couverte. Toutes ces épreuves, ils les avaient supportées sous le froid climat de leur patrie, et il n'était pas probable qu'ils en rencontrassent nulle part un plus rigoureux. L'éducation des jeunes Gredonoff avait donc été, sous tous les rapports, d'une sévérité presque spartiate, une véritable *Cyropédie*, — et ils ne craignaient ni les fatigues, ni les privations, ni les dangers. Ils étaient bien les jeunes gens qu'il fallait pour exécuter le singulier programme que leur avait tracé la main de leur père.

Mais l'exécution de ce programme était-elle possible? Telle était pour eux la première question à examiner. Il y avait, dans les courtes instructions du baron, quelques points très-délicats. Ils pouvaient aller, comme bon leur semblerait, d'un degré de latitude à l'autre, mais la même liberté ne leur était pas laissée à l'égard des degrés de longitude. Dans ces conditions, était-il possible de visiter tous les pays habités par les ours?

Puisque tels étaient les ordres de leur père, ils devaient croire qu'il y avait moyen de les exécuter; mais il fallait évidemment que nos jeunes voyageurs réglassent leur marche avec la plus grande prudence. Autrement ils s'exposaient à faire fausse route et à se voir arrêtés tout à coup par l'impossibilité absolue d'aller plus loin, sans enfreindre les instructions du baron. Ils ne devaient pas *traverser deux fois le même méridien*. C'était là surtout le point qui les embarrassait et qui leur faisait sentir la nécessité de se mettre en garde contre toute fausse direction.

Heureusement Alexis était un zoologue accompli, et il connaissait parfaitement la distribution géographique du genre ours sur notre globe. Sans cela, il eût été certainement bien difficile aux deux frères de résoudre le problème et de tracer eux-mêmes leur itinéraire.

« Si nous étions au temps où le grand naturaliste de la Suède publia son *Système de la nature*, dit Alexis avec un sourire, la tâche qui nous est imposée ne nous donnerait pas beaucoup de peine et nous serions bien vite au terme de notre voyage.

— Que veux-tu dire par là, frère? reprit Ivan. Et où irions-nous pour cela?

— Tout simplement dans la cour de notre palais. Nous n'aurions qu'à tuer et dépouiller un des grands ours enchaînés près de la porte, et les conditions de la lettre de notre père se trouveraient complétement remplies.

— Comment cela? Je ne comprends pas, dit Ivan avec un regard étonné.

— Comment! tu ne comprends pas? Relis donc la lettre, pèses-en bien tous les termes.

— Ils n'ont rien d'obscur et je les sais par cœur. Notre père nous permet de voyager, à la condition de ne revenir à la maison que quand nous aurons tué un ours de chacune des variétés connues.

— C'est cela; et naturellement papa a entendu de chaque variété connue des naturalistes, du monde savant, comme on dit. Comprends-tu maintenant?

— Très-bien! Tu veux dire que quand Linné publia son *Système de la nature*, notre ours brun d'Europe était le seul ours connu des naturalistes.

— Précisément; l'*ursus arctos*. On n'en connaissait pas d'autre, et par conséquent un voyage comme le nôtre eût été bien court à cette époque. Il est vrai qu'avant sa mort le naturaliste suédois connut aussi l'ours des mers polaires (*ursus maritimus*), mais il ne le considérait que comme une simple variété de l'*ursus arctos*, et c'est là une erreur qui se conçoit à peine de la part d'un homme comme Linné.

— Ce sont, en effet, deux animaux très-différents, ajouta Ivan, et sans être un grand naturaliste, je sais cela à merveille. Sans parler de la couleur, la forme du corps diffère essentiellement dans l'une et l'autre espèce, et les habitudes sont loin d'être les mêmes. Tandis que le premier, notre ours brun, vit dans les forêts et se nourrit principalement de fruits; l'autre habite la région des neiges et des glaces éternelles et ne mange guère que de la viande et du poisson. Non, non, ce ne sont pas là seulement deux variétés d'une même espèce, mais deux espèces bien distinctes.

— Incontestablement, répondit Alexis; mais nous aurons occasion de les comparer plus tard. Pour le moment, changeons de conversation et occupons-nous de l'itinéraire que notre père a entendu nous tracer.

— Mais il ne nous en trace aucun, ce me semble. Il nous permet tout simplement d'aller partout où bon nous semblera, jusqu'à ce que nous ayons nos peaux d'ours. Il est vrai qu'il nous interdit de traverser deux fois le même méridien. Eh bien! nous irons devant nous, sans jamais revenir sur nos pas; n'est-ce pas ce que cela veut dire?

— Sans aucun doute; mais pour cela il faut que nous ayons un itinéraire bien tracé, et que nous le suivions sans nous en écarter.

— Sur ma parole, frère, je m'y perds. Charge-toi de tout cela et conduis-moi où tu voudras. Quelle route faut-il prendre?

— C'est ce que je ne puis dire encore, et pour choisir avec certitude entre les directions qui s'offrent à nous, à l'est, à l'ouest, au nord ou au sud, j'ai besoin d'avoir sous les yeux une carte du monde et de me rendre un compte exact de la situation des diverses contrées où S. M. Bruin a établi son empire.

— Ah! ce sera là pour moi une intéressante leçon. Voici la carte, je vais la déplier et faire de mon mieux pour t'aider à trouver notre chemin. »

Tout en parlant, Ivan tirait de son étui une grande carte de voyage qu'il étendit sur la table. Les deux jeunes gens s'assirent, et, les yeux sur la mappemonde, se mirent à discuter la route qu'ils devaient suivre pour satisfaire à toutes les conditions du programme qui leur était imposé.

V

L'itinéraire.

« En premier lieu, dit Alexis, nous avons l'ours brun (*ursus arctos*). Nous pourrions le rencontrer sans sortir de notre pays, puisque nous l'appelons avec orgueil notre ours russe; mais il y a encore un ours noir que plusieurs naturalistes regardent comme une variété de l'*ursus arctos*, tandis que d'autres en font une espèce séparée qu'ils désignent sous le nom d'*ursus niger*, — *ursus ater*, comme disent aussi quelques auteurs. Soit espèce, d'ailleurs, soit variété, il nous faut toujours la peau de l'un des individus de cette branche de la grande famille. Les instructions de notre père sont précises à cet égard.

— Est-ce que cet ours noir ne se trouve pas aussi en Russie, dans nos forêts du Nord?

— Oui, on l'y rencontre en effet, mais plus souvent dans les montagnes de la Scandinavie. Et comme nous pourrions parcourir tout le nord de la Russie sans en rencontrer un seul, ce que nous avons de mieux à faire, c'est d'aller tout de suite en Norvége ou en Laponie, où nous sommes également sûrs de trouver l'ours brun. Nous ferons ainsi d'une pierre deux coups.

— En Laponie, dis-tu? soit. Je ne serai pas fâché de voir les petits Lapons. Mais où irons-nous ensuite? Dans l'Amérique du Nord, je suppose.

— Non pas. Il y a des ours dans les Pyrénées, et d'autres dans les montagnes d'Espagne, dans celles des Asturies principalement. Beaucoup de naturalistes ne considèrent encore l'ours des Pyrénées que comme une variété de l'*ursus arctos;* mais c'est là certainement une erreur, et cet ours constitue une espèce distincte; telle est l'opinion de notre père. Il y a des auteurs qui ne distinguent que trois ou quatre espèces dans le monde entier; autant vaudrait dire qu'il n'y en a qu'une seule. Il vaut mieux, je crois, adopter, sur ce sujet, la manière de voir de notre père, et regarder tous les ours qui diffèrent entre eux par des signes permanents, — soit dans la taille, dans la couleur ou autrement, — comme autant d'espèces distinctes, quelques rapports que présentent d'ailleurs leurs habitudes et leur caractère. Des naturalistes sont allés jusqu'à faire de l'ours noir d'Amérique une variété de notre ours brun, et, comme je le disais tout à l'heure, Linné lui-même n'a vu, dans l'ours polaire, qu'un animal de la même espèce. Il est bien reconnu aujourd'hui que ces auteurs se sont trompés.

— Ainsi, du fond de la Laponie, nous allons en Espagne et nous tuons, en passant, l'ours des Pyrénées.

— C'est notre chemin. Une fois engagés, en quittant Saint-Pétersbourg, dans la direction de l'ouest, nous ne pouvons plus qu'aller toujours dans le même sens.

— Mais alors, pour l'ours blanc des Alpes, comment ferons-nous?

— Tu veux parler de l'*ursus albus* de Lesson?

— Oui, pour gagner les Alpes, où on dit qu'il se

trouve, il nous faudra nécessairement changer de direction et traverser deux fois les mêmes méridiens.

— Tu aurais raison si nous devions chercher dans les Alpes l'animal dont tu parles ; mais ce serait peine perdue, car il n'y est pas. L'ours blanc de Buffon et de Lesson n'était qu'une variété accidentelle, un *albinos* de l'espèce des ours bruns, et, par conséquent, il n'a aucun droit de figurer dans la collection que nous demande notre père.

— N'en parlons plus. Mais où irons-nous, en quittant l'Espagne ? Dans l'Amérique du Nord, cette fois ?

— Non.

— En Afrique, peut-être ?

— Non.

— Il n'y a donc pas d'ours en Afrique ?

— C'est là un point contesté parmi les auteurs, et qui l'était déjà du temps de Pline. Quelques historiens désignent sous le nom d'ours de la Numidie, des ours amenés à Rome pour figurer dans les jeux du cirque. En outre, Hérodote, Virgile, Juvénal et Martial parlent, dans leurs écrits, des ours de Libye. Cependant Pline nie absolument qu'il y ait en Afrique des animaux auxquels on puisse donner ce nom. Il nie également, il est vrai, l'existence, sur le continent africain, du cerf, de la chèvre et du sanglier, et, par conséquent, son témoignage sur la non-existence des ours de Numidie n'a pas une grande valeur. Chose étrange d'ailleurs, la question n'est pas moins controversée aujourd'hui que de son temps. Le voyageur anglais Bruce dit positivement qu'il n'y a pas d'ours en Afrique. Un autre voyageur de la même nation, qui a visité principalement l'Abyssinie, Salt, n'en fait aucune mention ; mais l'Allemand Ehrenberg rapporte qu'il en a vu dans les montagnes de ce continent et qu'il en a également entendu parler dans l'Arabie Heureuse. Plusieurs voyageurs français et anglais — Dapper, Shaw, Poncet et Poiret — témoignent de l'existence des ours dans diverses parties de l'Afrique — en Nubie, dans le Babor et au Congo. Au dire de Poiret, ces animaux sont assez communs dans les montagnes de l'Atlas, entre l'Algérie et le Maroc, et cet écrivain donne même quelques détails sur leurs habitudes. Il raconte qu'ils sont très-féroces, carnassiers, et que, s'il faut en croire les Arabes, quand ils sont poursuivis, ils ramassent des pierres et les jettent à leurs ennemis. Il ajoute qu'un chasseur arabe lui apporta la peau d'un de ces ours et lui montra une blessure que lui avait faite à la jambe une pierre lancée par l'animal, tandis qu'il était à sa poursuite. M. Poiret ne garantit pas le fait des pierres jetées par les ours, mais il affirme l'existence de ces animaux en Afrique.

— Et quelle est l'opinion de notre père? demanda Ivan.

— Qu'il y a des ours en Afrique; — peut-être dans toutes les parties montagneuses de ce continent, mais sûrement dans la grande chaîne de l'Atlas et dans les montagnes de Tétuan. Un voyageur anglais, très-digne de foi, a mis en effet la question hors de doute, en donnant, de ces ours africains, une description à laquelle il est impossible de se méprendre. Les naturalistes ont pensé que si l'animal décrit par ce voyageur existe en effet dans cette partie de l'Afrique, il doit appartenir à l'espèce de l'ours de Syrie, mais quoique les ours rencontrés dans les montagnes de l'Arabie et de l'Abyssinie soient très-probablement dans ce cas, ceux de l'Atlas ne ressemblent à aucune des espèces connues. Un de ces animaux, tué près de

Tétuan, à vingt-cinq milles environ des montagnes de l'Atlas, a été trouvé moins grand que l'ours noir d'Amérique. Il était également noir cependant, ou plutôt d'un noir roux, et sans aucune tache blanche sur la tête ; mais, sous le ventre, sa fourrure était d'un jaune rougeâtre. Son poil, épais et hérissé, avait en général une longueur de quatre ou cinq pouces, tandis que le museau, les orteils et les griffes étaient plus courts que chez l'ours américain. Le corps était en même temps plus gros et plus robuste. Le voyageur anglais qui donne ces détails, rapporte aussi quelques-unes des habitudes de l'animal dont il avait pu étudier la dépouille. Les Arabes lui ont dit qu'on le rencontrait rarement près de Tétuan, qu'il vivait de racines, de glands et de fruits, mais qu'il ne grimpait guère aux arbres.

« Il est, en effet, bien difficile de croire, continua Alexis, que les grandes chaînes de l'Atlas et des montagnes d'Abyssinie ne contiennent aucun de ces mammifères que l'on trouve dans toutes les autres montagnes du globe. Il faut se rappeler, en outre, qu'il n'y a pas encore bien des années, les ours des monts Himalaya, des grandes Andes d'Amérique, ceux qui habitent les îles des Indes orientales et même l'ours du Liban étaient inconnus aux savants. Qu'y aurait-il donc de surprenant à ce qu'il en existât en Afrique une espèce — plus d'une peut-être — encore ignorée du monde scientifique et civilisé ?

— Mais alors, pourquoi n'allons-nous pas en Afrique ?

— Parce que nos instructions ne s'appliquent qu'aux variétés d'ours connues des naturalistes. L'ours d'Afrique n'est pas dans cette catégorie, puisque aucun naturaliste ne l'a encore décrit.

— Alors, comment n'allons-nous pas tout droit dans l'Amérique du Nord?

— Tu oublies, frère, l'ours de l'Amérique du Sud?

— C'est juste; l'ours à lunettes, comme on l'appelle.

— Précisément; l'*ursus ornatus*. Je crois même que nous trouverons deux espèces d'ours dans l'Amérique du Sud, quoique ce soit là un point encore contesté.

— Et où les trouverons-nous?

— Toutes deux habitent les Andes du Chili et du Pérou, et ne se rencontrent guère plus à l'est.

— C'est pour cela que tu ne veux pas de mon itinéraire?

— Et j'ai bien raison. Dans l'Amérique du Nord, où tu veux nous faire aller d'abord, nous ne trouverons pas moins de cinq espèces, ou quatre espèces et une variété bien marquée. L'une de ces espèces — je veux parler du terrible ours gris (*ursus ferox*) — habite une contrée située bien plus à l'ouest qu'aucune partie des Andes de l'Amérique du Sud. Comment donc pourrions-nous revenir ensuite chercher l'ours à lunettes, sans enfreindre l'article de notre programme relatif aux degrés de longitude?

— C'est juste, frère. L'inspection de la carte ne me laisse aucun doute à cet égard. Tu proposes donc que nous visitions d'abord l'Amérique du Sud, pour ensuite l'autre partie du continent américain?

— Nous y sommes obligés par la lettre même de notre contrat. Quand nous nous serons procuré les peaux de l'*ursus ornatus* et d'une autre variété que nous trouverons dans les Andes, nous pourrons nous diriger en droite ligne vers le nord. Dans la vallée du Mississipi, nous rencontrerons l'ours noir d'Amérique (*ursus americanus*), et, en nous joignant à l'une des caravanes qui visitent la baie d'Hudson, nous atteindrons les contrées où se trouve l'ours des mers polaires (*ursus maritimus*). Plus loin, dans la direction du nord-ouest, nous avons l'ours des Terres Nues, que sir John Richardson ne considère que comme une variété de notre ours brun d'Europe; mais notre père est d'une autre opinion. Traversant ensuite les montagnes Rocheuses, nous trouverons, je l'espère, l'occasion de nous mesurer avec le fameux et formidable ours gris (*ursus ferox*), et dans l'Orégon, ou Colombie anglaise, nous pourrons ajouter à notre collection la peau de l'ours cannelle (*ursus cinnamomus*), considéré généralement comme une variété de l'ours noir d'Amérique. Nous en aurons alors fini avec les ours de ce continent.

— Et nous passerons en Asie, je suppose?

— Oui; nous franchirons le détroit qui sépare l'Amérique du Kamtchatka. Là, nous rencontrerons l'ours de Sibérie, ou à collier (*ursus collaris*). Cette espèce comprend, dit-on, deux variétés, dont l'une, classée sous le nom d'*ursus sibericus*, se trouve également en Laponie.

— Continue, frère. Où irons-nous ensuite?

— Du Kamtchatka, nous ferons une longue traversée, dans la direction du sud-ouest pour atteindre Bornéo.

— Ah! la patrie du beau petit ours au poitrail couleur orange.

— L'ours de Bornéo (*ursus euryspilus*), ou bruang, comme l'appellent les Malais.

— Mais n'y a-t-il pas un autre bruang?

— Oui, l'ours de la presqu'île de Malacca (*ursus malayanus*). Nous le rencontrerons à Sumatra ou à Java.

— La liste est plus longue que je ne croyais. Il faut avouer qu'elle s'est singulièrement accrue depuis le temps de ce bon vieux Linné.

— Nous ne sommes pas encore au bout.
— Eh bien! où irons-nous ensuite, frère?
— Nous remonterons la baie du Bengale et nous gagnerons la chaîne des monts Himalaya. D'abord, au pied de ces montagnes et sur leurs premiers plateaux, nous aurons à chercher la curieuse espèce de l'ours paresseux, celui que les auteurs français appellent l'*ours des jongleurs*. C'est l'*ursus labiatus* des naturalistes, et nous pourrons le trouver dans les plaines de l'Inde avant d'avoir atteint l'Himalaya. Quand sa peau figurera parmi nos trophées, nous entrerons dans la montagne, et dès que nous serons arrivés à une certaine hauteur, nous sommes bien sûrs de rencontrer l'ours du Thibet (*ursus thibetanus*), classé bien à tort, par quelques auteurs, comme l'une des plus nombreuses variétés de l'ours brun d'Europe. Plus haut encore, nous aurons, j'espère, la bonne fortune de découvrir l'ours isabelle (*ursus isabellinus*), ainsi nommé à cause de sa couleur, mais que les chasseurs anglo-indiens appellent l'ours des neiges, parce que son séjour habituel est la région où s'arrêtent les neiges dans ces immenses et hautes montagnes.
— Est-ce bien tout cette fois?
— Non, frère; un ours encore, mais ce sera le dernier.
— Et quel est-il celui-là?
— L'ours de Syrie (*ursus syriacus*), le premier dont l'histoire fasse mention, quoique le dernier sur notre liste; car ce furent deux ours de cette espèce qui sortirent d'un bois et mirent en pièces, aux portes de Béthel, quarante-deux des enfants qui se moquaient du prophète Élisée. Nous aurons donc à visiter la Syrie et à nous procurer la peau d'un de ses ours.
— Très-bien! mais j'espère qu'ils sont devenus

moins féroces que du temps d'Élisée ; autrement nous courrions grand risque d'être traités comme ceux qui insultaient le prophète.

— Trop heureux si nous n'avons reçu déjà mainte égratignure avant d'arriver aux ours du Liban ! Mais quand l'un d'eux nous aura livré sa robe, il ne nous restera plus qu'à revenir au logis par la route la plus directe. Nous aurons alors fait une fois le tour du monde.

— Nous pourrons nous en vanter, reprit Ivan en riant, et rien n'y manquera. Par le czar ! je crois que quand nous aurons pris un des ours d'Élisée, nous aurons du voyage tout notre content.

— Je le pense comme toi ; mais maintenant que nous savons quelle route nous devons suivre, ne perdons pas de temps, retournons auprès de notre père pour lui dire que nous acceptons ses conditions, et occupons-nous de notre départ.

— D'accord ! » répondit Ivan.

Et tous deux retournèrent près du baron, à qui ils annoncèrent qu'ils étaient prêts à partir.

« Voyagerons-nous seuls, papa ? demanda Ivan. Il me semble que vous avez parlé d'un compagnon de route.

— Oui ; un seul. Vous n'avez pas besoin de plusieurs domestiques, et d'ailleurs une suite trop nombreuse vous embarrasserait.

— Et qui nous donnez-vous, père ? »

Le baron sonna et un domestique parut

« Envoyez-moi le caporal Pouchskin. »

Bientôt après la porte s'ouvrit de nouveau et donna passage à un individu d'environ cinquante ans. La taille élevée, bien proportionnée et droite du nouveau venu, ses cheveux coupés court, ses énormes moustaches grises et l'air de gravité répandu sur toute sa personne annonçaient un vétéran de la garde impériale, un de ces excellents et redoutables soldats qui ont servi sous les yeux d'un empereur. Quoiqu'il ne portât plus l'uniforme et que son habit ressemblât à celui d'un garde-chasse, son salut muet et l'attitude qu'il prit aussitôt indiquaient suffisamment la profession dans laquelle Pouchskin avait passé la plus grande partie de sa vie. Car c'était Pouschskin lui-même qui venait d'entrer et qui, sans dire un mot, sans regarder à droite ni à gauche, se tenait droit, fixe, les yeux sur le baron.

« Caporal Pouchskin !
— Général ?
— Je désire que vous fassiez un voyage.
— Je suis prêt.
— Pas tout à fait, caporal. Je vous donne une heure pour vous préparer.
— Quel est le voyage que mon général veut que je fasse ?
— Le tour du monde.
— Une demi-heure me suffira.
— Très-bien ! Alors soyez prêts à partir dans une demi-heure. »

Pouchskin salua et sortit.

VI

A Ternéo.

Nous ne décrirons pas la scène d'adieux qui eut lieu entre le baron et ses fils. Recommandations, promesses, échange d'expressions tendres et affectueuses, tout se passa comme il est d'usage en pareille occasion.

Nous ne rapporterons pas davantage les incidents sans importance qui marquèrent le voyage de nos chasseurs jusqu'aux montagnes de la Laponie. Il suffira de dire qu'ils se rendirent en poste, directement, de Saint-Pétersbourg à Tornéo, à l'extrémité du grand golfe de Bothnie. De là ils s'avancèrent au nord, en remontant la rivière de Tornéo, jusqu'à la région montagneuse où elle prend sa source. Ils avaient tout ce qu'il fallait pour voyager de la manière la plus expéditive, et ils n'étaient pas chargés d'une trop grande quantité de bagages. Un sac de roubles, que Pouchskin gardait dans une poche de sûreté, devait leur en tenir lieu. Grâce à son contenu, ils étaient sûrs de trouver, partout et chaque jour, ce dont ils auraient besoin, sans s'embarrasser de malles ni de paquets.

Il y a bien peu de pays au monde, en effet, où, avec de l'argent comptant, on ne se procure aisément ce qui est nécessaire à la vie; et comme c'était là tout ce qu'il fallait à nos chasseurs, ils étaient sûrs de ne manquer de rien, même dans les régions les plus éloignées et les moins civilisées de la Laponie. Dans ces solitudes à demi sauvages, le Lapon comprend à merveille la valeur d'une pièce de monnaie, et donne volontiers, en échange, la chair, le lait de ses rennes et tout ce qu'il possède. Nos jeunes chasseurs voyageaient donc à la légère, sans autre bagage qu'une paire de sacs qu'ils portaient sur le dos, et qui ne contenaient que deux ou trois chemises avec les articles de toilette que leurs habitudes de propreté leur rendaient absolument nécessaires. Un troisième sac, de beaucoup plus grandes dimensions, était confié spécialement aux soins de Pouchskin, et quoique cette partie du bagage commun eût pu sembler, à un homme de force ordinaire, un assez pesant fardeau, le vétéran de la garde impériale n'en était pas plus embarrassé que s'il n'avait eu sur le dos qu'un paquet de plumes. Chacun de nos voyageurs portait en outre un ample manteau fourré, roulé et attaché sur son sac pendant la marche, mais dont il s'enveloppait la nuit et qui lui servait à la fois de lit et de couverture. Tous trois étaient bien et solidement armés. Alexis avait une belle carabine de Jager; l'arme d'Ivan était un excellent fusil de chasse à deux coups, et Pouchskin balançait sur son épaule une immense canardière dont la balle devait bien peser au moins une once (30 grammes 59). Ils portaient en outre chacun un couteau de chasse de forme différente.

Ainsi équipés, nos jeunes chasseurs entrèrent dans les montagnes de la Laponie, et se mirent à la recherche du « vieil homme habillé de fourrures, » comme disent les habitants quand ils parlent de l'ours.

Ils avaient pris toutes les mesures propres à assurer

le succès de leurs recherches. Un guide s'était engagé à les conduire dans un district où les ours se trouvaient en grand nombre, et où il vivait lui-même dans un état presque aussi sauvage que ces animaux : car c'était un vrai Lapon, n'ayant d'autre demeure qu'une tente au milieu des montagnes. Il n'avait pas de rennes, et la chasse était par conséquent son seul moyen d'existence. Il tendait des piéges à l'hermine et au castor, tuait à l'occasion un renne sauvage, passait sa vie à guerroyer, pour ainsi dire, avec les loups et les ours, et du prix de leurs peaux, qu'il vendait aux marchands de fourrures, il se procurait le peu d'objets nécessaires à la vie dans de telles conditions.

Sous sa tente en toile grossière de *vadmel*[1], nos voyageurs trouvèrent un abri et l'hospitalité telle que le pauvre Lapon pouvait l'offrir. Il leur fallut y vivre au milieu d'une fumée qui les rendait presque aveugles. Mais ils savaient que, dans le cours de l'expédition qu'ils avaient entreprise, ils devaient s'attendre à de rudes épreuves, et ils supportèrent celle-ci sans le moindre découragement.

Notre intention n'est pas de raconter, jour par jour, la vie de nos jeunes chasseurs. Leur journal, dont ce récit est tiré, mentionne une foule de détails qui ne pouvaient avoir d'intérêt que pour eux, ou plus encore peut-être pour le baron leur père. Ainsi, fidèles à ses instructions, ils prenaient note de tout ce qui appelait leur attention : ils décrivaient l'aspect du pays, les coutumes des habitants, leur manière de voyager dans des traîneaux attelés de rennes, leurs promenades sur la neige à l'aide de longs patins en bois, appelés dans le pays *skidors* ou *skabargers*.

1. Sorte de tissu fort en usage dans les pays scandinaves.

Ces observations, si nous voulions les donner ici en entier, rempliraient à elles seules un volume. Nous nous bornerons donc aux incidents les plus curieux du voyage de nos héros et à leurs aventures les plus marquantes.

Quand ils arrivèrent en Laponie, on était au commencement du printemps, ou plutôt à la fin de l'hiver, et la terre était encore couverte d'une épaisse couche de neige.

A cette époque de l'année, les ours ne se montrent pas encore et se tiennent cachés dans des crevasses de rochers ou dans des troncs d'arbres creux, d'où ils ne sortent que quand le soleil du printemps se fait sentir, ou quand la neige commence à disparaître du versant des montagnes.

Tout le monde a entendu parler de ce *sommeil d'hiver* dans lequel les ours restent plongés, pendant une partie de l'année, et on a dit que toutes les espèces y étaient sujettes. C'est là une erreur : quelques-unes seulement s'endorment de ce sommeil prolongé, qui tient plutôt au climat et au pays habité par l'ours, qu'il n'est une suite des instincts naturels de l'animal. On a observé en effet que les mêmes ours qui dorment, ou, comme on dit, *hivernent* dans certains pays, continuent, dans d'autres contrées, de rôder pendant presque tout l'hiver. L'état de torpeur semble volontaire chez ces animaux, car c'est généralement dans les lieux où ils trouveraient difficilement à vivre, pendant la mauvaise saison, qu'ils se soumettent à cette longue sieste.

Quoi qu'il en soit, les ours bruns de Laponie sont certainement du nombre de ceux chez qui on observe cette période de sommeil, durant laquelle il est difficile de les rencontrer. Ne sortant plus de leurs gîtes, ils ne sont point exposés à laisser sur la neige des traces à l'aide desquelles on puisse les suivre. Aussi, durant toute cette saison, n'est-ce que par hasard, ou à l'aide de son chien, que le chasseur lapon parvient à découvrir la retraite de quelqu'un de ces animaux.

Heureusement pour nos jeunes Russes, peu de temps avant leur arrivée dans le pays qui devait être le théâtre de leurs premières chasses, il y avait eu comme un avant-goût du printemps. Le soleil s'était montré pendant quelques jours, mais le froid avait repris le dessus et il était tombé un peu de neige. Il avait suffi toutefois de la douce chaleur de ces premiers rayons pour tirer un certain nombre d'ours de leur léthargie. Quelques-uns même s'étaient aventurés hors de leurs gîte et avaient fait de courtes excursions dans les montagnes, poussés sans doute par l'envie de se régaler de glands ou autres fruits qui, conservés sous la neige pendant l'hiver, sont, en cette saison, doux, tendres, et dont l'ours est très-friand.

Nos chasseurs durent à ces promesses trompeuses d'un printemps anticipé l'avantage de découvrir très-promptement la piste d'un ours. Quelques jours en effet après leur arrivée, ils reconnurent, sur la neige, des traces qui les conduisirent jusqu'au repaire d'un de ces animaux. Ce fut pour eux l'occasion d'une aventure, la première de leur expédition et qui faillit bien être la dernière de la vie de Pouchskin. Le vieux soldat courut véritablement, dans cette circonstance, un grand danger. On verra dans le chapitre suivant comment il s'en tira.

VII

La boîte à surprise.

Ce fut le matin, de bonne heure et peu de temps après avoir quitté la tente de leur hôte qu'ils eurent la chance de rencontrer la piste d'un ours.

Après l'avoir suivie l'espace de près d'un mille, elle les conduisit à une gorge étroite, sorte de ravin entre deux roches escarpées, qui n'avait pas plus de dix ou douze yards ou mètres de largeur et dont le fond semblait rempli d'une couche de neige de près d'un mètre de hauteur. La neige était beaucoup moins épaisse sur les côtés, où il n'y avait guère que celle qui était tombée la nuit précédente; mais quoiqu'elle eût à peine en cet endroit quelques pouces ou centimètres de profondeur, c'en était assez pour retenir l'empreinte des pas de l'ours, et nos héros purent continuer de suivre le *spar* — c'est le nom que les chasseurs scandinaves donnent à la piste du gibier.

Ils n'hésitèrent pas à s'engager dans le ravin, et côtoyèrent, pendant quelque temps, l'un des bords de l'épaisse couche de neige qui en occupait le milieu. Mais bientôt la trace qui les guidait leur indiqua clairement que l'ours avait passé de l'autre côté, et tout naturellement ils furent obligés d'en faire autant.

Cette masse de neige s'était entassée, en cet endroit, par l'effet des différents orages qui avaient eu lieu pendant l'hiver. Les longues branches de pins toujours verts qui, des deux côtés, s'étendaient au-dessus du ravin l'avaient défendue contre les rayons du soleil et avaient empêché qu'elle ne fondît. Il s'était formé, à la surface, une croûte assez forte pour porter un homme chaussé de *skidors*, mais sur laquelle il convenait toutefois de ne s'aventurer qu'avec beaucoup de prudence et de circonspection. L'ours l'avait traversée; mais ces animaux ont quatre jambes au lieu de deux, et comme en marchant ils ne lèvent qu'une patte à la fois, ils ont toujours trois points d'appui. Quand l'homme, au contraire, lève une jambe, il ne s'appuie plus que sur une seule; tout son poids porte donc sur le même point et le danger est plus grand. La longueur de son corps et la distance entre ses jambes de devant et de derrière donnent à l'ours un autre avantage; son poids se trouve en effet par là distribué sur une plus grande surface, et il en résulte qu'il peut, sans péril, s'aventurer sur la glace ou sur la neige gelée là où un homme ne saurait passer impunément. Tous les enfants savent — tous ceux du moins qui ont joué sur la glace de quelque mare ou de quelque étang — qu'en marchant sur les mains et les genoux, ou en rampant sur le ventre, on peut sans crainte se risquer dans des endroits où le plus petit d'entre eux ne passerait pas debout.

L'ours avait donc, sur ceux qui suivaient ses traces, d'incontestables avantages, et nos chasseurs, ou du moins Pouchskin, se fussent bien trouvés d'y avoir réfléchi. Ils n'y songèrent pas, et supposant que là où avait passé un si gros et si pesant animal ils passeraient bien aussi, ils s'aventurèrent, sans plus de réflexion, sur l'épaisse couche de neige.

Alexis et Ivan n'étaient pas lourds ; ils traversèrent sans difficulté et sans encombre. Mais Pouchskin pesait, à lui seul, presque autant qu'eux, et chargé en outre d'une forte cognée, de son immense fusil, sans parler de ses poches et de plusieurs sacs bien remplis, il se trouva d'un poids supérieur à celui que pouvait porter la croûte de neige gelée. Il était à peine au milieu du ravin, qu'un long craquement se fit entendre, et avant que les deux jeunes gens eussent eu le temps de regarder derrière eux, Pouchskin avait disparu et, avec lui, toutes ses *bucoliques*. On ne voyait plus que l'extrémité du canon de son fusil, s'élevant de deux pieds environ au-dessus de la neige, et comme l'arme, toujours droite, s'agitait dans l'orifice du trou où le vétéran était tombé, ses compagnons en conclurent qu'elle n'avait pas cessé d'être entre ses mains et que Pouchskin lui-même était encore sur ses pieds.

Au même instant, quelques mots prononcés d'une voix presque sépulcrale, comme celle d'un homme parlant du fond d'un puits ou par la bonde d'un tonneau vide, arrivèrent jusqu'à leurs oreilles. Mais les exclamations poussées par cette puissante voix de baryton n'étaient nullement celles de la terreur ; elles exprimaient plutôt la surprise et furent aussitôt suivies d'un léger ricanement. Nos deux jeunes gens en conclurent encore que leur compagnon ne s'était fait aucun mal, qu'il ne courait aucun danger, et rassurés à cet égard, Alexis d'abord, puis Ivan, se laissèrent aller, à leur tour, à de bruyants éclats de rire.

Quand ils se furent approchés, avec précaution, de l'espèce de trappe par laquelle avait disparu Pouchskin, leur gaieté redoubla et le plaisant spectacle qui s'offrit à eux était bien propre en effet à la justifier.

Le vieux soldat était là debout, comme une de ces figures de carton qu'on enferme dans des boîtes à surprise, au milieu d'une sorte de grand entonnoir qu'il avait creusé lui-même, en tombant. Mais ce qu'il y avait de plus étrange, c'est que ses pieds n'étaient pas dans la neige; il avait au contraire de l'eau jusqu'aux genoux.

Un ruisseau coulait en effet au fond du ravin, caché complétement par la neige sous laquelle il s'était creusé une sorte de tunnel. Les deux jeunes gens ne purent se rendre compte immédiatement de tous ces détails; car ils ne voyaient tout juste que le haut de la tête de Pouchskin, avec ses longs bras agitant son fusil en l'air; mais ils pouvaient entendre le bruit du ruisseau, et le vieux soldat leur apprit le reste.

Sa situation ne ressemblait d'ailleurs qu'imparfaitement à celle du captif de la boîte à surprise. Il n'y avait pas là de mécanisme dont le jeu pût faire sauter, d'un seul coup, le vétéran hors de sa prison. Sa tête était à un mètre au moins au-dessous de la croûte de glace dont la neige était recouverte, et la question de savoir comment il serait possible de le ramener à la surface ne laissait pas de présenter quelques difficultés.

Ses jeunes compagnons n'osaient, ni l'un ni l'autre, se risquer au bord du trou dans lequel il était tombé. La glace pouvait aussi manquer sous leurs pieds et ils se seraient trouvés, tous les trois, dans le même embarras. Cette crainte les empêchait naturellement d'approcher assez pour lui tendre la main, alors même qu'il eût pu s'en saisir et que ce secours eût suffi pour le tirer d'affaire.

A la vérité, il aurait pu sortir de là en se frayant une route et en pratiquant, dans la neige, une tranchée perpendiculaire au cours du ruisseau ; car il était évident que le sol s'élevait assez rapidement en talus, de chaque côté, et que la couche de neige ne tardait pas à devenir beaucoup moins épaisse. Partout ailleurs qu'au-dessus de l'eau, la surface était en outre assez solide pour le porter. Il y avait donc là pour Pouchskin un moyen de salut assuré ; mais ce moyen demandait du temps ; et Alexis eut l'idée d'un mode de sauvetage à la fois plus expéditif et moins fatigant.

Parmi les objets de toutes sortes que le vieux soldat portait sur ses épaules, se trouvait un rouleau de grosse corde — presque un câble. — Cette corde avait suggéré à Alexis le plan qu'il avait conçu, pour secourir son fidèle compagnon, et que nous ferons suffisamment connaître en racontant comment il fut aussitôt mis à exécution.

Alexis commanda d'abord à Pouchskin de se lier fortement autour du corps un des bouts du câble et de jeter l'autre hors de son trou, sur la neige, aussi loin qu'il pourrait. L'ordre fut immédiatement exécuté et le bout resté libre vint tomber aux pieds du jeune homme qui s'en saisit et courut à l'arbre le plus voisin. Après avoir fait deux ou trois tours de corde autour du tronc, il donna l'extrémité à Ivan, en lui recommandant de tenir ferme et de ne pas la laisser glisser entre ses mains.

Alexis revint alors au bord de la fosse où attendait Pouchskin et s'en approcha aussi près qu'il put le faire sans danger. Il avait apporté avec lui une longue et forte perche que, par un heureux hasard, il avait trouvée sous les arbres ; il la glissa sous la corde et l'assujettit de son mieux, en travers et au bord du trou, afin de donner au câble un support et d'empêcher qu'il n'enfonçât dans la neige.

Lorsqu'il crut avoir ainsi assuré le succès de son plan et que tout fut prêt, il cria à Pouchskin de se hisser le long du câble et de compléter lui-même l'œuvre de sa délivrance.

Le vieux grenadier avait déjà rejeté son fusil sur son dos et attendait. Aussitôt qu'il entendit le signal, il commença son ascension, saisissant la corde de chacune de ses mains tour à tour et s'appuyant, à l'aide de ses pieds, aux blanches parois de sa prison.

Au moment où sa tête apparut à la surface, les éclats de rire de ses jeunes maîtres, qui s'étaient arrêtés un instant, reprirent avec une nouvelle force. Et véritablement, la physionomie du vieux soldat, quand son visage bruni et contracté se montra au-dessus de la croûte de neige, son corps plié en deux et ses efforts désespérés pour sortir de son trou, offraient un spectacle des plus comiques. Ivan surtout riait aux larmes et peut-être, à bout de forces, allait-il lâcher la corde et laisser retomber Pouchskin dans sa fosse, si son frère plus calme n'eût couru à lui et n'eût prévenu ce contre-temps.

Grâce à cette présence d'esprit, le vétéran put bientôt se redresser sain et sauf à la surface du banc de neige. Mais ses grandes bottes de cuir de Russie n'avaient pas suffi pour le protéger contre les suites d'un bain prolongé, et une eau fangeuse dégouttait de tous côtés le long de ses cuisses et de ses jambes. Ce n'était pas le cas toutefois de s'arrêter et d'allumer du feu pour se sécher. Ils n'y songèrent même pas. Ils étaient tous les trois si ardents à la poursuite de l'ours qu'ils ne prirent que le temps de replier leur corde et se remirent en chasse.

VIII

Les ours de la Scandinavie.

« Véritablement, dit tout à coup Ivan, montrant une des traces sur lesquelles ils se dirigeaient, si je ne distinguais bien clairement des empreintes de griffes au lieu de doigts, je croirais que nous suivons, non pas un ours, mais un homme — quelque Lapon marchant pieds nus par exemple. Ces traces ressemblent tout à fait à des pas d'homme.

— C'est très-vrai, répondit Alexis; il y a une ressemblance remarquable entre les empreintes de la patte de l'ours et celles du pied de l'homme, surtout lorsqu'elles sont anciennes. Ainsi, maintenant, nous voyons très-distinctement ici la marque des griffes, mais dans un jour ou deux, lorsque, par l'effet du soleil ou de la pluie, la neige aura commencé à fondre, ces marques s'effaceront, se confondront et ressembleront beaucoup plus à des empreintes de doigts. Les pas d'un ours, quand ils sont anciens, peuvent donc fort bien, comme tu l'as remarqué, être confondus avec ceux d'un homme.

— Et ils ont les mêmes dimensions?

— Exactement. Il y a même des espèces dont les

pattes laissent sur le sol une empreinte plus grande que celle d'un pied d'homme : l'ours blanc et l'ours gris, par exemple, dont les pattes sont de véritables pieds ayant souvent plus de douze pouces de longueur.

— Ainsi, continua Ivan, l'ours, en marchant, n'appuie pas seulement, comme d'autres animaux, sur la pointe du pied; la plante tout entière porte sur le sol.

— Précisément, et c'est pour cela qu'on lui a donné le nom de *plantigrade*, pour le distinguer des animaux qui, comme le cheval, le bœuf, le porc, le chien, le chat et beaucoup d'autres, ne marchent réellement que sur l'extrémité antérieure du pied.

— Il y a d'autres plantigrades que l'ours, demanda encore Ivan, notre blaireau et notre glouton, par exemple ?

— Tu as raison, répondit Alexis. Ils sont aussi plantigrades, et cela a suffi à quelques savants pour les classer dans la famille des ours sous le nom générique d'*ursinæ*. Mais, dans l'opinion de notre père, qui est aussi la mienne, continua-t-il de l'air modeste d'un homme qui a la conscience de sa valeur scientifique, c'est là une classification complétement erronée, qui ne repose que sur la conformation des pieds. Sous tous les autres rapports, les différents genres de petits animaux qui ont été ainsi introduits arbitrairement dans la famille des ours ne leur ressemblent pas plus qu'à de gros moucherons bleus.

— Et quels sont les animaux classés ainsi sous la dénomination générique d'*ursinæ* ?

— Le glouton d'Europe et d'Amérique (*gulo*), les blaireaux d'Europe et d'Asie (*meles*), le raton d'Amérique (*procyon*), la souris du Cap (*mellivora*), le panda dans l'Hindoustan (*ailurus*), le coati de l'Amérique du Sud (*nasua*), le paradoxure (*paradoxurus*)[1], et même le télagon de Java (*mydaus*), l'un des petits animaux les plus curieux de la création.

« Ce fut Linné qui, le premier, fit comprendre ces animaux sous la dénomination générale d'ours, — ceux du moins qui étaient connus de son temps, — et plus récemment, le grand anatomiste français, Georges Cuvier, a étendu encore à d'autres espèces cette classification erronée. Pour les distinguer des ours véritables, ils divisent la famille en deux branches : les *ursinæ*, qui sont les ours proprement dits; et les *subursinæ*, ou petits ours. Mais dans mon opinion. continua notre jeune savant, il n'y a pas la moindre nécessité de donner à ces nombreuses espèces d'animaux le nom d'ours ou même de petits ours. Ce ne sont, en effet, des ours en aucune façon, puisqu'ils n'ont, avec notre puissant et noble Bruin, d'autre point de ressemblance que d'être comme lui plantigrades. Ainsi tous ces animaux, à l'exception des télagons de Java, ont de longues queues, — quelques-uns même l'ont très-longue et très-épaisse, — tandis que les ours n'en ont presque pas. Mais il y a d'autres particularités qui distinguent plus complétement encore les ours des animaux ainsi appelés petits ours.

« N'est-ce pas, en effet, un outrage au sens commun, continua Alexis s'échauffant peu à peu, que de faire un ours d'un raton, un animal qui ressemble dix fois plus à un renard, et qui assurément se rapproche beaucoup plus du genre *canis* que du genre *ursus*? D'un autre

---

[1]. Ainsi nommé par Fréd. Cuvier, parce que sa queue offre une disposition fort rare chez les mammifères; sans être prenante, cette queue peut se rouler, au gré de l'animal, en une sorte de spirale. (*Note du traducteur.*

côté, il est également absurde de diviser les véritables ours en plusieurs genres, comme l'ont fait les mêmes naturalistes; car, s'il y a une famille dans le monde dont tous les membres aient entre eux un air de parenté, c'est sans contredit celle de maître Bruin. En effet, les différentes espèces se ressemblent tellement, que d'autres savants anatomistes ont adopté une opinion diamétralement opposée et qui n'est pas moins absurde. Ils n'ont voulu en reconnaître qu'une seule, embrassant tous les ours connus. Du reste, à mesure que nous ferons connaissance avec les différentes branches de cette noble tribu, nous verrons mieux en quoi elles diffèrent les unes des autres et en quoi elles se ressemblent.

— J'ai entendu dire, continua Ivan, qu'en Norvége et en Laponie, il y a deux espèces distinctes d'ours bruns, outre la variété noire qui est très-rare. Ne dit-on pas encore que les chasseurs rencontrent quelquefois une variété de couleur grise, qu'ils appellent l'ours d'argent?

— C'est juste, répondit Alexis. La plupart des naturalistes suédois pensent qu'il y a deux espèces ou au moins deux variétés permanentes d'ours bruns, dans le nord de l'Europe. Ils ont même été jusqu'à leur donner des noms distincts : l'une est l'*ursus arctos major*, l'autre l'*ursus arctos minor*. Le premier de ces ours, le plus grand, est aussi d'une nature plus féroce et plus carnivore. Le second, plus petit, est d'un caractère plus doux, ou tout au moins plus timide; au lieu d'attaquer les bœufs et les autres animaux domestiques pour en faire sa proie, il se nourrit tout simplement d'insectes, de fourmis, de racines, de graines et de végétaux. Sous le rapport de la couleur, la différence, entre les deux variétés supposées, n'est pas plus marquée qu'elle ne l'est souvent entre deux individus appartenant notoirement à la même espèce, et on ne les distingue que par la taille et les habitudes. Du reste les derniers auteurs qui ont écrit sur ce sujet, et ceux dont les observations semblent mériter le plus de confiance, croient que le grand et le petit ours bruns ne sont pas même des variétés, et ne voient, dans les signes caractéristiques auxquels on a voulu les distinguer, que les effets de l'âge, du sexe ou d'autres circonstances accidentelles. Il est tout naturel de supposer, en effet, que l'ours, quand il est jeune, n'est pas aussi carnassier que dans un âge plus avancé. Si l'ours attaque les autres animaux et se nourrit de leur chair, il n'est pas cependant carnivore de sa nature; tous les naturalistes le reconnaissent : ce n'est d'abord chez lui qu'une habitude, dont la première origine est dans la rareté de toute autre nourriture; mais qui, une fois prise, se développe rapidement et devient un goût prononcé, — presque autant que chez les animaux de l'espèce féline (*felinæ*).

« Quant à l'ours noir, dont on a voulu faire aussi une espèce distincte, les chasseurs et les naturalistes sont loin de s'accorder sur ce point. Les chasseurs disent que la fourrure de l'ours noir d'Europe n'est jamais de ce beau noir de jais qui caractérise les véritables ours noirs d'Asie et d'Amérique, mais seulement d'un brun très-foncé; de sorte que, dans leur opinion, ces prétendus ours noirs ne sont que des ours bruns dont la toison a acquis avec l'âge une teinte plus sombre. Et il y a de bonnes raisons pour être de leur avis, car il est incontestable que l'ours brun devient presque noir en vieillissant.

— Ah! reprit en riant le plus jeune des deux frères, précisément le contraire de ce qui nous arrive, à nous.

Regarde un peu Pouchskin, ses cheveux étaient noirs autrefois, n'est-ce pas, vieux Pouchy?

— Oui, monsieur Ivan, noirs comme les plumes d'un corbeau.

— Et maintenant ils sont gris comme la queue d'un blaireau. Et bientôt, peut-être avant que nous ne revoyions la maison paternelle, ta moustache, mon vieux camarade, aura la blancheur de l'hermine.

— C'est juste, monsieur; c'est juste, nous serons tous un peu plus vieux ce jour-là.

— Bien répondu, Pouchy, très-bien ! mais continue, frère, ajouta Ivan, se retournant vers Alexis. Dis-nous tout ce que tu sais sur les ours de la Scandinavie; tu n'as pas encore parlé de ceux qu'on appelle les ours d'argent.

— Non, dit Alexis; ni d'une autre variété qui se trouve également dans ces contrées, et dont quelques naturalistes ont fait une espèce distincte, l'ours à collier.

— Oui, je sais : tu veux parler d'ours auxquels la nature a mis une sorte de collier blanc autour du cou.

— Précisément.

— Eh bien! frère, quelle est ton opinion? Ces ours à collier forment-ils une espèce distincte ou du moins une variété permanente?

— Ni l'un ni l'autre. Ce collier est tout simplement une marque accidentelle que l'on trouve chez quelques individus de la famille des ours bruns, quand ils sont jeunes, et qui disparaît généralement quand ils ont atteint toute leur croissance. Les chasseurs, à la vérité, rencontrent de temps en temps et isolément quelques ours assez grands et déjà d'un certain âge ayant encore le collier; mais tous s'accordent à les considérer comme étant de la famille des ours bruns et non comme appartenant à une espèce distincte. Les mêmes remarques s'appliquent à l'ours d'argent, et plusieurs chasseurs ont rapporté que, dans une portée de trois oursons, ils avaient trouvé les trois variétés : le brun ordinaire, le brun à collier et le gris argenté; tandis que la mère était un véritable *ursus arctos*.

— Très-bien ! Papa ne nous demande donc que le brun et le noir ; mais si nous pouvions y joindre également les peaux d'individus représentant les deux autres variétés, il n'en serait probablement que plus satisfait. Et maintenant, que faut-il augurer du camarade que nous suivons ? A la dimension des empreintes qu'il laisse sur la neige, il me semble que ce doit être un maître ours.

— Oui, c'est évidemment un vieux mâle, répondit Alexis ; mais, si je ne me trompe, nous serons bientôt à même d'en juger. La piste devient de plus en plus fraîche, il ne doit pas y avoir longtemps qu'il a passé par ici, et je ne serais pas surpris de le rencontrer sans sortir de ce ravin.

— Voyez ! s'écria Ivan, dont les regards impatients s'étaient détachés de la piste et portés en avant ; voyez là-bas, sous la racine de cet arbre, il y a un trou ; ne serait-ce pas là ce que nous cherchons ?

— Cela en a tout l'air. Attention ! attachons-nous à la piste et suivons-la avec précaution. Surtout, pas un mot ! »

Tous trois alors, osant à peine respirer, dans la crainte de donner l'éveil à l'animal qu'ils cherchaient, s'avancèrent silencieusement, suivant toujours les traces qui les guidaient depuis le matin. La neige, fraîchement tombée, formait sous leurs pieds comme un duvet qui leur permettait de marcher sans faire le moindre bruit, et ils arrivèrent ainsi jusqu'à six pas environ de l'arbre désigné.

Tout semblait indiquer qu'Ivan avait dit vrai. La piste cessait de suivre le ravin pour s'élever le long des rochers; et à l'orifice du trou, sur lequel se concentrait leur attention, la neige était tout nouvellement foulée, comme si l'ours eût tourné deux ou trois fois sur lui-même avant d'entrer. On ne voyait pas d'ailleurs d'empreintes qui pussent donner lieu de supposer qu'il était revenu sur ses pas; toutes se dirigeaient vers l'entrée de la caverne; c'était donc là que Bruin avait établi sa demeure, et il devait être à la maison.

IX

Les ours en hiver.

Comme il a été dit plus haut, l'ours brun, ainsi que quelques autres espèces de la même famille, a l'habitude de dormir pendant plusieurs mois chaque hiver, ou, en d'autres termes, d'hiverner. Quand approche l'époque de ce long sommeil, il cherche une caverne ou tout autre lieu de refuge dans lequel il se fait un lit de feuilles sèches, d'herbes, de mousse ou de joncs. Il ne lui en faut pas d'ailleurs une grande provision, son épaisse fourrure lui servant tout à la fois de matelas et de couverture. Très-souvent même, sans se donner tant de peine, il se glisse dans le trou dont il a fait choix, se couche, arrange mollement sa tête au milieu des touffes de longs poils qui lui garnissent l'intérieur des cuisses et s'endort.

Des naturalistes ont vu, dans ce sommeil, un état de torpeur dont l'animal ne peut sortir, ni être tiré, avant le terme de la période assignée par la nature. C'est là une erreur; car les ours sont souvent surpris par des chasseurs, pendant leur sommeil, et une fois éveillés, ils se comportent vis-à-vis de leurs agresseurs, absolument comme en toute autre occasion.

Il est juste d'observer pourtant que la vie et la condition de l'ours, dans ses quartiers d'hiver, ne ressemblent pas à celles de la marmotte, de l'écureuil ou autres animaux-rongeurs, durant la même saison. Ceux-ci s'enferment tout simplement afin de se garantir du froid, et, pour n'avoir pas à souffrir de la faim tant que dure cet emprisonnement volontaire, ils ont soin d'amasser, au préalable, dans leur retraite, une ample provision des substances dont ils se nourrissent habituellement. Les abeilles et plusieurs autres insectes en font autant. Il n'en est pas de même de l'ours. La nature lui a-t-elle refusé tout instinct de prévoyance? c'est ce qu'il est difficile de dire; mais il est certain qu'il ne fait aucune provision pour ces longs jours de réclusion et de solitude et qu'il s'endort sans songer au lendemain.

Comment peut-il vivre ainsi plusieurs mois sans manger? C'est un des mystères de la nature. Tout le monde a entendu dire qu'il se nourrissait durant cette période, en suçant ses pattes, et non-seulement Buffon a admis et accrédité cette explication absurde, mais encore il cherche à en démontrer la vraisemblance en disant que, quand on coupe le dessous des pieds de l'ours, il en sort un suc blanc et laiteux [1].

L'histoire, il faut d'ailleurs le reconnaître, est répandue dans le monde entier, partout du moins où les ours hivernent. On la raconte au Kamchatka; on la

---

1. Buffon dit : « Le dessous de leurs pieds est gros et enflé; lorsqu'on le coupe il en sort un suc blanc et laiteux. Cette partie paraît composée de petites glandes qui sont comme des mamelons; et c'est ce qui fait que pendant l'hiver, dans leurs retraites, ils sucent continuellement leurs pattes. » Mais il ne dit pas que ce soit le seul moyen à l'aide duquel ils supportent la longue abstinence dont il est ici question. (*Note du traducteur.*)

retrouve chez les Indiens, chez les Esquimaux, sur les rivages de la baie d'Hudson, comme parmi les chasseurs de la Norvége et de la Laponie. Comment cette fable a-t-elle pu s'accréditer chez des peuples si divers et si bien séparés les uns des autres?

Il n'est pas difficile de répondre à cette question L'histoire a pris naissance en Europe parmi les chasseurs de la Scandinavie. Une fois inventée, elle était trop originale pour qu'on la laissât tomber. Les voyageurs, en s'en faisant les propagateurs, ont en outre pris soin de l'embellir et d'y ajouter quelques détails, fruits de leur propre imagination. Elle a fait ainsi le tour du monde; mais n'est-il pas absurde de supposer qu'un énorme quadrupède à qui il faut, pour sa nourriture quotidienne, plusieurs livres de substances animales ou végétales, — un ours qui ne ferait qu'un repas de la carcasse d'un veau, puisse vivre pendant deux mois, en suçant ses pattes, du suc laiteux dont a parlé Buffon?

Mais alors comment vit-il sans nourriture? Il se peut que, durant ce long sommeil, les facultés et le travail de la digestion soient complétement suspendus ou n'agissent que d'une façon presque insensible; il est possible encore que la vie et la circulation du sang soient entretenues par la grande quantité de graisse que l'ours amasse, pour ainsi dire, avant de se recéler pour l'hiver[1]. Il est, en effet, bien connu qu'à l'époque de leur réclusion annuelle, ces animaux sont plus gras qu'en aucune autre saison. La maturité des fruits, dans les forêts, e la chute des glands, châtaignes et autres produits de

---

1. C'est aussi l'explication à laquelle s'attache principalement Buffon : « Comme il est naturellement gras, dit-il, et qu'il l'est excessivement sur la fin de l'automne, temps auquel il se recéle, cette abondance de graisse lui fait supporter l'abstinence. »
(*Note du traducteur.*)

même nature qui forment, en automne, leur principale nourriture, leur assurent le moyen de vivre dans l'abondance, et rien ne les empêche d'engraisser avant de s'endormir. Que leur servirait d'ailleurs de rester éveillés ? Dans les contrées où l'hivernage est une de leurs habitudes, ils mourraient de faim, durant l'hiver, s'ils ne dormaient pas. La terre en effet est trop bien durcie par la gelée, pour qu'ils puissent la fouiller et y chercher des racines, tandis qu'une épaisse couche de neige leur cache tout ce qui fait ordinairement leur subsistance. Quant à vivre d'oiseaux ou d'animaux, ce n'est point leur affaire. Ils ne sont point assez agiles pour cela.

Ils mangent les uns et les autres, quand ils peuvent les attraper, mais ils n'y réussissent pas toujours, et s'ils n'avaient que cette ressource durant la saison des neiges, ils courraient grand risque de mourir de faim. C'est pour cela que la nature, toujours prévoyante, leur a donné cette singulière faculté d'un sommeil presque léthargique qui dure plusieurs mois. On ne peut douter que tels n'aient été les desseins de l'auteur de toutes choses, quand on voit que les ours vivant dans des pays chauds, comme Bornéo, la presqu'île de Malacca, et même les ours noirs de l'Amérique du Sud, ne sont pas sujets à l'hivernage. Ils n'en ont pas besoin. Leurs forêts, où la gelée est inconnue, les nourrissent aisément toute l'année, et toute l'année, on les voit rôder et chercher leur vie. Dans les contrées arctiques même, on rencontre l'ours polaire sur pied en toute saison : comme il ne se nourrit pas de végétaux, la neige de l'hiver ne lui dérobe pas ses aliments et il trouve toujours moyen de vivre. La femelle se cache pendant quelque temps, mais c'est dans un autre but et non pour se garantir de la faim.

S'il n'était bien démontré que la graisse, dont l'ours

fait provision avant de s'endormir, contribue à le faire vivre pendant son sommeil, il suffirait, pour dissiper tous les doutes à cet égard, de remarquer qu'elle a complétement disparu quand il s'éveille. A ce moment en effet, ou très-peu de temps après, maître Bruin est maigre comme une barre de fer. S'il pouvait se voir dans une glace, il se reconnaîtrait à peine, tant sa longue carcasse amaigrie ressemble peu à ce corps volumineux, replet, arrondi, pour lequel, deux mois auparavant, l'entrée de sa tanière était trop petite.

Un autre changement considérable s'opère en lui, pendant ce long sommeil. Au moment de s'enfermer pour l'hiver, il n'est pas seulement très-gros, très-gras, il est encore très-paresseux, au point que le chasseur le plus novice peut aisément s'en rendre maître et le tuer. Naturellement assez doux, — je ne parle que de l'ours brun (*ursus arctos*), quoique la remarque puisse s'appliquer également à plusieurs autres espèces, — il est alors d'humeur plus pacifique et plus débonnaire encore que de coutume. Comme il trouve en quantité suffisante pour sa nourriture, des matières végétales qu'il préfère à la chair des animaux, il n'est à redouter pour aucune créature vivante, pourvu qu'on le laisse à sa solitude. A son réveil, il montre un tout autre caractère. Il est inquiet; il a faim. Il semble croire que quelque larron l'a visité pendant son sommeil et lui a volé sa graisse. Il est donc de fort mauvaise humeur, quand il sort de son antre. C'est le moment où il se jette sur les troupeaux des bergers scandinaves et devient, pour les étables et les fermes, un voisin justement redouté. Le chasseur lui-même, quand il le rencontre en cette saison, ne l'approche qu'avec les plus grandes précautions.

C'est ce que firent aussi Alexis, Ivan et Pouchskin. Tous trois connaissaient trop bien les habitudes de l'animal à qui ils avaient affaire — leur ours de Russie — pour ne pas savoir qu'ils devaient se conduire avec prudence.

Au lieu de se précipiter à l'entrée de la caverne et de faire un grand bruit, ils s'avancèrent dans le plus grand silence, le fusil armé et prêts à saluer de leur mieux maître Bruin, dès qu'il mettrait le nez hors de son antre.

X

Bruin est-il à la maison ?

La caverne, si c'en était une, n'avait d'autre entrée qu'une ouverture de dimensions assez ordinaires, à peine assez grande pour donner passage au corps d'un ours dans toute sa croissance, et de grosseur moyenne. A en juger extérieurement, c'était plutôt un trou ou terrier creusé sous un grand pin, parmi les racines duquel l'ours avait sans doute établi sa demeure. L'arbre lui-même s'élevait sur la pente du rocher, et ses racines principales se développaient sur un assez grand espace, apparaissant çà et là à la surface du sol. A l'entrée se trouvait une saillie de rocher, sorte de plate-forme étroite, où la neige piétinée semblait indiquer que l'ours s'était arrêté; au-dessous, la pente devenait plus rapide et descendait presque perpendiculairement jusqu'au banc de neige que nous avons déjà décrit.

Nos trois chasseurs attendaient, postés de façon à ne perdre aucun des mouvements de l'ennemi. Pouchskin était au-dessous et directement en face de l'entrée de la grotte, à six pas de distance environ. Ivan avait été placé sur la droite, et Alexis se tenait à gauche. Tout naturellement, le poste le plus dangereux avait été choisi par le vieux soldat.

Ils restèrent assez longtemps silencieux et presque sans bouger. Rien ne trahit la présence de Bruin ; pas un signe, pas un bruit.

Ils résolurent d'attirer eux-mêmes l'attention de l'animal par quelque bruit, propre à le faire sortir de sa tanière. Ils se mirent à tousser, à parler haut, mais en vain. De véritables cris n'eurent pas plus de résultat.

Il était là cependant ; aucun de nos chasseurs n'en pouvait douter. Les traces, qu'ils avaient observées avec soin, se dirigeaient toutes vers l'entrée de la grotte ; aucune n'en revenait. L'ours était certainement dans son trou ; mais, endormi ou non, il était évident que leurs cris ne produisaient aucun effet sur lui.

Il fallait trouver quelque autre moyen de le faire sortir, l'exciter avec un bâton, par exemple. Ce fut l'idée qui se présenta la première à l'esprit de nos voyageurs, ils l'adoptèrent immédiatement.

Pouchskin s'éloigna pour trouver une perche assez longue. Alexis et Ivan restèrent à leurs postes, toujours sur leurs gardes, dans la crainte que l'ours ne fît une sortie pendant l'absence de leur compagnon. Mais Bruin n'y pensait pas, et quand Pouchskin revint, les choses en étaient toujours au même point. Le vieux soldat avait, à l'aide de sa hache, abattu, tout près de là, un jeune sapin qui, débarrassé de ses branches, faisait une perche haute comme les gaules d'un champ de houblon. Ce n'était pas sans dessein qu'il l'avait choisie de cette longueur. Quoique brave, il ne se souciait pas d'avoir affaire de trop près avec l'ennemi qu'il allait provoquer.

Quand il eut repris son poste, il introduisit l'extrémité de sa gaule dans l'antre béant et l'agita en tous sens, de façon à battre les parois intérieures ; puis il la retira et attendit la réponse de l'ours.

Rien !

La perche fut de nouveau introduite dans le trou, et cette fois poussée un peu plus avant. En même temps, les cris, les démonstrations bruyantes recommencèrent au dehors, mais toujours en vain. Bruin ne bougea, ni ne fit entendre le moindre grondement.

« Il faut qu'il soit endormi. Pousse encore un peu plus avant, Pouchskin. »

Ces mots attestaient l'impatience d'Ivan.

Encouragé par les paroles de son jeune maître, Pouchskin s'approcha, puis, à l'aide de son bâton, plongé à moitié dans la caverne, il tâta, chercha en tout sens, mais sans rien découvrir. Devenu plus confiant, il fit un ou deux pas encore en avant. Dans cette nouvelle position, l'extrémité de son bâton atteignait le fond de la grotte ; il recommença ses recherches, sondant, tâtant dans toutes les directions : devant lui, à droite, à gauche, en haut, en bas, dans tous les coins. Son bâton ne rencontra rien qui ressemblât à l'épaisse toison d'un ours ; partout il se heurtait contre des pierres qui formaient le sol et les parois intérieures de la grotte.

Il y avait là un mystère. Pouchskin était un vieux chasseur d'ours. Ce n'était pas la première fois qu'il introduisait ainsi sa perche dans la tanière d'un de ces animaux, et il savait à merveille en trouver le fond, en sonder tous les recoins. Il était bien sûr en outre que la grotte qu'il explorait en ce moment ne communiquait avec aucune autre ; c'était un logement d'une seule pièce. S'il y avait eu une seconde chambre à la suite de la première, il en eût trouvé l'entrée ; mais tout indiquait qu'il n'y en avait pas.

Pour mieux s'en assurer encore, il alla se placer tout contre l'orifice de la caverne. Alexis et Ivan s'approchèrent également, chacun de son côté, et l'exploration continua.

Au bout de quelques instants, Pouchskin fut tout à fait convaincu qu'il n'y avait pas d'ours dans l'intérieur. Il avait avec son bâton, et à plusieurs reprises, tâté, sondé en tous sens; il n'avait rencontré que la pierre, ou par-ci par-là quelque racine. Il voulut cependant essayer encore un dernier moyen : il se coucha à terre pour écouter l'oreille tendue, à l'entrée même de la caverne, et recommandant à ses jeunes maîtres le plus profond silence. Il resta quelques secondes dans cette position.

Ils suivirent exactement tous deux ses recommandations, et ce fut un bonheur pour eux, sinon pour lui. Le silence, en effet, leur permit d'entendre ce qui ne put arriver aux oreilles de Pouchskin, placé comme il l'était, c'est-à-dire un bruit qui soudain les fit rejeter en arrière et lever, vers le sommet de l'arbre, les regards qu'ils cherchaient auparavant à plonger dans l'intérieur de la caverne.

Au même instant, ils aperçurent un objet dont la vue leur fit pousser simultanément un cri. Tous deux reculèrent de quelques pas, élevant en l'air le canon de leurs fusils.

Un animal, d'une taille énorme, descendait lentement le tronc du grand pin, au pied duquel ils se trouvaient. En toute autre circonstance, aucun d'eux n'aurait pu dire avec certitude quelle espèce d'animal se mouvait ainsi sous leurs yeux; car au premier abord, on ne distinguait ni tête ni jambes, mais seulement une masse informe de poils longs et bruns. Si étrange toutefois que pût paraître l'aventure, il n'y avait pas à s'y méprendre, c'était bien leur ours, descendant à reculons de l'arbre, dans les racines duquel ils l'avaient cru caché.

XI

Corps à corps.

Alexis et Ivan poussèrent l'un et l'autre un grand cri pour avertir Pouchskin. Tous deux, en outre, presque en même temps levèrent leurs fusils dans la direction de l'ours et firent feu.

Pouchskin les entendit, mais il n'avait pas entendu le reniflement qui les avait avertis eux-mêmes de la présence de l'ours. Il était trop absorbé par l'envie de saisir le moindre bruit venant de l'intérieur de la grotte, pour être à ce qui se passait au dehors. Leurs cris et les coups de fusil lui firent lever la tête, mais trop tard pour qu'il pût encore éviter la rencontre de l'ours. Il était à peine debout, que l'animal arrivait sur lui par derrière, et d'un coup bien appliqué dans le dos, le rejetait la face contre terre.

Peut-être eût-il mieux valu pour Pouchskin qu'il restât immobile dans cette attitude, car l'ours s'était déjà détourné de lui et paraissait songer à la retraite; mais le vieux grenadier, ne prévoyant pas que sa position pût devenir plus critique qu'elle ne l'était, se releva soudain et se saisit de son fusil.

Ces préparatifs de combat, joints à la douleur que lui causaient les deux coups de feu qu'il avait reçus au bas des reins, et qu'il attribuait peut-être à Pouchskin, excitèrent la fureur de Bruin. Il revint donc aussitôt sur son adversaire, et au lieu d'exposer son arrière-garde à un nouvel assaut, il marcha la gueule béante sur le grenadier. Celui-ci avait eu le temps d'épauler son arme; il fit feu, mais hélas! le coup rata. C'était un fusil à pierre; dans la chute qu'il avait faite le matin, la batterie avait été couverte de neige et l'amorce, qu'il n'avait pas pensé à renouveler, était mouillée.

Ce contre-temps ne fit qu'accroître la colère de l'animal; et une décharge de gros plomb qu'Ivan, tirant son second coup, lui envoya au même moment, mit le comble à sa rage.

Cependant Pouchskin avait tiré son grand couteau, la seule arme qu'il eût sous la main. Sa hache l'eût peut-être mieux servi, mais il l'avait laissée sur le haut de la colline, à l'endroit où il avait abattu un sapin. Il prit donc son couteau et se prépara à se défendre dans un combat corps à corps.

Il était encore possible de battre en retraite, mais en s'exposant à un péril presque certain. Au milieu de tous les va-et-vient que nous avons à peine indiqués, l'ours s'était placé au-dessus de lui, sur la pente du rocher, et s'il eût tourné le dos, le terrible animal pouvait, en un clin d'œil, tomber sur lui et le précipiter au fond du ravin. Pouchskin pensa qu'il valait mieux l'attendre en face, le tenir autant que possible à distance, et gagner, si l'ennemi lui en laissait le temps, un terrain plus ferme et plus uni.

L'ours s'étant arrêté un moment pour lécher et sucer la plaie que lui avait faite le dernier coup de feu, Pouchskin put en effet reculer de quelques pas, mais de bien peu, car tout cela ne prit pas la dixième partie du temps que nous avons mis à le raconter.

Juste au moment où il atteignait le bas du coteau son terrible ennemi sortit, avec un grognement épouvantable, du nuage de fumée qui le cachait encore en partie et courut sur lui au galop. Puis, quand il ne fut plus qu'à un mètre du chasseur, Bruin se dressa sur ses pattes de derrière, dans l'attitude d'un boxeur de profession.

Alexis et Ivan virent alors le vieux soldat se fendre et porter une botte de la main droite, celle qui tenait le couteau; puis, un instant après, l'homme et la bête leur apparurent se saisissant et s'étreignant, dans une lutte corps à corps.

Ils se mirent à exécuter ainsi une sorte de valse sur la neige, soulevant une poussière blanche qui formait comme un nuage autour d'eux. Pendant un moment, il fut impossible de distinguer autre chose qu'une masse noire et confuse s'agitant avec violence au milieu d'un tourbillon.

Ivan poussait des cris de frayeur; il craignait pour la vie de son cher Pouchskin. Alexis, plus calme, rechargeait vivement son fusil, comprenant à merveille que tuer l'ours était le plus sûr moyen de sauver leur fidèle compagnon.

Il y eut pour le vieux soldat un moment de véritable danger. L'ours était un des plus gros et des plus féroces qu'il eût jamais rencontrés; et s'il l'eût mieux examiné, avant d'engager la lutte, peut-être ne l'eût-il pas fait, sans y regarder à deux fois. Mais la fumée des coups de fusil, flottant dans la brume, ne lui avait pas permis de voir clairement à qui il allait avoir affaire. Et lorsqu'il put se rendre un compte exact de la taille et de la force de son ennemi, il était trop tard pour battre en retraite. Habile et prompt comme un vrai tirailleur, Alexis eut bientôt rechargé son arme, et il courut aussitôt vers le lieu du combat. L'homme et l'ours se tenaient toujours étroitement serrés et continuaient de tourner.

Tout à coup il les vit se séparer. Pouchskin était parvenu à s'arracher aux étreintes de l'ours, et très-peu désireux évidemment de renouveler l'embrassade, il reculait sur la neige, toujours vivement poursuivi par son antagoniste, et toujours placé, malheureusement, de façon à empêcher son jeune maître de tirer.

Les deux combattants traversaient en ce moment le ravin et se trouvaient par conséquent sur le banc de neige dont nous avons déjà parlé. Pouchskin faisait de son mieux pour échapper à la poursuite dont il était l'objet, mais l'avantage était du côté de l'ours. En effet, tandis que l'homme sentait à chaque pas la neige se briser et céder sous ses pieds, les larges pattes du quadrupède glissaient sans la moindre difficulté sur la surface glacée.

Pouchskin avait eu d'abord un peu d'avance, mais l'ours gagnait rapidement du terrain. Une ou deux fois déjà, il s'était trouvé si près de celui qu'il poursuivait qu'il touchait ses vêtements du bout de son museau; mais, pour se redresser et pouvoir, dans cette position, atteindre son ennemi d'un coup de griffe, il fallait qu'il fût plus près encore, et Bruin le savait.

Ce fut l'affaire d'un moment : debout sur ses pattes de derrière, la patte levée, il se préparait à frapper sa victime. Ivan et Alexis poussèrent à la fois un cri de détresse, mais avant que le coup fatal pût être porté, celui à qui il était destiné avait disparu, comme si la terre se fût entr'ouverte sous ses pas.

Nos deux jeunes chasseurs crurent d'abord que

Avant que le coup fatal pût être porté, Pouchskin avait disparu.
(Page 68.)

Pouchskin avait été atteint et terrassé par son formidable adversaire. Ils avaient vu l'ours se précipiter en avant, comme pour se jeter sur le corps de son ennemi renversé; mais presque aussitôt, à leur terreur se mêla une vive surprise. Ils ne voyaient plus ni l'homme ni l'animal: tous deux avaient également disparu!

XII

Une disparition mystérieuse.

La disparition soudaine de l'homme et de l'ours eût été pour nos jeunes chasseurs un sujet de vive inquiétude, s'ils ne s'étaient souvenus de ce qui était arrivé le matin même à Pouchskin. Cette première aventure était encore trop présente à leur mémoire pour qu'ils fussent en peine de s'expliquer ce qui venait d'arriver. Tout occupé des efforts qu'il faisait pour échapper à son antagoniste, Pouchskin avait sans doute oublié les dangers du passage sur le pont de neige et, il avait une seconde fois passé à travers.

Mais cette fois il n'y avait pas sujet de rire. Pouchskin n'était plus seul enfermé dans son trou, comme le pantin d'une boîte à surprise; suivant toute apparence, il se débattait sous le poids du monstre sauvage, qui le déchirait à belles dents, ou bien encore il pouvait s'être noyé dans le ruisseau coulant au fond du ravin. D'un autre côté, l'ours s'était-il jeté volontairement sur sa proie, après l'avoir vue disparaître, ou bien, emporté par l'impétuosité de son attaque, avait-il été malgré lui précipité dans l'abîme? Alexis et Ivan pensaient que sa chute n'avait été rien moins que préméditée, car ils l'avaient vu, au moment de disparaître, chercher à faire un détour, se débattre, puis s'enfoncer la tête la première.

Il importait peu d'ailleurs que ce plongeon eût été, de sa part, volontaire ou non. De façon ou d'autre, il devait être tombé sur la tête du malheureux grenadier, et connaissant l'implacable furie de ces animaux, quand leur colère est une fois excitée, les deux frères ne pouvaient avoir qu'une idée, c'est que leur vieux compagnon devait être noyé ou mis en pièces.

Soutenu par une dernière espérance, Alexis se dirigea vers l'endroit où l'homme et la bête avaient disparu, le fusil en main, et prêt à faire feu. En approchant, il entendit au-dessous de lui, un mélange de bruits confus au milieu desquels il était facile de distinguer les grondements de l'ours. Il en conclut que la lutte continuait, et il pressa le pas, très-étonné toutefois de ne pas entendre la voix de Pouchskin.

Arrivé à trois mètres environ du précipice, il aperçut un objet qui le fit s'arrêter soudain. C'était tout simplement l'extrémité du museau de l'ours qui apparaissait à la surface. Il ne voyait ni les yeux de l'animal, ni aucune autre partie de son corps, mais seulement le bout de son nez et quelques centimètres du museau.

L'idée lui vint tout d'abord que l'ours, dressé sur ses pattes de derrière, cherchait à se retirer de là, en grimpant le long des parois de sa prison, et il n'eut bientôt plus aucun doute à cet égard. Il vit en effet, presque aussitôt, l'animal s'élever perpendiculairement et montrer, hors du trou, sa tête et une partie de son cou. Ce fut l'affaire d'un instant toutefois; car Bruin, qui semblait jouer alors le rôle du diable dans la boîte à surprise, retomba et disparut de nouveau tout entier.

Notre jeune chasseur regrettait vivement de n'avoir pas profité de ce moment pour tirer en visant à la tête de l'animal; mais dix secondes ne s'étaient pas écoulées qu'une extrémité de museau se montrait pour la deuxième fois au-dessus de la neige. L'ours allait donc, suivant toute probabilité, faire une nouvelle tentative pour sortir.

La première pensée d'Alexis avait été d'attendre que la tête se montrât tout entière; mais une réflexion lui vint, prompte comme l'éclair, c'est que l'animal pourrait fort bien, cette fois, réussir à atteindre la surface solide du banc de neige, et qu'alors il serait lui-même en danger. Pour conjurer ce péril, il résolut de faire feu sur-le-champ, non pas toutefois en visant au museau, car s'il était sûr d'y loger aisément sa balle, il savait aussi que cette nouvelle blessure ne tuerait pas l'ours et ne ferait que le rendre plus furieux encore, s'il était possible.

C'est à la cervelle qu'il voulait frapper le monstre, et la position du museau suffisait pour lui indiquer exactement où se trouvait le reste de la tête.

Un chasseur moins habile, moins exercé serait resté où il était, et calculant de son mieux la position que devait occuper la tête de l'ours, il aurait tiré dans cette direction, à travers la neige. Mais Alexis savait à merveille que, tirant obliquement, sa balle pouvait glisser à la surface et manquer complétement le but. Pour assurer son coup, il fit donc deux pas en avant, introduisit le canon de son fusil dans la neige jusqu'à ce que la gueule touchât la tête de l'animal et il fit feu.

Pendant quelques secondes, il ne vit rien. La fumée de son coup de fusil et la neige soulevée par l'explosion formèrent un nuage épais au-dessus du précipice; mais s'il ne distinguait rien, ce qu'il entendit lui donna tout lieu de croire que sa balle n'avait pas été perdue. Un long clapotement sous la neige annonçait clairement que l'ours se débattait dans l'eau, tandis que ses cris plaintifs et ses grondements, de plus en plus faibles, ne permettaient pas de douter que ses forces ne l'abandonnassent rapidement.

Aussitôt que la fumée se fut dissipée, Alexis se glissa, à genoux, jusqu'au bord du trou et plongea son regard dans l'intérieur. Il y avait du sang sur la neige; le côté opposé à celui où l'ours s'était montré en était rougi en plusieurs endroits, et au fond, dans l'eau, au milieu des débris de la croûte de glace qui avait cédé sous les pas de Pouchskin, apparaissait une masse noire dans laquelle il ne lui fut pas difficile de reconnaître le corps de l'animal.

Mais qu'était devenu Pouchskin? Au fond de l'espèce de petit cratère qui s'était ouvert tout à coup dans la neige, Alexis voyait bien le corps de l'ours encore agité de mouvements convulsifs, mais rien qui indiquât la présence d'un homme. Où donc pouvait être le pauvre caporal? Avait-il disparu dans l'eau noire qui remplissait le fond du ravin? ou bien, horrible pressentiment! son cadavre avait-il été emporté par le ruisseau dont le courant semblait assez rapide?

Cette supposition n'avait rien d'invraisemblable, car Alexis pouvait aisément voir qu'il existait, entre l'eau et la neige faisant voûte, un espace vide suffisant pour donner passage au corps d'un homme.

En proie à une sorte d'angoisse, il se mit à crier et à appeler son vieux compagnon. Il allait renouveler ses appels désespérés, lorsque tout à coup il entendit, à quelques pas derrière lui, un bruyant éclat de rire dans lequel il reconnut la voix d'Ivan. Il se releva soudain, se demandant quelle pouvait être la cause d'une gaieté si étrange en un pareil moment, et déjà il se retournait vers son frère avec l'intention de lui adresser de vifs reproches ; mais, au même instant, ses regards tombèrent sur un objet dont la vue l'arrêta court. Ce qu'il vit lui causa même tant de joie, qu'il ne put s'empêcher de faire comme Ivan et de rire avec lui. Rien de plus naturel d'ailleurs ; car il serait difficile d'imaginer quelque chose de plus comique que le spectacle auquel les deux frères assistaient en ce moment.

A dix pas environ au-dessous de l'endroit où ils se trouvaient, un objet difficile encore à distinguer cherchait à se faire jour à travers la neige. Cet objet, de forme ronde ou ovale, pouvait avoir de 25 à 30 centimètres de diamètre dans un sens, et un peu moins dans l'autre Il semblait avoir la blancheur de la neige, dont il s'efforçait de se dégager, et qui le recouvrait encore presque entièrement. Un étranger arrivant par hasard sur le théâtre de l'aventure eût été probablement fort embarrassé de dire ce que c'était, mais Ivan n'eut pas plus tôt aperçu cette espèce de boule apparaissant tout à coup au niveau de la croûte de glace qui s'étendait d'un bord à l'autre du ravin, qu'il reconnut la tête de Pouchskin. Alexis n'y fut pas trompé davantage un seul instant, et c'était l'expression comique des deux du vieux soldat qui l'avait fait s'associer à l'hilarité bruyante de son frère.

Leur gaieté toutefois fut de courte durée, — l'effet d'un mouvement involontaire et instantané, — car la réflexion leur dit aussitôt que Pouchskin, quoiqu'ils le vissent parfaitement en vie, pouvait avoir été sérieusement blessé, et tous deux coururent à l'endroit où ils l'avaient aperçu.

En approchant, néanmoins, Ivan ne put se contenir et laissa encore échapper un éclat de rire involontaire

La tête du vieux grenadier, se dressant comme un sphinx au-dessus de la surface gelée, ses cheveux gris, couverts de neige comme une perruque à frimas; sa moustache poudrée de même, l'écarquillement et le clignotement de ses yeux, l'expression de surprise et de gravité comique empreinte sur sa physionomie, tout concourait à former un tableau devant lequel il était difficile de garder son sérieux.

Cependant Alexis, tout occupé de savoir si Pouchskin n'avait reçu aucune blessure dangereuse, ne parut pas cette fois partager la joyeuse humeur de son frère; et ses premières paroles, dès qu'il fut assez près, furent pour demander au vieux soldat s'il n'était pas blessé.

« Quelques égratignures seulement, mes chers maîtres, répondit celui-ci; quelques égratignures, et rien de plus; rien de sérieux. Mais la bête? l'ours? où est-il passé?

— Tout est fini pour lui, et de ce côté nous pouvons être bien tranquilles. Je crois, mon brave Pouchskin, que ton couteau avait déjà fort avancé ses affaires, car il n'a pu retrouver assez de force pour sortir du trou où vous aviez disparu l'un après l'autre; je l'ai ensuite heureusement achevé d'un coup de fusil, et nous n'avons plus qu'à relever sa carcasse et prendre sa peau. Mais laisse-nous d'abord t'aider à te tirer de là, mon vieux camarade, et puis tu nous diras par quel miracle tu as échappé au péril qui nous a tant effrayés. »

A ces mots, les deux frères se mirent à briser la neige, jusqu'à ce qu'ils eussent mis les épaules de Pouchskin à découvert, puis le saisissant chacun par un bras, ils l'aidèrent à se soulever et à sortir du trou dans lequel il était comme enterré.

XIII

Sous la neige.

Pouchskin se mit à conter son aventure, et ses jeunes maîtres l'écoutèrent avec beaucoup d'intérêt quoiqu'ils eussent déjà deviné en grande partie comment les choses s'étaient passées. Il y avait cependant encore quelques détails dont ils ne se rendaient pas bien compte, et qui leur furent expliqués par le vieux soldat.

En premier lieu, s'il avait battu en retraite devant l'ennemi, ce n'était pas parce qu'il se regardait comme vaincu, mais parce qu'il avait perdu son couteau. Le manche, humide de sang, lui avait échappé et il ne savait pas ce qu'il était devenu. Se voyant désarmé, sa première pensée avait été de se soustraire aux embrassades de Bruin; que pouvait en effet un homme sans armes contre un ours de cette taille?

Il s'était donc débarrassé de ses étreintes et se disposait à prendre sa course. Il avait tout à fait oublié ce qui lui était arrivé le matin, et ne songeait plus au danger qu'il allait courir en traversant le banc de neige qui, une fois déjà, s'était entr'ouvert sous ses pas. Il n'avait pas d'ailleurs d'autre route à suivre. A droite ou à gauche il aurait eu le rocher à escalader, et en deux sauts l'ours eût été sur lui. Il avait donc pris le meilleur parti, et la fin de l'aventure venait de prouver surabondamment que sa nouvelle chute sous la neige avait été le plus heureux accident qui pût lui arriver. Sans cela il serait probablement tombé entre les griffes de la bête furieuse, et aurait été mis en pièces.

Lorsqu'au terme de sa chute, il sentit qu'il avait les pieds dans l'eau, il se souvint de ce qui lui était arrivé le matin. Il se rappela l'arche formée dans la neige au-dessus du ruisseau, et voyant l'ours tout près d'être précipité à son tour et de tomber sur lui, il plongea la tête et chercha un abri dans cette espèce de tunnel. Il avait à peine réussi à s'y blottir que l'ours venait s'abattre derrière lui, et que la secousse imprimée à tout son corps, par le poids de l'animal, le fit entrer encore plus avant sous la neige.

Une fois dans cette voie, il continua à suivre le cours du ruisseau, travaillant de la tête et des mains à s'ouvrir un passage. La neige, que la gelée n'avait pas durcie à cette profondeur, ne lui opposait qu'une faible résistance, et quand il se crut assez loin pour n'avoir rien à craindre du compagnon de sa chute, il tourna à droite et se dirigea de façon à remonter à la surface.

C'était pendant qu'il travaillait ainsi à sa délivrance qu'Alexis avait réglé leurs comptes avec l'ours. Au lieu de suivre Pouchskin sous la neige, Bruin, qui, selon toute probabilité, avait éprouvé lui-même, de sa chute soudaine dans l'eau, une surprise bien faite pour changer le cours de ses idées, ne s'était plus, à partir de ce moment, inquiété que de sa propre sûreté. C'est pour cela, qu'abandonnant la poursuite de son ennemi, il s'efforçait de remonter à la surface, quand Alexis aperçut pour la première fois le bout de son museau.

Au moment où il tirait le coup de fusil qui devait mettre fin à l'aventure, ou un instant après, Pouchskin parvenait à passer sa tête à travers la croûte gelée dont la neige était couverte et arrachait à Ivan ces éclats de rire qui avaient si fort étonné son frère.

Le vieux soldat toutefois n'était pas sorti de la lutte sans égratignures. En l'examinant avec plus d'attention ses jeunes compagnons s'aperçurent qu'il portait, à l'épaule gauche, des traces profondes de la griffe de l'ours. La peau était enlevée sur un espace carré de plusieurs centimètres et la chair avait été cruellement labourée.

Alexis possédait heureusement quelques connaissances chirurgicales. Sans perdre un moment, il pansa la blessure, aussi bien qu'elle pouvait l'être dans les circonstances où ils se trouvaient. Un mouchoir blanc qu'Ivan avait sur lui, servit à couvrir la plaie, et grâce à cet appareil, solidement assujetti au moyen d'une bande prise sur la manche de sa propre chemise, le vieux soldat put compter sur une prompte guérison. Le plus habile praticien n'eût pas mieux fait.

Ce soin accompli, ils songèrent à l'ours, et revinrent tous trois au bord du trou dans lequel il était tombé. Un regard jeté à l'intérieur les convainquit aussitôt que, comme l'avait prévu Alexis, il était tout à fait mort.

Ivan, qui n'avait eu qu'une part très-secondaire dans tout ce qui s'était passé jusque-là, prit alors le rôle le plus actif. Il se laissa glisser sur le cadavre de l'ours et après avoir noué, autour d'une de ses pattes de derrière, la corde dont ils s'étaient heureusement munis, il se mit en devoir d'aider son frère et Pouchskin à le hisser jusqu'à la surface. Trois mois plus tôt, c'est-à-dire au moment où il allait commencer sa sieste d'hiver, il n'eût pas été à beaucoup près aussi facile de tirer Bruin d'un trou comme celui-là. Il devait peser alors, en effet, plus de trois mille kilogrammes et son poids n'était plus guère que de la moitié; mais sa peau était en aussi bon état que s'il eût été plus gras et ce n'était pas sa carcasse, mais sa peau que voulaient nos chasseurs.

Après un assez rude travail, la lourde masse, d'un côté tirée par Alexis et Pouchskin, de l'autre soulevée par Ivan, dont les cris attestaient les efforts, arriva à l'orifice du trou et fut bientôt étendue tout de son long sur la neige. Il fallut encore l'attacher à une branche d'arbre pour la dépouiller d'une façon convenable; mais au moyen de la corde, ce fut l'affaire d'un instant.

Jusque-là Pouchskin n'avait pu réussir à s'expliquer la perte de son couteau qu'il ne retrouvait pas davantage. L'endroit où il avait exécuté, avec l'ours, la valse que nous avons décrite dans le chapitre précédent, fut visité en tous sens, et la neige fouillée jusqu'à une profondeur de plusieurs pouces. Il y avait du sang en différentes places; — du sang de l'ours et même de celui du vieux soldat, mais point de couteau. Pouvait-il être tombé dans l'eau? Non. Pouchskin assurait qu'il l'avait perdu sur la lisière du banc de neige, et que c'était là ce qui l'avait empêché de continuer la lutte.

Ce ne fut que quand le cadavre de l'animal fut accroché à une branche que l'arme tant cherchée se retrouva. Alors, à la grande surprise de nos jeunes chasseurs et de leur compagnon, ils aperçurent le couteau enfoncé jusqu'au manche dans l'épaule de l'ours. Pouchskin le retrouvait où il l'avait laissé. Sans aucun doute, le coup était mortel, mais l'œuvre de destruction avait été singulièrement avancée par la balle d'Alexis, qui avait brisé le crâne du monstre et lui avait traversé la cervelle.

L'animal fut dépouillé avec le plus grand soin; car sa peau était des plus belles, et nos jeunes gens savaient avec quelle attention elle serait examinée, quand elle arriverait au palais Grodonoff. Ils n'épargnèrent donc ni peines ni temps pour le succès de l'opération, et quand ils eurent fini, la peau, roulée avec précaution, fut liée avec la corde qui leur avait déjà été si utile, et placée comme un havre-sac sur les épaules de Pouchskin. Abandonnant alors la carcasse aux loups, aux gloutons ou aux autres carnivores que leur bonne fortune pourrait attirer de ce côté, ils descendirent le ravin et regagnèrent, par un sentier, la tente enfumée de leur hôte, où ils arrivèrent pour l'heure du dîner.

XIV

L'ours carné

L'ours qu'ils venaient de tuer était le véritable *ursus arctos*, ou l'ours brun, ainsi nommé à cause de la couleur de sa fourrure qui, dans quatre-vingt-dix-neuf cas sur cent, est d'un brun uniforme, mais que ce nom ne distingue pas d'une façon suffisamment exacte, puisqu'il existe d'autres ours bruns appartenant à des espèces essentiellement différentes.

Après s'être assuré, comme on l'a vu, la possession de ce premier trophée, nos chasseurs songèrent aux moyens d'y joindre la peau d'un ours noir. Ils savaient déjà que ce ne serait pas chose facile, car l'*ursus niger*, ours noir d'Europe, est un des animaux les plus rares. On en voit si peu, en effet, que sur mille peaux qui entrent dans le commerce des fourrures, il n'y en a guère que deux ou trois qui appartiennent à cette variété.

A la vérité, ils se trouvaient précisément dans le pays où il devait leur être le plus facile de rencontrer ce qu'ils cherchaient, car c'est seulement dans le nord de l'Europe et de l'Asie qu'habitent les ours noirs. Cette variété ne se voit jamais dans les chaînes de montagnes situées plus au midi, telles que les Pyrénées, les Alpes et les Carpathes.

Ils n'avaient à songer ni à l'ours gris ou argenté, ni à celui qui semble porter un anneau blanc autour du cou, et qu'on appelle l'ours à collier. Comme l'avait dit Alexis, tous ceux qui ont étudié l'*ursus arctos* dans les contrées où la nature l'a placé, savent que ce sont là de simples variétés accidentelles. Le véritable ours à collier (*ursus collaris*) ne se trouve pas en Laponie, mais seulement dans le nord de l'Asie, au Kamtchatka, ce qui lui a fait donner aussi le nom d'ours de Sibérie. Nos chasseurs n'étaient donc nullement tenus de se mettre en quête de ces deux variétés, mais il ne pouvait que leur être agréable de trouver l'occasion de faire plus que ne demandait strictement la lettre de leur programme, et sous ce rapport ils furent servis à souhait. En effet, tandis qu'ils couraient le pays à la recherche de l'*ursus niger*, ils eurent la chance de rencontrer un autre ours brun, une femelle cette fois, avec trois oursons, l'un complétement brun comme la mère, un autre avec le collier blanc autour du cou, et le troisième gris comme un petit blaireau. Tous quatre furent pris, et leurs peaux envoyées au muséum du baron.

Tout cela n'avançait pas leurs affaires par rapport à l'ours noir. Ils avaient exploré, à plusieurs milles à la ronde, les forêts et les montagnes sans en rencontrer aucun: mais on sut bientôt, dans le pays, ce qu'ils cherchaient, et comme ils offraient une généreuse récompense à qui leur ferait découvrir la retraite d'un de ces animaux, il était probable qu'ils ne tarderaient pas à entendre parler de quelque chose.

Leur attente ne fut pas longue en effet. Il y avait huit jours à peine que leur offre était connue, quand un paysan finnois, un de ceux qu'on appelle des *Quâners*, se présenta à leur quartier général et leur annonça qu'il avait cerné un ours noir. Sa nouvelle et lui furent les bienvenus, et nos voyageurs se mirent aussitôt en devoir de le poursuivre.

Il n'est peut-être pas inutile d'expliquer ce que voulait dire, dans la bouche du paysan, cette expression « cerner un ours »; c'est là, en effet, une locution qui, dans les contrées scandinaves, a un sens particulier.

Quand un berger ou un bûcheron a découvert, sur la neige, la trace d'un ours, il la suit, en faisant le moins de bruit possible, jusqu'à ce qu'il ait sujet de croire que l'animal n'est pas loin. Ce voisinage lui est presque toujours révélé par l'inspection même des pas, qui, au lieu de se diriger en droite ligne, font alors des zigzags et reviennent sur eux-mêmes. L'ours, en effet, avant d'entrer dans sa retraite d'hiver, piétine le sol en tous sens et exécute à l'entour plusieurs marches et contre-marches, précisément comme le lièvre avant de se blottir dans son gîte. La même habitude, qui ne peut provenir que d'un instinct de précaution, se remarque également chez quelques animaux.

Arrivé à l'endroit où le *spär* se complique ainsi de détours et de zigzags, le traqueur d'ours prend à droite ou à gauche, et décrit autour de la partie de la forêt dans laquelle il suppose que Bruin a fait élection de domicile, un cercle dont le diamètre varie suivant la saison, la nature du sol et diverses autres circonstances. Si dans le cours de cette opération, notre homme retrouve la trace de l'ours se prolongeant au delà des limites qu'il ne croyait pas que l'animal pût avoir franchies, ce premier cercle est abandonné et il en recommence un second un peu plus loin. Mais s'il revient à son point de départ sans avoir revu la piste dans aucune direction, il en conclut que l'ours est bien véritablement dans le cercle qu'il vient de décrire et qu'on ne peut manquer de l'y trouver. C'est là ce que les gens du pays appellent « cerner un ours. »

Cette première opération terminée, l'auteur de la découverte va avertir les chasseurs de son village ou de son campement, qui se réunissent et se mettent aussitôt en campagne pour la destruction de l'ennemi commun. Ils se divisent d'abord pour occuper, en même temps, plusieurs points opposés du cercle dans l'intérieur duquel ils doivent agir, puis marchant tous ensemble vers le centre, ils finissent presque toujours par rencontrer l'animal encore endormi ou sortant de son repaire, et se disposant à décamper.

Il se passe souvent plusieurs jours avant que les chasseurs arrivent sur le terrain ; mais quand un ours est bien cerné, on a aussi devant soi plusieurs jours et quelquefois plusieurs semaines ; car, lors même qu'ils ne dorment pas, ces animaux, surtout en hiver, s'éloignent peu du gîte qu'ils ont choisi. Si d'ailleurs le gibier ne les avait pas attendus, les chasseurs retrouveraient aisément ses traces et pourraient, à l'aide de cette piste nouvelle, le suivre jusqu'à son nouveau domicile, à moins toutefois que les empreintes de ses pas n'eussent disparu sous une couche de neige tombée depuis son départ. En ce cas la partie serait manquée et Bruin échapperait, pour cette fois au moins, à ceux qui sans doute croyaient déjà le tenir.

Dans le pays, — et ce n'est pas le côté le moins singulier de cette coutume, — celui qui a réussi à cerner un ours en est considéré comme le véritable propriétaire, ou tout au moins il a seul droit de chasse à l'intérieur du cercle qu'il a tracé, et il en dispose comme il lui plaît. Il va sans dire qu'il ne garantit ni la capture ni la mort de l'ours; c'est là l'affaire des chasseurs. Il ne répond que de la présence de l'animal dans le cercle indiqué, et ses droits sont établis par l'inspection du *spår*. Dans ces conditions, que protége un usage ancien et toujours respecté, on comprend que, pour les bûcherons et autres paysans, ce soit une bonne aubaine que de cerner un ours et vendre ensuite leurs droits à des chasseurs, qui en donnent quelquefois un prix assez élevé. C'était dans le but de conclure un marché de ce genre que le paysan finnois dont nous avons parlé s'était mis en rapport avec nos jeunes Russes, et comme la récompense offerte par eux dépassait de beaucoup le prix auquel se concluent d'ordinaire ces sortes d'affaires, le Quäner accepta bien vite leurs conditions et se déclara prêt à les conduire à l'endroit où ils devaient trouver l'ours.

XV

Le vieux Nalle.

Chemin faisant, leur guide leur apprit que non-seulement il avait cerné l'animal, mais que de plus il pouvait les mener droit à son gîte, qu'il avait précédemment reconnu et qui n'était pas loin.

Pouchskin proposa donc à ses jeunes maîtres de se séparer, d'entourer, en faisant un circuit, le point indiqué; puis, à un signal donné, de marcher tous ensemble droit à l'ennemi, qui aurait sa retraite coupée dans toutes les directions. Mais le Quäner ne fut pas de cet avis, et il ajouta, avec un sourire significatif, qu'il n'était pas besoin de tant de précautions; il répondait que l'ours ne quitterait pas son gîte avant qu'ils n'en fussent aussi près qu'ils pouvaient le désirer.

Cette confiance de leur guide ne laissa pas d'étonner un peu nos chasseurs, mais ils en eurent bientôt l'explication. Le Quäner se dirigeait alors vers une sorte de falaise, formant l'un des côtés d'un monticule, composé en partie de roches à fleur de terre. Il s'arrêta à quelque distance, et montrant un trou dans le roc:

« C'est là, dit-il, qu'est le vieux Nalle. »

Nalle est le surnom donné à l'ours dans les pays scandinaves, et nos chasseurs ne l'ignoraient pas. Mais il leur parut tellement incroyable qu'un ours eût pu pénétrer dans le trou désigné par leur guide, qu'Ivan et Alexis répondirent par un bruyant éclat de rire, tandis que la mauvaise humeur de Pouchskin se trahissait par des signes évidents.

Le trou que leur avait montré le Quäner était une crevasse, entre deux fragments de rocher, à un mètre du sol environ, et n'ayant assurément pas plus de quinze à vingt centimètres d'ouverture. Tout autour la pierre était couverte d'une épaisse couche de glace, et du haut du rocher descendaient à droite et à gauche, d'énormes glaçons assez semblables à des trompes, telles qu'il les faudrait à des éléphants gigantesques, ou telles que nous devons nous représenter celles des mammouths d'un autre âge. Un de ces immenses glaçons se trouvait directement en face du trou et descendait jusqu'à terre, dans une sorte de bassin irrégulier et rempli de neige fraîchement tombée.

La première impression de nos chasseurs fut qu'ils avaient été trompés par le rusé Quäner. Pouchskin déclara sans plus de façons qu'ils ne se laisseraient pas jouer de la sorte et demanda la restitution des dix risdales[1] payés par ses jeunes maîtres pour être mis sur les traces d'un ours.

« C'est une mystification, disait le vieux soldat. Quand même il y aurait là une caverne, il ne pourrait pas y avoir d'ours dedans, par la simple raison que pas un, fût-ce le plus maigre de la famille, ne passerait par un trou comme celui-là. Un chat s'y fourrerait à peine. »

1. Le risdale vaut 4 fr. 75 de notre monnaie.

Et d'ailleurs où étaient les traces annonçant la présence ou le passage d'un ours? On n'en voyait aucunes, ni au bord du trou ni aux environs. On retrouvait bien, par-ci par là, quelques pas d'hommes à demi effacés, ceux du paysan lui-même sans doute, et les empreintes d'une patte de chien; mais rien qui ressemblât à des pas d'ours.

– Nous sommes décidément volés, murmura Pouchskin, en forme de conclusion.

— Patience, maître, dit le Quäner; quoi que vous en disiez, il y a là dedans un ours, et je vous le prouverai ou je vous rendrai votre argent. Voyez mon petit chien, il va vous dire que le vieux Nalle est là, comme il me l'a appris à moi-même. »

Tout en parlant, le Quäner rendait la liberté à un mâtin de chétive apparence qu'il avait jusque-là tenu en laisse. L'animal, dès qu'il se sentit libre, courut au trou indiqué par son maître et se mit à gratter la glace avec ses pattes en aboyant avec furie. C'était assurément la preuve qu'il y avait à l'intérieur du rocher quelque créature vivante, mais comment le paysan pouvait-il savoir que cette créature était un ours et surtout un ours noir?

La question lui fut posée immédiatement.

Il répondit en tirant de sa poche une touffe de longs poils noirs qui avaient évidemment appartenu à un ours.

« Voilà, dit-il, comment je sais qu'il y a un ours dans la caverne dont vous voyez l'entrée, et que cet ours est noir.

— Mais d'où vient cette touffe de poils? Où l'as-tu trouvée? demandèrent à la fois nos trois chasseurs.

— Ici, mes maîtres, répondit le Quäner en leur faisant remarquer les aspérités que présentait le rocher autour de l'orifice indiqué. Le vieux Nalle les y a sans doute laissés lorsqu'il s'est glissé dans ce trou. C'est là que je les ai trouvés.

— Mais, à coup sûr, reprit Alexis, tu n'as pas la prétention de nous faire croire qu'un ours est entré là ? Un blaireau y passerait à peine.

— Oui, maintenant, vous avez raison, répliqua le paysan : mais il y a trois mois qu'il est entré, et alors le trou était beaucoup plus grand.

— Plus grand ?

— Sans doute, mes jeunes seigneurs. La crevasse, dont vous ne voyez que le haut, descend jusqu'au niveau du sol et toujours en s'élargissant. Seulement elle est aujourd'hui fermée en partie par un tas de neige et de glaces, provenant de l'accumulation des eaux tombées du sommet de ce rocher et qui, en s'arrêtant, ont formé l'énorme glaçon que vous apercevez. Si tout cela était ôté, vous verriez un trou suffisant pour donner passage à un ours. Ah ! messieurs, il est là, je vous le garantis.

— Alors, il est prisonnier là dedans et ne peut pas sortir ?

— C'est la vérité, reprit le paysan. Si nous ne l'avions pas découvert, il aurait été obligé de rester dans son antre jusqu'à ce que le soleil et le dégel vinssent dégager l'entrée de tout ce qui l'obstrue en ce moment. Cela arrive souvent aux ours de ce pays, » ajouta-t-il de l'air le plus naturel.

Le dire du Quäner était parfaitement exact. L'ours avait fait choix de cette caverne au commencement de l'hiver, et durant les premiers jours de son sommeil, les glaces et la neige en avaient complétement fermé l'entrée, de façon à ne lui laisser qu'une sorte de fenêtre ou de soupirail. Non-seulement les ours des contrées scandinaves sont souvent victimes de semblables mésaventures, mais encore, malgré leur sagacité proverbiale, ces animaux s'emprisonnent quelquefois eux-mêmes dans leur propre demeure. Ils ont l'habitude de ramasser de grandes quantités de mousse et d'herbes sèches qu'ils entassent à l'intérieur de leurs tanières, pour en fermer l'entrée plutôt que pour s'en faire un lit. Les chasseurs du pays prétendent que c'est pour se garantir des froides atteintes du vent, et en l'absence d'explication meilleure, celle-là a été généralement adoptée. Mais le tas s'imprègne bien vite de pluie, de neige fondue, et la gelée en fait une masse solide qu'il faut briser à coups de hache pour que le passage redevienne libre, et contre laquelle tous les efforts de l'ours seraient impuissants. Bruin est alors prisonnier dans son logement d'hiver, et, quand il s'éveille, il se trouve pris dans un piége que, sans s'en douter, il a préparé lui-même. Sa seule ressource est d'attendre que les chaleurs du printemps se soient assez fait sentir pour qu'il puisse éparpiller avec ses griffes cette masse dégelée et s'ouvrir un passage. Il est en ce cas, au moment de sa sortie, dans un état de débilité et de maigreur extrêmes. Sa faiblesse même est souvent telle, qu'il ne peut vaincre l'obstacle qui lui barre le chemin et qu'il meurt dans sa tanière.

Ces explications du paysan, qui semblait parfaitement connaître les habitudes des ours, ne laissèrent plus aucun doute à nos jeunes chasseurs sur la présence d'un de ces animaux à l'endroit désigné. Ils en eurent bientôt une preuve plus certaine encore : un reniflement suivi d'un grognement plaintif qui semblait une réponse aux aboiements du chien, se fit entendre d'une manière très-distincte.

Il n'était plus possible de douter : il y avait là un ours. Mais comment le faire sortir? C'était maintenant la question importante.

XVI

La barricade.

Ils attendirent un moment, espérant que l'animal montrerait son museau à l'étroite lucarne par laquelle l'air et le jour pénétraient dans sa demeure, et tous trois, le fusil armé et épaulé, se tenaient prêts à faire feu. Mais un temps assez long se passa sans qu'ils vissent rien paraître, et ils comprirent qu'il fallait recourir à d'autres moyens pour venir à bout de leur entreprise. A en juger par les grondements qu'ils entendaient, l'ours ne devait pas être éloigné de l'entrée de la grotte; et ils crurent qu'avec un bâton ils pourraient l'atteindre. Ils essayèrent, mais la perche dont ils se servirent ne pouvait pénétrer dans la grotte que diagonalement, et Pouchskin eut beau l'enfoncer et la faire plier en tous sens comme un rotin, il ne rencontra rien qui ressemblât à la toison d'un ours. En même temps, les grognements de l'animal indiquaient qu'il s'était retiré au fond de la caverne.

Il n'y avait plus qu'un parti à prendre, c'était d'attaquer la masse de glace qui en fermait l'entrée et de rendre ainsi la liberté au prisonnier. Cela fait, Bruin consentirait-il à prendre la clef des champs? Le Quâner n'en doutait pas. « La chaleur a été assez forte, disait-il, pour qu'il soit sorti de l'engourdissement qui le retient en hiver, et il courrait le bois depuis longtemps déjà, s'il n'avait été arrêté par les glaces. Aussitôt que la porte sera ouverte, il faut donc s'attendre à le voir prendre sa course, car il a faim; les aboiements du chien, les bruits qu'il entend au dehors pourraient peut-être le faire hésiter un moment; mais ce sera l'affaire d'une heure au plus. La glace une fois enlevée d'ailleurs, il deviendrait facile d'atteindre l'ours avec un bâton, ce qui suffirait assurément pour le mettre en fureur et le décider à tenter une sortie. »

Convaincu de la justesse de ce raisonnement, Pouchkin saisit sa hache, fit voler en morceaux le grand glaçon qui descendait du haut du rocher, et il s'apprêtait à attaquer le bloc de glace, fermant l'entrée de la caverne, lorsqu'il fut arrêté par le paysan.

« Permettez, maître, dit celui-ci en lui prenant le bras; pas si vite, s'il vous plaît.

— Et pourquoi? Ne dis-tu pas que, pour avoir l'animal, il faut d'abord que nous lui ouvrions la porte?

— Sans doute; mais il y a quelque chose à faire auparavant. C'est à un ours noir que nous allons avoir affaire, vous le savez.

— Oui; mais noir, brun ou gris, qu'importe? demanda le grenadier, qui n'avait jamais chassé que dans les forêts de la Russie, où il n'y a pas d'ours noirs.

— Ignorez-vous donc, reprit le Finnois, que l'ours noir est beaucoup plus gros, plus fort et plus féroce que le brun? La faim, en outre, doit, en ce moment, ajouter encore à sa férocité naturelle, et son premier mouvement, au sortir de son antre, serait certainement de se jeter sur l'un de nous pour le dévorer. Le bloc de glace une fois brisé et la porte ouverte, j'avoue que je ne me soucierais guère de rester ici. Prenez votre temps, maître. Je peux, je crois, vous indiquer un moyen bien meilleur, ou tout au moins plus sûr. C'est celui que nous employons, dans ce pays, pour nous rendre maîtres d'un ours, quand nous le savons éveillé et quand nous sommes sûrs qu'il ne peut nous troubler dans notre besogne.

— Très-bien, répondit Pouchskin : je ferai tout ce que tu voudras. Et, au fait, je ne tiens pas à engager avec un de ces messieurs un combat corps à corps; non. J'ai assez de celui de l'autre jour. »

Le vieux grenadier dont les blessures n'étaient pas encore complétement cicatrisées, accompagna cette remarque d'un mouvement d'épaules significatif, et qui lui rappela, à lui-même, les rudes caresses qu'il avait reçues d'un de ces animaux, quelques jours auparavant.

« Alors, dit le paysan, aidez-moi à couper quelques bons pieux dans la forêt et je vous indiquerai le moyen de vous emparer du vieux Nalle, en lui brisant le crâne, sans danger pour aucun de nous, ou en lui envoyant vos balles dans la cervelle, si vous aimez mieux le tuer à coups de fusil. »

La proposition du Quäner fut adoptée à l'unanimité. Car si l'ours noir était, comme l'assurait leur guide, plus féroce que ses frères à la toison brune, l'idée de le voir libre au milieu d'eux ne devait pas précisément leur sourire. Dans le cas, en outre, où ils ne parviendraient pas à le tuer roide, au sortir de sa tanière, ils courraient le risque, non-seulement de recevoir quelque mauvais coup, mais encore de le laisser échapper et de le perdre, ce qu'ils redoutaient presque autant. Le paysan leur eut bientôt développé son plan, et tous trois se mirent à l'œuvre, pour en préparer avec lui l'exécution.

Ils réunirent un certain nombre de pieux assez forts, d'une longueur de deux mètres environ et pointus par un bout qu'ils enfoncèrent dans la terre, de façon à former, devant l'entrée de la caverne et autour du monceau de glace qui la fermait encore, une sorte de palissade demi-circulaire. De grosses pierres furent accumulées à l'extérieur, en guise de contre-forts, pour donner une plus grande solidité aux pieux que liaient ensemble et maintenaient, par le haut, des branches de sapin fortement entrelacées. Ils construisirent ainsi une barricade à travers laquelle un chat n'aurait pu passer, et encore moins un ours. Une ouverture avait été ménagée toutefois en face de la grotte et à la hauteur du genou : c'était un trou assez grand pour donner passage à la tête de celui qu'ils regardaient déjà comme leur prisonnier.

Il ne restait plus qu'à couvrir, d'une sorte de toit, l'espace compris entre la palissade et le rocher. C'est ce qu'ils firent à l'aide de longues perches, placées horizontalement et attachées à la tête des pieux, sur lesquelles ils étendirent une couche épaisse de branches de sapin.

Le moment était venu de briser enfin la glace et de donner à l'ours les moyens de sortir. L'opération eût présenté quelques difficultés si déjà la besogne n'avait été fort avancée. Mais pendant que ses compagnons préparaient les matériaux destinés à former le toit, Pouchskin, suivant les conseils du paysan, avait attaqué à coups de hache l'énorme glaçon dans tous les sens, et l'avait réduit à une sorte de noyau, assez gros encore pour fermer l'entrée de la caverne, mais qu'il était dé-

sormais facile d'abattre tout à fait ou de pousser dans l'intérieur, en se tenant soi-même de l'autre côté de la barricade.

Tout le temps qu'avait duré ce travail, le vieux grenadier n'avait pas été sans quelque appréhension et s'était tenu sur le *qui-vive*. De temps en temps, des bruits, venant de l'intérieur de la caverne, l'avertissaient qu'il fallait être sur ses gardes. L'ours en se précipitant de tout son poids contre la glace ébranlée et amoindrie, pouvait tout à coup s'ouvrir un passage, et comme chaque coup de hache diminuait l'épaisseur et la force de l'obstacle, les craintes de Pouchskin augmentaient en proportion. Il vit donc arriver avec joie le moment où la besogne parut, à tous, assez avancée pour qu'il pût rejoindre ses compagnons en dehors de la palissade.

Le toit était posé; l'étroit passage qui avait été laissé ouvert entre deux pieux, pour la sortie de Pouchskin, fut solidement fermé comme tout le reste, il n'y avait plus qu'à enfoncer la glace et à attirer Bruin hors de son trou.

Pour briser tout à fait ce dernier obstacle, ils avaient un long épieu que le Quäner avait apporté avec lui, et dont l'extrémité, garnie de fer, était trempée dans le meilleur acier de la Suède. Ce qui restait du glaçon eut bientôt volé en éclats sous les coups répétés de cette espèce de bélier; l'ouverture dès lors étant assez grande pour laisser passer le corps d'un ours, le paysan retira son épieu et dit à nos chasseurs de se tenir prêts et de bien regarder.

XVII

La fuite.

Mais, à leur grand désappointement, rien ne se montra, ni quand la porte fut tout à fait enfoncée, ni même assez longtemps après, et ils commencèrent à craindre que l'ours ne fût nullement disposé à sortir.

Le paysan assurait, au contraire, qu'ils finiraient certainement par le voir paraître, mais peut-être pas avant quelques heures. Il importait même, disait-il, de faire jusque-là le moins de bruit possible afin que la bête pût croire qu'ils étaient partis.

« Son dernier repas est loin, ajoutait le Quäner, et son estomac, dont la voix va devenir de plus en plus pressante, lui a déjà dit qu'il était temps de chercher quelque chose à manger. Ne craignez donc rien, mes jeunes seigneurs, elle se montrera.

— Mais pourquoi nous as-tu fait laisser cette espèce de judas, en face de la porte? demanda Ivan, montrant la petite ouverture ménagée au milieu de la palissade.

— Ce trou, répondit le paysan, nous sert quelquefois à tuer les ours, surtout lorsque nous ne sommes pas assez riches pour avoir un fusil. Aussitôt que le vieux Nalle sort de sa tanière, la première chose qu'il fait est de suivre la palissade tout du long, cherchant s'il ne découvrira pas quelque endroit où il puisse se frayer un passage. Il ne peut manquer d'apercevoir cette ouverture, et naturellement il y passe la tête. Un de nous se tient à côté, la hache à la main, comme je fais en ce moment, et il faudrait être bien maladroit pour ne pas réussir, dans cette position, à lui fendre le crâne, ou tout au moins à l'assommer sur place. Dès que l'ours va sortir, soyez sûrs qu'il viendra regarder à ce trou, et alors, mes jeunes seigneurs, vous verrez. »

Le Quäner accompagna ces dernières paroles d'un mouvement très-significatif imprimé à sa hache, qu'il maniait avec une dextérité particulière aux bûcherons de ce pays. Nos chasseurs comprirent à merveille, mais cela ne faisait pas leur compte. Aux termes du contrat en vertu duquel ils avaient obtenu l'autorisation de voyager, l'ours devait être tué par l'un d'eux. Après quelques mots d'explication, le paysan renonça donc à son projet et céda son poste à Pouchskin, qui, s'armant de sa pesante cognée, se tint prêt à assener, sur la tête de l'animal, un coup mieux appliqué et plus sûrement mortel que jamais n'en assena aucun bûcheron de la Scandinavie. Alexis se chargea du fusil de Pouchskin, dont il se promettait bien de faire feu quand il aurait déchargé sa propre carabine; et comme Ivan avait une balle dans l'un des canons de son arme et des lingots dans l'autre, il était vraisemblable que l'ours ne se tirerait pas de là facilement et qu'il y laisserait sa peau.

La question était, pour le moment, de savoir s'ils attendraient patiemment que l'ours se montrât, ou s'il n'y avait pas lieu d'user, pour le faire sortir, de quelque stimulant plus actif que les exigences de son estomac. Ils furent d'avis qu'il n'y aurait aucun inconvénient à tâcher de le réveiller et de l'exciter à l'aide d'une perche. Le bûcheron fut donc chargé d'en préparer une.

Il revint bientôt avec une branche de sapin, de la longueur d'une ligne à pêcher ordinaire, dont il introduisait l'extrémité dans la grotte, après l'avoir débarrassée de ses rameaux. A leur grande satisfaction à tous, elle se trouva assez longue pour le but qu'ils se proposaient, car on sentait aisément que le bout s'enfonçait dans l'épaisse toison de l'animal. Mais il n'allait pas plus loin, et comme leur gaule était, dans cette partie, mince et flexible, ils ne pouvaient l'aiguillonner que très-légèrement. C'était tout ce qu'il fallait pour bien constater la présence de l'animal et lui arracher quelques grognements, mais pas assez pour le faire sortir de son trou.

Que fallait-il faire? N'y avait-il plus qu'à se retirer à l'écart et attendre patiemment que la faim chassât l'ours hors de son antre? Le froid était des plus vifs, et la perspective d'une longue faction à faire, dans cette partie de la forêt, n'avait rien de souriant. Ils étaient cependant exposés à passer là non-seulement la journée, mais encore la nuit. Leur barricade, en effet, était bien assez forte pour arrêter l'animal pendant quelques minutes, et pour résister à un premier assaut; mais si on lui laissait la nuit tout entière, il viendrait aisément à bout d'arracher les pieux et de s'échapper.

Il ne fallait donc pas songer à abandonner la place un seul instant; et l'unique moyen de s'épargner les ennuis d'une faction trop prolongée était d'inventer quelque chose qui pût attirer Bruin hors de son inaccessible retraite.

Ivan, dont l'esprit était naturellement inventif et prompt, proposa alors de fabriquer une fusée et de la lancer dans la grotte. L'idée parut bonne. En tout cas, il était aisé d'en faire l'essai. Grâce aux roubles dont ils étaient bien pourvus, la poudre ne leur manquait pas : Pouchskin en versa un peu plus de cent grammes dans la paume de sa large main et se mit à la pétrir avec sa salive pour en faire une pâte. Ivan suivait attentivement l'opération, ne voulant pas que l'exécution de son plan fût compromise par l'insuffisance ou le mauvais emploi des matériaux.

En quelques minutes, Pouchskin eut donné à sa pâte toute la consistance nécessaire. Il la roula alors entre ses doigts, de façon à lui faire prendre la forme d'un cigare; puis il la fit sécher près d'un feu qu'ils avaient allumé, depuis assez longtemps déjà, et il ne resta plus qu'à fixer à l'une de ses extrémités une mèche en amadou.

Quand tout fut prêt, le vieux grenadier se plaça aussi commodément qu'il put, en face de l'entrée de la grotte, brandissant sa fusée en miniature. Le Quâner, armé d'un tison, mit le feu à la mèche, et le tout, lancé avec adresse, alla tomber dans l'intérieur de la caverne.

Pouchskin avait déjà repris son poste, sa hache à la main.

Il y eut un moment d'attente, mais de courte durée; car presque aussitôt, la grotte s'illumina d'une vive lumière, suivie de sifflements, d'explosions et d'un tintamarre pareil à celui que produirait une demi-douzaine de sonnettes d'alarme agitées à la fois. Au milieu de ces bruits confus et les dominant tous, on put entendre en même temps un certain nombre de cris aigus, et avant que la fusée fût entièrement brûlée, l'ours apparut, franchissant d'un bond les débris du glaçon qui naguère le tenait enfermé. Deux coups de feu partirent presque aussitôt, mais ne suffirent pas pour arrêter son élan, et il vint se précipiter de tout son poids contre la palissade, qui craqua et plia sous le choc, comme si elle allait céder. Heureusement pour nos chasseurs, les pieux se trouvèrent assez solides pour résister, car l'animal montrait alors deux rangées de dents comme ils n'en avaient jamais vu, et il n'eût pas fallu deux coups d'une de ses griffes pour briser le crâne le plus épais qui soit dans la création.

Ivan tira son second coup, celui qui était chargé avec des lingots; mais sans autre résultat que de rendre le monstre encore plus furieux. Parcourant en tous sens l'espace dans lequel il se trouvait enfermé et cherchant en vain une issue, il poussait des hurlements effroyables.

Alexis avait pris, au lieu de sa carabine, le fusil de Pouchskin. Placé à l'un des angles de la palissade, il avait introduit le canon entre deux pieux et cherchait à ajuster de façon à ce que son coup fût sûrement mortel. L'obscurité, jointe à l'impétuosité des mouvements de l'animal, rendait la chose difficile. Il était cependant très-important de ne pas le manquer. Blessé comme il l'était déjà, si l'ours se fût retiré dans son antre, il eût été cette fois impossible de l'en faire sortir. Alexis le savait; aussi résolut-il de ne pas tirer au hasard, comme la première fois. Il savait de plus qu'à moins d'être atteint à la tête ou au cœur, un ours, dans toute sa force, peut aisément recevoir et porter un certain nombre de balles sans en être trop incommodé.

Alexis prenait donc son temps et épiait le moment favorable, quand il vit l'animal s'arrêter vers le milieu de la palissade. Il visa au cœur, et son coup allait partir, lorsqu'un bruit sourd comme celui d'un coup de massue vint frapper son oreille. En même temps il vit l'ours s'affaisser et rester à terre presque sans mouvement, ne donnant bientôt plus aucun signe de vie.

C'était Pouchskin qui avait asséné un coup de sa hache sur le crâne du monstre et l'avait brisé comme une coquille d'œuf. Ainsi que l'avait annoncé le paysan, l'animal était venu lui-même passer imprudemment sa tête dans le trou près duquel le vétéran se tenait en sentinelle.

Cet incident mit fin à l'aventure. Il ne restait plus qu'à enlever la palissade, auspendre l'ours à un arbre et le débarrasser de sa peau bien fourrée. Tout cela fut fait de la façon la plus convenable, et lorsque la robe du vieux Nalle, dûment empaquetée, eut été bien attachée sur les épaules de Pouchskin, nos chasseurs regagnèrent leur quartier général.

L'ours qu'ils venaient de tuer était bien, comme le Quäner l'avait promis, un ours noir : non que sa fourrure fût entièrement de cette couleur, comme chez l'*ursus americanus* et les ours noirs de l'Inde. Ses poils étaient, au contraire, bruns à la racine et noirs seulement à l'autre extrémité. Mais il appartenait incontestablement à la variété d'ours qu'ils cherchaient. Il ne restait donc plus à nos voyageurs qu'à plier bagage et à dire adieu au froid climat de la Scandinavie, pour des contrées plus animées du soleil. Ils partirent en effet, dès le lendemain, pour les Pyrénées.

XVIII

La Palombière.

Nous n'avons pas l'intention de raconter en détail les divers incidents de leur voyage, ni de faire assister le lecteur aux conversations qu'ils eurent en bateau à vapeur, en chemin de fer ou dans les hôtels. Leur père n'eût attaché aucun prix à ces détails, et si ce genre de lecture avait eu pour lui quelque attrait, il aurait trouvé amplement à se satisfaire dans les récits de ces légions de voyageurs qui livrent au public leurs impressions et leurs moindres aventures. Le journal de nos jeunes chasseurs ne mentionne donc aucun de ces incidents, et nous en sommes réduits à supposer que leur voyage fut, ainsi que tous les voyages du même genre, mêlé de plaisirs et de désagréments. Comme l'argent ne leur manquait pas, ils allaient très-vite, ne s'arrêtant dans les capitales que pour faire viser leurs passe-ports et quelquefois aussi pour user de la lettre de crédit qui leur avait été remise au nom du grand empereur. Partout où ils la présentèrent, la signature du czar produisit un effet magique, et comme ils savaient qu'il en serait de même partout où le globe a des habitants, ils étaient, pour la suite, sans le moindre souci.

Le sac de cuir où Pouchskin enfermait leur trésor était toujours bien garni de pièces jaunes, et les espèces, à quelque effigie qu'elles soient frappées, sont reçues dans le monde entier.

Leur journal se borne à faire connaître la route qu'ils suivirent. En quittant le pays qui avait été le théâtre de leurs premières chasses, ils descendirent la rivière de Tornéa jusqu'au village auquel elle donne son nom, près de son embouchure. Un navire les porta de Tornéa à Dantzick. De là ils gagnèrent Berlin, traversèrent Francfort, Stuttgart, Strasbourg, et arrivèrent à Paris. Paris, à vrai dire, était un peu en dehors de leur route directe; mais quel Russe peut voyager en Europe sans payer son tribut à la grande capitale? Alexis, cependant, aurait préféré un autre itinéraire et proposait de traverser la Suisse en ligne droite; mais Ivan n'en voulut pas entendre parler. Il avait résolu de voir Paris, et il le vit; toutefois leur chronique de voyage est muette sur les incidents de leur séjour dans cette grande ville et ne nous apprend rien de ce qu'ils y firent.

De Paris, nos voyageurs prirent, en chemin de fer, la direction du sud-ouest et gagnèrent ainsi la petite ville de Bagnères, que ses bains ont rendue célèbre. Là, ils se trouvèrent non-seulement en vue, mais au pied et parmi les premiers degrés de cette chaîne de montagnes qui, pour le touriste, le cèdent à peine aux Alpes elles-mêmes, et qui, pour le naturaliste, sont infiniment plus intéressantes.

Leur séjour à Bagnères fut de courte durée. Ils n'y restèrent que le temps nécessaire pour retremper leurs forces dans ses eaux chaudes et bienfaisantes; mais ce séjour leur suffit pour être témoins, tout près de là, d'un spectacle qui est une des curiosités du pays.

A trois kilomètres environ de Bagnères, on rencontre une côte assez étendue, se dirigeant de l'est à l'ouest, parallèlement à la chaîne des Pyrénées, dont elle semble être le point de départ, et comme la première assise. Sur le sommet de cette colline se dresse une rangée de grands arbres, soigneusement ébranchés et auxquels on n'a laissé qu'une petite touffe en forme de pinceau. En approchant de ces arbres, vers les mois de septembre ou d'octobre, on remarque, allant de l'un à l'autre, quelque chose qui ressemble à un voile de gaze légère. Plus près on reconnaît que ce voile est un filet, ou plutôt une série de filets tendus d'arbre en arbre dans toute leur hauteur, depuis les premières branches jusqu'à un mètre du sol.

Un autre objet, ou plutôt une autre série d'objets singuliers ne tarde pas à attirer également l'attention. En avant des arbres, et à trente mètres environ, se voit une rangée de longues perches pointues, qui n'ont pas moins de quarante à cinquante mètres de hauteur, et que l'on prendrait pour des mâts de vaisseaux si elles n'étaient rangées deux à deux, l'une se dressant verticalement, l'autre penchée vers la première, à laquelle elle vient s'unir par une courbe insensible. Elles ressemblent donc moins à des mâts qu'à l'appareil qui, dans les chantiers de marine, sert à mâter les navires. Ces mâts, comme on nous permettra néanmoins de les appeler, ne sont pas d'une seule pièce, mais de plusieurs morceaux étroitement liés ensemble, et malgré leur prodigieuse élévation, ils sont assez minces. Lorsqu'il fait beaucoup de vent, on les voit plier et se balancer, dans un sens et dans l'autre, avec toute la flexibilité d'une ligne de pêcheur.

Ils sont plantés en terre, à environ deux mètres de distance, et celui qui décrit une courbe sert d'étai à l'autre. Tous deux, comme il vient d'être dit, se rejoignent au sommet, et au point de jonction, c'est-à-dire à une hauteur faite pour donner le vertige, l'œil aperçoit, suspendu en l'air, un objet arrondi. C'est un panier, solidement attaché, juste assez grand pour contenir un homme et dans lequel, si vous regardez avec un redoublement d'attention, vous découvrirez un homme, en effet, mais qui, pour emprunter la bizarre comparaison de Shakspeare, ne paraît guère plus gros qu'un hanneton.

Comment est-il monté là cet homme, ou plutôt ce jeune garçon, car ce sont des enfants de quinze à seize ans que l'on choisit pour ce poste élevé et en apparence dangereux? Promenez vos regards le long du mât incliné et, de la base au sommet, vous verrez, à soixante-cinq centimètres environ l'une de l'autre, un rang de chevilles, à l'aide desquelles l'habitant du panier a exécuté son ascension, aussi rapidement et aussi habilement qu'un matelot grimpant aux cordages d'un navire! C'est son état, et la pratique l'a rendu aussi agile qu'intrépide.

Mais enfin pourquoi tout cet appareil, ces filets et ces grands mâts avec ces espèces de nids d'oiseaux au sommet? Que font là-haut ces jeunes garçons? Et que font en bas ces hommes, ces femmes, ces enfants? Dans quel but sont-ils réunis et se tiennent-ils cachés?

— Il s'agit tout simplement d'une chasse aux pigeons. Tous ces gens sont des chasseurs attendant le gibier.

Ce gibier est le pigeon sauvage commun d'Europe (*columba palumbis*), bien connu en Angleterre sous le nom de « wood-pigeon, » ou pigeon des bois, et qu'en France on appelle ramier. En Angleterre, le ramier n'est pas compté parmi les oiseaux voyageurs. L'hiver, beaucoup plus doux dans les îles Britanniques qu'il ne l'est à une latitude semblable ou même plus méridionale sur le continent, permet au pigeon de trouver sa nourriture pendant toute l'année, et par conséquent il n'émigre pas. Dans quelques pays du continent, au contraire, en France particulièrement, la rigueur de l'hiver le force de chercher un refuge au midi. Il émigre donc, et la chaîne de l'Atlas paraît être la limite de ses voyages annuels.

Les ramiers de France, en se dirigeant vers le sud, ont à franchir les sommets neigeux des Pyrénées, et par conséquent il leur faut s'élever à une grande hauteur; mais ils ne s'éloignent de terre que quand ils sont près des montagnes. La côte de Bagnères se trouve sur la ligne de leur vol, quand ils suivent cette direction. Ils passent donc entre les arbres dont nous avons parlé et viennent donner dans les filets qui vont de l'un à l'autre. Au même moment des hommes, cachés près de là, tirent un cordon qui fait tomber chaque filet, avec les nombreuses victimes prises entre ses mailles.

Tout aussitôt femmes, jeunes filles, jeunes garçons et même des enfants sortent de leurs cachettes et, saisissant les oiseaux qui se débattent, mettent promptement un terme à leurs inutiles efforts, en les mordant au cou. On voit alors de vieilles femmes, à demi édentées, — car c'est là surtout leur part de la besogne, — donner le coup de grâce aux beaux, mais infortunés voyageurs!

Et nos intrépides grimpeurs, que font-ils du haut de leurs mâts? On ne les a pas sans doute fait monter là pour jouir plus aisément du spectacle. Non, et voici quel est leur emploi. Chacun d'eux a, dans son panier, de petits morceaux de bois ayant à peu près la forme d'un Y, et quinze centimètres environ de longueur.

Lorsque ces morceaux de bois sont jetés en l'air et retombent sur le sol, ils ressemblent tant bien que mal à un vol de faucons. La ressemblance, quoique très-imparfaite, suffit du moins pour tromper les pigeons, qui, dès qu'ils voient tournoyer au-dessus d'eux ces perfides petits bâtons, se rapprochent de terre comme s'ils étaient menacés par de véritables oiseaux de proie. Il n'en faut pas davantage, quand leur vol tend à s'élever, pour les faire descendre au niveau des arbres entre lesquels un piége leur est tendu, et, par conséquent, pour les livrer à la dent des vieilles femmes.

La chasse aux pigeons n'est pas libre, et pour s'y livrer il ne suffit pas d'en avoir la fantaisie. Il y a des familles pour qui c'est une profession et qui s'y adonnent tant que la saison dure, c'est-à-dire pendant les mois de septembre et d'octobre. La Palombière, ou côte aux pigeons, appartient à la commune où elle est située; elle est louée par portions à un certain nombre de chasseurs, qui vendent le produit de leurs filets sur les marchés de Bagnères et des autres villes voisines.

XIX

Les Pyrénées.

Géographiquement parlant, les Pyrénées occupent toute la partie septentrionale de l'Espagne, depuis la Méditerranée jusqu'à la province de Gallicie, sur l'Atlantique; et dans sa plus grande étendue, la chaîne peut avoir de mille à onze cents kilomètres de longueur. Le nom de Pyrénées s'applique cependant plus spécialement aux montagnes qui s'élèvent aux confins de la France et de l'Espagne. Ainsi limitée, la chaîne est moins longue de moitié : elle n'a environ que cinq cents kilomètres, tandis que sa largeur moyenne est de quatre-vingts.

Quoique moins hautes que les Alpes, les Pyrénées sont encore remarquables par leur élévation. Le principal sommet, la Maladetta, est à plus de trois mille quatre cents mètres au-dessus du niveau de la mer, et plusieurs autres ont une hauteur presque égale, tandis que, parmi les cimes inférieures, plus de quarante atteignent près de trois mille mètres

Les points les plus élevés sont au centre, la chaîne s'abaissant graduellement aux extrémités. Aussi est-ce dans ces dernières parties que se trouvent les passages les plus accessibles, quoiqu'il en existe plusieurs dans la région centrale. On compte en tout cinquante passages, ports ou cols, comme on les appelle, conduisant de France en Espagne; mais cinq seulement offrent des routes carrossables, et le plus grand nombre ne sont connus, ou au moins ne sont fréquentés que par les contrebandiers, — *contrabandistas*, — sorte de gens qui fourmillent des deux côtés de la frontière.

La superficie de ces montagnes est d'environ 11 000 ou 12 000 milles carrés. Une partie de ce territoire appartient à la France, l'autre à l'Espagne. Généralement, l'axe principal ou la crête des montagnes, de l'est à l'ouest, forme la ligne frontière entre les deux pays; mais, dans la partie orientale, le territoire français s'étend au delà de cette ligne, et par conséquent de ses limites naturelles.

Au point de vue géologique, les Pyrénées se composent de roches primitives et secondaires, celles-ci en bien plus grande quantité que les premières. On y trouve des mines de plomb, de fer, de cuivre, et le plomb qu'on en tire contient une certaine proportion d'argent. Les roches primitives sont des granits qui s'étendent par zones, sur toute la longueur de la chaîne. C'est entre ces zones et les couches de transition, que jaillissent les sources minérales pour lesquelles les Pyrénées sont si renommées. Plusieurs de ces sources ont une température approchant de celle de l'eau bouillante, et on n'en compte pas moins de deux cent cinquante-trois, répandues sur divers points. Beaucoup doivent à leurs propriétés médicinales une célébrité fort étendue, et sont, en été, le rendez-vous d'un grand nombre de malades et de touristes recherchant surtout le plaisir. Il en vient de toutes les parties du monde, mais plus particulièrement de France et d'Espagne.

La botanique des Pyrénées offre à l'étude un sujet plein d'intérêt. On peut la considérer comme un abrégé de toute la flore européenne, puisque, de la méditerranée à la mer du Nord, il n'existe peut-être pas un genre, une espèce dont on ne trouve un spécimen dans quelque partie de ces montagnes. Dans les vallées et sur les pentes inférieures, les forêts se composent principalement de peupliers d'Italie et de sycomores. Un peu plus haut croissent le châtaignier d'Espagne, le chêne, le coudrier, l'aune, le frêne, et le bouleau ; et plus haut encore on entre dans les régions des pins. Le *pinus sylvestris* s'étend en taillis épais et continus, tandis que le pin des rochers, plus gracieux à l'œil, se présente isolément ou en groupes épars. La flore proprement dite n'est pas moins riche, et partout des fleurs, aux couleurs vives et variées, se mirent dans le cristal des ruisseaux. Car les eaux des Pyrénées sont d'une limpidité à défier toute comparaison : un torrent bourbeux y est chose tout à fait inconnue.

Au-dessus des forêts de pins s'étend une zone de pentes arides et nues, jusqu'à la ligne des neiges perpétuelles, qui est ici plus élevée que dans les Alpes. On n'est pas d'accord sur la limite à assigner à la région des neiges dans ces montagnes : les uns la fixent à deux mille cinq cent soixante-dix mètres au-dessus du niveau de la mer, tandis que d'autres l'élèvent jusqu'à deux mille huit cents. Il serait plus exact de dire que cette limite varie suivant les localités et leur exposition au midi ou au nord.

De toute façon, il faut admettre que, dans les Pyrénées, la ligne des neiges est à trois cents mètres au moins plus haut que dans les Alpes. On explique généralement cette différence par la latitude plus méridionale de la chaîne franco-espagnole. Peut-être la proximité de la mer y a-t-elle plus de part qu'un changement insignifiant de climat.

Les pentes les plus élevées et les sommets sont couverts de neige et de glaciers, comme dans les Alpes, et les cols mêmes ou passages n'en sont pas toujours exempts. La plupart, il est vrai, sont à une plus grande hauteur que ceux de la Suisse et de l'Italie; mais, en raison de l'élévation de la ligne des neiges, ils restent ouverts en toute saison. Il n'est cependant pas facile de les traverser en hiver, et les vents qui soufflent dans ces défilés sont à peine supportables. Les Espagnols, chez qui tout est matière à proverbe en ont un sur ce sujet : « Dans les ports (*puertos*) des Pyrénées, disent-ils, le père n'attend pas son fils, ni le fils son père. »

Si les cols de ces montagnes sont plus élevés que ceux des Alpes, les vallées transversales sont, au contraire, généralement plus basses; ce qui fait que, du fond de ces vallées, les montagnes elles-mêmes apparaissent plus hautes qu'aucun pic de la chaîne rivale.

La faune des Pyrénées, quoique moins riche et moins variée que leur flore, présente néanmoins un grand intérêt. Dans les solitudes de leurs forêts, et plus haut, sur leurs pentes arides, habite un grand ours, que son corps fauve clair et ses pattes noires distinguent de l'*ursus arctos*. S'il est de la même espèce, comme les naturalistes l'assurent, il a au moins le droit d'être considéré comme une variété permanente, et a reçu le nom d'*ursus pyrenaicus*.

On y trouve aussi plusieurs espèces de loups : le loup d'Espagne, connu pour sa férocité; le loup commun d'un brun clair (*canis lupus*), et une variété plus foncée et plus grande, le loup noir, appelé « le loup des Pyrénées », bien qu'il se trouve également dans les *sierras* du Portugal et de l'Espagne.

Le lynx d'Europe (*felis lynx*), et le chat sauvage vivent également dans les forêts des Pyrénées; le premier, toutefois, y est devenu rare. Sur la cime nue des roches les plus escarpées se tient l'isard, qui est de l'espèce du chamois des Alpes (*antilope rupicapra*); et aux mêmes lieux, mais plus rarement, on rencontre le bouquetin (*aigocerus pyrenaicus*), sorte d'*ibex* qui n'est pas le *capra ibex* de Linné et des montagnes alpestres.

La plupart des oiseaux d'Europe se trouvent dans les forêts basses des Pyrénées, ou remplissent de chants et de cris les vallées qu'elles protégent de leurs ombrages, tandis qu'au-dessus des plus hautes cimes on peut voir planer l'aigle et le vautour, épiant d'un œil avide le faible et tendre agneau ou le nouveau-né du bouquetin et de l'isard.

Ce fut par le val d'Ossau, littéralement la « vallée de l'Ours, » — célèbre autrefois comme résidence et pays de chasse de Henri de Navarre, mais plus connu aujourd'hui par ses sources thermales des Eaux-Bonnes et des Eaux-Chaudes, — que nos chasseurs pénétrèrent dans les montagnes, les yeux fixés sur le pic du Midi ou d'Ossau, — la montagne des Ours, — nom de bon augure et merveilleusement choisi pour la cime élevée qui servait en ce moment de phare à leur expédition.

XX

Une singulière avalanche.

Nous n'avons pas besoin de dire que nos jeunes Russes furent charmés de presque tout ce qu'ils virent dans le midi de la France.

Leur journal est rempli de descriptions aussi intéressantes que fidèles. Ils furent frappés surtout du costume pittoresque des paysans des Pyrénées, si différent de l'éternelle blouse bleue qu'ils avaient vue dans le nord et le centre. Ici se rencontre à chaque pas le béret écarlate ou blanc, la riche jaquette brune et la ceinture rouge qui composent le costume particulier aux paysans basques et béarnais, hommes d'une belle et forte race qui a, dans l'histoire, ses titres de noblesse. La route qu'ils suivaient était parcourue en même temps par des chariots attelés de bœufs robustes et blancs comme crème. A droite et à gauche, paissaient des troupeaux de moutons et de chèvres, conduits par des bergers pittoresquement vêtus et escortés par un certain nombre de gros chiens des Pyrénées, dont la tâche principale est de défendre, contre les loups, les animaux confiés à leur garde. A l'entrée d'un village, des hommes, ayant de l'eau jusqu'aux genoux, étaient entourés de cochons qui se soumettaient volontairement à un mode de lavage dont le résultat est de donner à leur peau une teinte rosée. Il était aisé de voir que ces pachydermes non-seulement se prêtaient volontiers à cette opération, mais encore qu'ils en éprouvaient un vif sentiment de plaisir, ainsi que le démontraient leurs grognements de satisfaction et le mouvement particulier de leurs longues queues, tandis qu'on leur jetait de grandes calebasses d'eau sur le dos. Peut-être est-ce à ces bains d'eaux minérales et thermales que les jambons de Bayonne doivent leur renommée.

Plus loin, nos voyageurs passèrent devant un *plumire* ou bain à poules. C'était un bassin également alimenté par une source thermale et rempli d'eau presque bouillante. Cependant un certain nombre de femmes y plongeaient leurs poules, non pas, comme on pourrait le supposer, des poules mortes, afin de les plumer plus aisément, mais bien des poules vivantes, pour les délivrer, disaient-elles, d'insectes parasites qui les gênent et les dévorent. Comme l'eau était presque assez chaude pour cuire les pauvres volatiles, et que les femmes les y tenaient plongés jusqu'au cou, nos voyageurs se permirent de douter que l'opération fût tout à fait de leur goût.

Un peu plus loin, leurs oreilles furent frappées par un singulier mélange de sons venant d'une petite vallée près de la route. En plongeant leurs regards de ce côté, ils aperçurent un groupe de quarante à cinquante femmes, toutes occupées de la même manière, c'est-à-dire à sérancer du lin[1]. Ils apprirent par là que, dans les

---

1. Séran ou sérançoir est une sorte de peigne ou de grande carde dont on se sert pour démêler les étoupes et mettre le chanvre et le lin en état d'être filés. (*Note du traducteur.*)

Pyrénées, ce travail est dévolu aux femmes, et qu'au lieu de l'exécuter chez elles, elles se réunissent en grand nombre dans un lieu ombragé, chacune apportant son lin, et là, au milieu des plaisanteries, des rires et des chants, la matière textile brute se transforme en écheveaux brillants et soyeux.

Ils furent encore à même d'observer une autre coutume assez curieuse; mais ils avaient alors quitté la plaine et gravissaient le flanc des montagnes. L'observation, d'ailleurs, ne fut pas pour eux sans péril, ce qui en fit presque une aventure. A ce titre, elle mérite de trouver place parmi les épisodes que nous fournit leur journal.

Tous trois cheminaient au pas de leurs montures : Alexis et Ivan, sur de petits chevaux forts et vifs, de cette race pour laquelle les Pyrénées sont célèbres — particulièrement dans la partie occidentale. La monture de Pouchskin n'était pas du genre *equus*; ce n'était pourtant pas non plus un *asinus*, mais un produit intermédiaire, — tout simplement un mulet, —un mulet français très-haut sur ses jambes, car il fallait un quadrupède de belle taille pour servir de bidet à l'ex-grenadier de la garde impériale. L'animal ne brillait pas, d'ailleurs, par l'embonpoint; il était aussi maigre et aussi efflanqué qu'un loup des Pyrénées.

Avec eux, et monté également sur un mulet, cheminait un quatrième personnage dont ils s'étaient assuré les services, et qui avait près d'eux un triple office à remplir. Il devait d'abord leur servir de guide; au terme de leur excursion, ramener leurs montures au village où ils les avaient louées, et enfin les aider dans la chasse à l'ours, qui était le but de leur entreprise. Aussi l'avaient-ils choisi parmi les plus habiles chasseurs d'isards.

Nos quatre voyageurs chevauchaient donc le long d'une pente très-escarpée. Ils avaient laissé derrière eux le dernier hameau et même la dernière maison, et faisaient l'ascension d'un de ces rochers qui se détachent de l'axe principal des montagnes et s'avancent dans la plaine. La route qu'ils suivaient méritait à peine ce nom ; c'était un chemin étroit, à peine praticable aux chevaux de bât, un véritable sentier. La pente était si roide, qu'il fallait faire une douzaine de zigzags avant d'arriver au sommet.

Du pied de la montagne, ils avaient remarqué, bien au-dessus d'eux, des hommes évidemment occupés de quelque travail. Leur guide leur avait dit que ces hommes faisaient des fagots, leur métier étant de fournir du bois à brûler aux villes de la vallée.

Il n'y avait là rien qui pût être une cause d'étonnement. Ce qui surprit nos voyageurs, ce fut le moyen employé, par ces bûcherons, pour faire arriver leur bois au pied de la montagne. Ils avaient à peine franchi deux ou trois des zigzags formés par le sentier, sur les flancs du rocher, que leurs oreilles furent tout à coup frappées d'un bruit semblable aux craquements que produiraient des pierres et des bâtons heurtés et confondus. Ce bruit semblait venir d'en haut, et, en regardant dans cette direction, ils virent une assez grande quantité d'objets de couleur sombre, dégringolant avec la plus grande vitesse. Ces objets, de forme ronde, étaient des fagots ; ils roulaient et descendaient la montagne avec une telle rapidité, que si nos voyageurs s'étaient trouvés sur leur passage, il leur eût été difficile de les éviter.

Telle était la réflexion qu'ils s'adressaient mutuellement, et ils remerciaient même leur bonne étoile, qui les avait préservés de ce péril, lorsqu'une nouvelle avalanche de fagots fut lancée d'en haut, et cette fois venait évidemment droit sur eux! Il était impossible de dire de quel côté il valait mieux se sauver : s'il fallait s'élancer en avant ou reculer ; car, par suite des aspérités que présentaient les flancs de la montagne et de la marche irrégulière des fagots, il n'y avait pas moyen de savoir au juste où ils traverseraient le sentier. Tous se rangèrent donc, et attendirent la fin dans une silencieuse appréhension. Heureusement leur attente ne fut pas longue : une seconde à peine, et la masse informe, bondissant toujours, et à chaque bond plus impétueuse, descendit avec la rapidité de la foudre, et passa bruyamment devant eux, avec une telle force que, si un des fagots avait atteint un mulet ou un cheval il aurait précipité au bas de la montagne le quadrupède et le cavalier.

Ils continuaient leur route, se félicitant de nouveau d'en être quittes pour la peur ; mais quel ne fut pas leur effroi, lorsqu'ils se virent, pour la troisième fois, exposés au même danger. Voilà de nouveau une masse de fagots qui se précipite et déchire les flancs du rocher, suivie de bûches rondes, qui roulent et se heurtent avec fracas. La nouvelle avalanche passa, comme les deux premières, et cette fois encore, par le plus grand hasard, personne ne fut atteint.

On pourrait croire que ces avalanches, rencontrant successivement, sur la même route, les mêmes voyageurs, partaient de points divers échelonnés, parallèlement au chemin, sur le haut de la montagne. Il n'en était rien. Les fagots étaient tous précipités du même endroit, là où la pente offrait le plus de sûreté et de rapidité pour la descente ; c'est le chemin qui, revenant sur lui-même et coupant, à plusieurs reprises, par ses zigzags, la ligne de l'avalanche, avait ramené trois fois nos chasseurs en face du péril. Ils en firent la remarque, et, comme ils avaient encore à traverser plusieurs fois la même ligne, avant d'atteindre le sommet du rocher, ils se tinrent sur leurs gardes, pressant le pas de leurs montures chaque fois qu'ils eurent à la franchir.

Tous quatre arrivèrent ainsi sains et saufs, et sans aucun accident, au haut de la montagne, ce qui n'empêcha pas Pouchskin d'exhaler sa colère contre les bûcherons, en injures auxquelles heureusement ils ne comprenaient rien. Mais le chasseur d'isards se mit aussi de la partie, car il avait couru les mêmes dangers et n'était pas moins en colère que l'ex-grenadier russe : il leur défila avec la volubilité d'un Béarnais et dans un idiome qu'ils entendaient parfaitement, un long chapelet d'imprécations, qu'il termina en les menaçant des rigueurs de la loi.

Cependant, comme les bûcherons, quelque peu stupéfaits de cette attaque inattendue, acceptaient tout cela d'assez bonne grâce et ne répondaient rien, le chasseur finit par s'apaiser, et la calvacade, à laquelle il servait de guide, se remit en route. Pouchskin ne s'éloigna pas toutefois sans montrer le poing aux imprudents fagoteurs et sans proférer contre eux une malédiction qui ne peut ni ne doit être traduite.

XXI

Une rencontre avec des muletiers.

Un peu au delà de l'endroit qui avait été le théâtre de leur rencontre avec les bûcherons, le chemin s'enfonce dans une gorge entre deux montagnes, et, pendant quelque temps, nos voyageurs perdirent de vue les plaines de la France. La route qu'ils suiva'ent n'était encore qu'un sentier à l'usage des bêtes de somme et des piétons, tout à fait impraticable aux voitures, mais allant à un des cols dont nous avons déjà parlé, et qui conduisent en Espagne. Il se fait, par ce col, un trafic considérable entre les deux pays, et la plupart des transports s'exécutent par des muletiers espagnols, qui traversent les montagnes avec de grands convois de mulets, tous chargés, excepté ceux qui leur servent de montures, de caisses et de ballots de marchandises.

Nos chasseurs purent bientôt juger par eux-mêmes de l'importance de ce commerce et de la manière dont il s'opère, car, en tournant une pointe de rocher, ils virent devant eux un grand nombre de mulets, gaiement caparaçonnés de drap rouge et de cuir estampé, et tous ayant leur bonne charge. La caravane avait fait halte sur une plate-forme de peu d'étendue, et les conducteurs, au nombre de douze environ, étaient assis sur des quartiers de rocher, un peu en avant des animaux. Chacun d'eux portait un manteau de drap brun, couleur favorite des muletiers espagnols des Pyrénées, ce qui, avec leur teint basané, leurs moustaches et leur mise étrange, permet, sans trop d'invraisemblance, de les prendre quelquefois pour une bande de brigands, ou du moins pour une troupe de *contrabandistas*.

Ce n'était ni l'un ni l'autre cependant, mais d'honnêtes muletiers espagnols en route pour un marché français, avec des marchandises venant de l'autre côté des montagnes.

Lorsque nos voyageurs arrivèrent près d'eux, ils faisaient une collation consistant simplement en pain noir et en fromage de chèvre, arrosés d'un petit vin de Malaga, enfermé dans une outre qu'ils se passaient l'un à l'autre, et dont ils se versaient le contenu dans le gosier, en l'élevant au-dessus de leurs têtes.

Ils étaient gens de bonne humeur, et ils invitèrent les nouveaux venus à goûter leur vin, ce qu'il eût été incivil de refuser. Ivan et Alexis en emplirent leurs coupes d'argent, qu'ils portaient toujours suspendues à leur ceinture. Pouchskin, n'ayant pas son gobelet à sa portée, essaya de boire à la manière des muletiers, mais l'outre, tenue gauchement en l'air et trop vivement pressée, au lieu de lui verser le vin dans la bouche, par un jet doux et régulier, lui en couvrit brusquement toute la figure. A demi aveuglé, à demi suffoqué, tenant toujours le malencontreux sac de peau de chèvre, dont le précieux contenu coulait le long de son nez et de ses grandes moustaches, le vieux grenadier faisait une figure que les muletiers ne purent voir sans rire aux larmes.

Aux éclats de leur bruyante gaieté se mêlaient en outre des bravos, des applaudissements, comme s'ils eussent été au théâtre, spectateurs d'une farce supérieurement jouée.

Pouchskin prit tout cela en bonne part, et les muletiers le pressèrent de recommencer; mais, peu désireux de s'exposer une seconde fois à pareille mésaventure, le vieux soldat emprunta la coupe d'un de ses maîtres, et de la sorte put se rafraîchir tout à son aise. Le vin lui ayant semblé bon, et les muletiers l'engageant à en boire autant qu'il lui plairait, ce ne fut que quand l'outre donna des signes trop certains d'affaissement qu'il la rendit à ses possesseurs.

Si pourtant Pouchskin se fût moins laissé aller aux séductions du Malaga, il aurait peut-être évité une périlleuse aventure qui lui arriva presque aussitôt, et que nous allons raconter.

Nos voyageurs, après avoir échangé quelques compliments avec les muletiers, s'étaient remis en selle et allaient continuer leur route. Pouchskin, monté sur son grand mulet français, était parti le premier. Devant lui, les mulets chargés formaient un groupe qui, non-seulement barrait le chemin, mais encore interceptait le passage des deux côtés, de sorte qu'il fallait absolument se glisser au milieu d'eux. Ces animaux paraissaient tous assez tranquilles : quelques-uns broutaient les buissons qui se trouvaient à leur portée, mais la plupart, presque immobiles, se bornaient à secouer, de temps en temps, leurs longues oreilles, ou à reporter leur charge d'une jambe sur l'autre. Pouchskin, après un instant d'examen, vit qu'il n'y avait pas moyen de prendre un détour et qu'il fallait passer au milieu du troupeau. Il est probable d'ailleurs que, s'il l'eût fait paisiblement, les bêtes seraient restées en repos et n'auraient pas fait attention à lui ; mais, excité par le vin qu'il avait bu, l'ex-grenadier, au lieu de suivre tranquillen. : sa route, donna des éperons dans les flancs de son grand mulet, et, avec un hurlement tel qu'on peut l'attendre d'un cosaque, il se précipita au milieu de la bande.

Les mules espagnoles reconnurent-elles, dans l'animal qu'il montait, un étranger, un Français, ou ses hourras résonnèrent-ils désagréablement à leurs oreilles? c'est ce qu'il est difficile de dire ; mais, en un instant, toute la *mulada* se mit en mouvement, chaque mulet s'élançant vers Pouchskin, les oreilles dressées, la bouche ouverte et la queue en l'air. Il ne pouvait plus entendre le « Prenez garde ! » du chasseur d'isards, ou le « *Guarda te !* » des muletiers. Les eût-il entendus d'ailleurs, qu'il était trop tard pour en tenir compte ; car, avant qu'il eût pu compter jusqu'à six, il se vit entouré d'une douzaine au moins d'animaux furieux, qui, poussant à la fois un cri aigu, se mirent à mordre lui et sa monture avec toute la rage de loups affamés. En vain le brave mulet lança-t-il force ruades à droite et à gauche ; en vain son cavalier fit-il usage de son fouet, les bêtes espagnoles ne l'attaquaient pas seulement avec les dents ; le malheureux Pouchskin avait encore à se garer des coups de pied qui lui arrivaient de tous côtés, et contre lesquels ses grosses bottes et son large pantalon, déchirés déjà en plusieurs endroits, étaient, pour ses jambes, une protection bien insuffisante.

En voyant la position du vieux soldat, les conducteurs du convoi s'étaient hâtés de courir à son secours. En poussant de grands cris et en faisant claquer leurs fouets, comme les muletiers seuls savent le faire, ils tâchaient d'écarter les assaillants ; mais malgré tous leurs efforts et l'habitude qu'ils avaient de se faire obéir de leurs hôtes, Pouchskin aurait pu être encore plus maltraité, s'il n'avait trouvé l'occasion de se tirer lui-même d'embarras. Son mulet, fuyant les attaques de ses nombreux ennemis, s'était sauvé sur un terrain couvert de plusieurs quartiers de roche. Il y fut vivement poursuivi, et Pouchskin allait être exposé à de nouveaux périls si, quittant adroitement la selle, il ne se fût, d'un bond hardi, élancé sur une grosse pierre. Une fois là, il monta plus haut encore, et ne tarda pas à être hors de danger.

Son mulet continua de se défendre contre les mules espagnoles acharnées à sa poursuite ; mais, débarrassé du poids de son cavalier, il prit confiance en ses longues jambes, et, s'ouvrant un passage à travers la *mulada*, il gagna le chemin de la montagne et disparut au galop. Les autres, chargées comme elles l'étaient, ne sentirent nulle envie de le suivre, et ainsi finit le drame.

En voyant la mine piteuse du vieux soldat perché sur son rocher, les muletiers ne purent, encore une fois, retenir leurs éclats de rire. Ses jeunes maîtres étaient trop inquiets pour en faire autant tout d'abord ; mais, quand ils se furent assurés que leur fidèle Pouchskin n'avait reçu que quelques contusions insignifiantes, grâce à ce que les mulets espagnols n'étaient pas ferrés, ils se sentirent eux aussi très-disposés à rire de sa mésaventure. Alexis fut même d'avis que leur compagnon avait un peu trop abusé du sac à vin, et par conséquent il ne vit dans ce qui lui était arrivé qu'un juste châtiment de son intempérance.

Le guide se mit à la poursuite du mulet fugitif, et ne tarda pas à le ramener. Tout étant ainsi rentré dans l'ordre, on se dit adieu de nouveau, et nos chasseurs continuèrent leur route.

XXII

Les ours des Pyrénées.

Ils avaient été bien inspirés en prenant le chasseur d'isards pour guide, car sans lui ils auraient pu chercher longtemps sans rencontrer d'ours. Ces animaux, quoique assez nombreux dans les Pyrénées, il y a un demi-siècle, ne se trouvent plus que dans les endroits les plus reculés et les plus solitaires. En hiver, l'ours des Pyrénées cherche un abri dans les épaisses forêts qui croissent au fond des gorges, entre les montagnes, et où la hache du bûcheron ne résonne jamais à ses oreilles. En été, il rôde à une plus grande hauteur, dans le voisinage des neiges éternelles et des glaciers, où il trouve les racines ou oignons d'un grand nombre de plantes alpestres, et même des lichens, qu'il affectionne. Il se glisse quelquefois dans les vallées inférieures les moins cultivées, pour y faire un repas de maïs ou de pommes de terre. Il est aussi friand de truffes qu'un sybarite parisien, et il a, pour les découvrir, une finesse d'odorat qui surpasse de beaucoup celle du chien dressé à la recherche de ces précieux tubercules. Il sait merveilleusement des déterrer entre les racines des grands chênes, où ils se produisent et se développent d'une manière encore inexpliquée.

Comme son congénère, l'ours brun, il est frugivore, et, comme la plupart des autres membres de sa nombreuse famille, il aime les douceurs. Il dérobe aux abeilles leur miel, toutes les fois qu'il peut trouver une ruche. Parfois aussi il est carnivore, et souvent il fait des victimes parmi les troupeaux qui paissent, en été, sur les versants des plus hautes montagnes; mais les bergers ont remarqué que ces goûts sanguinaires ne se rencontrent que chez quelques individus, et que, règle générale, l'ours n'est pas à craindre pour leurs moutons. Par suite, une opinion très-répandue parmi la population des montagnes veut qu'il y ait deux espèces d'ours : l'une se nourrissant de fruits, de racines et de larves; l'autre, carnassière, vivant de chair et s'attaquant aux troupeaux. Ces derniers sont, au dire des gens du pays, plus grands, plus féroces, et, lorsqu'ils sont attaqués, ils ne reculent pas devant l'homme. Les faits peuvent être vrais, sans que la conclusion soit exacte. Dans l'opinion du chasseur d'isards, les ours des Pyrénées sont tous d'une seule et même espèce : seulement les plus jeunes sont aussi plus doux et vivent plus sobrement; tandis que l'âge développe, chez les autres, des instincts et des appétits plus féroces. La même remarque a été faite pour l'*ursus arctos*. Il se peut, comme il a déjà été dit à ce sujet, que la faim seule pousse l'ours à se nourrir de chair une première fois; mais il le fait ensuite par goût.

Le père du chasseur d'isards se rappelait le temps où les ours étaient assez communs dans les vallées basses. Alors non-seulement les troupeaux de moutons et de chèvres souffraient beaucoup de leur voisinage, mais le gros bétail était souvent attaqué par ces bêtes voraces, et des hommes même étaient assez fréquemment leurs victimes. Aujourd'hui, de pareils événements sont rares, parce que les ours se tiennent dans les montagnes, à une hauteur où les bestiaux ne sont presque jamais conduits et où les hommes vont très-rarement. Le fils ajoutait que les ours sont fort recherchés par les chasseurs comme lui, parce que leurs peaux sont estimées et se vendent très-cher. « Mais ils sont devenus si rares, dit-il en forme de conclusion, que je n'en ai tué que trois dans toute cette saison; mais je sais où il y en a un quatrième — un bien beau; et si vous êtes disposés.... »

Les jeunes Russes comprirent l'insinuation. La toute-puissance de l'argent est la même partout, et une pièce d'or vous fera trouver, dans certains cas, l'antre d'un ours, au milieu des Pyrénées, plus sûrement que le nez du chien le mieux dressé, ou l'œil du chasseur le plus exercé. Le marché fut conclu à l'instant. Cinquante francs furent promis pour la peau de l'ours.

Le pic du Midi d'Ossau était alors en vue, et, quittant le sentier battu qui passait près de sa base, nos chasseurs s'engagèrent dans un ravin montueux. Les côtés et le fond de ce ravin étaient couverts de pins rabougris; mais, à mesure qu'ils avançaient, les arbres prenaient de plus grandes dimensions. Ils se trouvèrent enfin dans une haute et magnifique forêt, aussi sauvage, selon toute apparence, et non moins primitive que si elle eût poussé sur les bords du fleuve des Amazones, ou parmi les Cordillères des Andes. On n'y voyait d'autres traces d'êtres animés que quelques sentiers ouverts par les bêtes sauvages qui y ont établi leurs demeures.

Le chasseur d'isards raconta qu'il avait tué des lynx dans cette forêt, où il n'eût pas voulu se trouver seul la nuit, parce que les loups noirs s'y réunissent en troupes nombreuses. Accompagné comme il l'était, toutefois, il n'avait aucune crainte, car ils pourraient allumer des feux, et tenir ainsi les loups à distance.

L'endroit où ils devaient rencontrer l'ours était à plus de trois kilomètres. Le guide répondait qu'ils le trouveraient sans difficulté. Il l'avait vu, quelques jours auparavant, regagner son trou; mais, comme il n'avait alors avec lui ni chiens ni aucun autre moyen de le faire sortir, il s'était borné à marquer la place, comptant bien revenir avec un camarade qui le seconderait. Quelques affaires l'avaient retenu aux Eaux-Bonnes jusqu'à l'arrivée des étrangers, et, ayant appris leurs intentions, il leur avait réservé cette prise. Il avait maintenant ses deux chiens, — deux grands animaux, évidemment de race lupine, et qui étaient de taille à tirer l'ours de sa tanière; mais ce moyen ne devait être employé qu'à la dernière extrémité.

Le meilleur parti, suivant le chasseur, était d'attendre que l'ours s'éloignât pour sa tournée nocturne, chose qu'il ne manquerait pas de faire, et alors de courir à son trou, d'en boucher l'entrée, et de se mettre en embuscade pour attendre son retour. « Il ne reviendrait pas au logis avant le matin, ajouta le guide, et ils y verraient assez pour le viser et tirer sur lui de leurs différents postes. »

Le plan fut trouvé bon, et en conséquence nos voyageurs résolurent de faire halte où ils se trouvaient, et d'y attendre l'heure présumée de la sortie de l'ours. Un grand feu ne tarda pas à pétiller sous les arbres; on vina le havre-sac de Pouchskin, et, grâce à son contenu, tous quatre se mirent à souper avec cet appétit bien connu de ceux qui ont fait trente kilomètres à travers des montagnes escarpées.

XXIII

Le chasseur d'isards.

Le chasseur d'isards leur fit passer le temps assez agréablement en racontant beaucoup de ces histoires familières aux paysans des montagnes, — récits de chasse et épisodes de contrebande. Il y mêla bon nombre d'anecdotes sur la guerre d'Espagne, et le temps où l'armée française et l'armée anglaise se disputaient les différents cols des Pyrénées.

Mais il revenait toujours de préférence aux choses de sa profession, et il en parlait avec un véritable enthousiasme. Il entretint ses compagnons des plus curieuses habitudes de l'isard, et, entre autres, de celle qu'on lui attribue de se servir de ses cornes recourbées, pour se suspendre et se laisser tomber de rocher en rocher. Les chasseurs des Alpes en disent autant du chamois de leurs montagnes. Alexis ne voyait là qu'une fable, mais il n'en dit rien, ne voulant pas avoir l'air de douter de la véracité de leur guide. Celui-ci, néanmoins, pressé de questions, finit par reconnaître qu'il n'avait jamais été témoin de cette gymnastique ; il ne faisait que répéter ce qu'il avait entendu dire à d'autres chasseurs qui prétendaient l'avoir vu, et qui sans doute, pressés de questions à leur tour, auraient fini par répondre de même, s'ils avaient voulu dire la vérité. Le fait est que ces agiles animaux n'ont besoin que de leurs jambes pour se tenir et se conduire sur les rebords les plus étroits, comme pour les sauts vraiment prodigieux qu'ils font, soit en haut, soit en bas, et qui ne peuvent se comparer qu'au vol d'un oiseau. Ils ont le pied sûr et l'œil excellent. L'isard et le chamois ne glissent jamais sur les roches les plus lisses, — pas plus que l'écureuil sur une branche d'arbre.

Nos voyageurs questionnèrent leur guide sur les bénéfices de sa profession, et ils furent très-étonnés d'apprendre qu'ils étaient fort modiques. Un isard dépouillé ne se vend que dix francs, et la peau deux ou trois. La plupart de ceux que l'on tue sont achetés par les propriétaires des hôtels, qui se comptent par centaines dans les villes d'eaux, si nombreuses sur le versant français des Pyrénées. Les étrangers paraissent aimer beaucoup l'isard, et ne manquent jamais de demander qu'on leur en serve. Ils s'en régalent peut-être moins qu'ils ne veulent bien le dire; mais, venant des grandes villes en général et de contrées où on n'a jamais vu d'isards ni de chamois, ils veulent pouvoir raconter qu'ils en ont mangé. Le chasseur qui fit cette remarque ne se trompait peut-être guère; et l'isard n'est probablement pas le seul gibier qui doive à quelque considération de ce genre le prix qu'on y met.

Ivan s'étonna que la fourniture d'un mets si recherché ne rendît pas plus lucrative la profession de chasseur d'isards.

« Ah! reprit le guide avec un soupir, cela s'explique facilement, monsieur! Les hôteliers sont trop fins et leurs hôtes trop crédules. Si nous en demandions davantage, ils n'achèteraient pas.

— Mais ils seraient bien forcés d'en avoir, puisqu'on leur en demande.

— Ce n'est pas là ce qui les embarrasse, et, s'il n'y avait pas de chèvres dans le pays, nos quartiers d'isard se vendraient beaucoup mieux.

— Comment? dit Ivan, ne voyant pas quel rapport il pouvait y avoir entre les chèvres et les quartiers d'isard.

— La chèvre et l'isard se ressemblent trop, monsieur, — du moins quand on les a dépouillés et découpés. Les hôteliers le savent bien; aussi leurs rôtis de venaison ne sont-ils souvent que des quartiers de bique habilement préparés, et plus d'un voyageur qui vante notre gibier n'a encore mangé que du chevreau. Ha! ha! ha! »

Et le chasseur riait lui-même du bon tour joué ainsi aux étrangers, quoiqu'il sût bien que sa propre industrie était la première à en souffrir.

A vrai dire, cet homme se livrait à la chasse beaucoup moins pour les profits qu'il en pouvait tirer que par un penchant naturel pour la vie de chasseur. A la façon dont il en parlait, il était aisé de voir qu'il n'aurait voulu changer sa profession pour aucune autre, s'agît-il d'une fortune assurée. Il en est de même des chasseurs de profession dans tous les pays; ils se soumettent à toutes les fatigues et souvent aux plus grandes privations, pour garder ce privilége si doux de courir à volonté les bois et les déserts, libres des soucis et des embarras qui trop souvent sont attachés à la vie sociale.

Nos voyageurs restèrent ainsi, causant autour du feu de leur bivac, jusqu'après le coucher du soleil. La nuit venue, leur guide leur conseilla de dormir pendant quelques heures. Il ne fallait pas songer à se mettre en quête de l'ours, avant que la nuit fût très-avancée et qu'il fît presque jour. Alors il y aurait tout lieu d'espérer que l'ours serait en tournée dans la forêt; tandis que, si on y allait trop tôt, on s'exposait à le trouver dans sa tanière, et, en ce cas, on n'était pas sûr que les chiens réussissent à l'en faire sortir. Ce pouvait être une caverne spacieuse, où il les laisserait pénétrer pour leur livrer combat, et ceux-ci, quoique grands et forts, auraient certainement le dessous, car il suffit à un ours d'un seul coup de patte pour réduire au silence le plus brave et le plus redoutable champion de la race canine. « Les chiens, répéta le chasseur, ne doivent être employés que comme dernière ressource. »

L'autre plan offrait beaucoup plus de chance de succès. L'ours, en effet, trouvant au retour sa caverne fermée, serait forcé de se réfugier dans les bois. Les chiens suivraient aisément la piste toute fraîche, et, à moins qu'il ne réussît à découvrir une autre caverne pour s'y cacher, il ne pouvait leur échapper. Il n'est pas rare que l'ours des Pyrénées monte sur un arbre, lorsqu'il voit des chiens et des hommes à sa poursuite; mais dans ce cas, le succès de leur chasse était assuré, car, sur un arbre, l'ours serait facilement atteint par les balles de leurs fusils. Ils avaient d'ailleurs, en perspective, la chance de pouvoir le tirer tous à la fois quand il reviendrait à son gîte, ce qui sans doute mettrait immédiatement fin à l'aventure.

Il ne fallait donc aller à la caverne que sur le matin, juste assez tôt pour avoir le temps d'en clore l'entrée et de se mettre en embuscade avant le jour. En conséquence, le guide leur réitéra l'invitation de dormir quelques heures et promit de les réveiller à temps.

Ce conseil fut accepté et suivi avec joie. Pouchskin

lui-même, encore tout meurtri de son aventure avec les mulets, avait besoin de repos, et il ne fut pas le dernier à s'envelopper de son ample capote de grenadier et à s'endormir.

XXIV

L'embuscade.

Fidèle à sa promesse, le chasseur d'isards réveilla ses compagnons une heure environ avant l'aube, et, après avoir sellé et bridé leurs montures, ils se remirent en route. Il faisait très-sombre sous les grands arbres; mais le guide connaissait le terrain. Après avoir parcouru lentement et pour ainsi à tâtons l'espace d'un kilomètre, ils arrivèrent au pied d'un rocher escarpé qu'ils suivirent pendant quelque temps, et ils atteignirent enfin l'endroit qu'ils cherchaient. Malgré l'obscurité, ils purent distinguer un point plus sombre, à la surface du rocher, c'était l'entrée de la caverne. Cette entrée n'était pas grande, et un homme aurait eu quelque peine à y entrer en se baissant; mais le guide était persuadé que ce passage étroit et bas conduisait, dans l'intérieur du rocher, à une caverne de grandes dimensions; non qu'il y eût jamais pénétré, mais il savait qu'il y en a beaucoup de ce genre, dans cette partie des Pyrénées. Si, dans sa pensée, il n'y avait eu là qu'un trou suffisant pour servir de gîte à un ours, il aurait pris beaucoup moins de précautions. Dans ce cas, en effet, il eût été possible et même facile de faire sortir l'animal au moyen des chiens; mais, si, comme il le supposait, la caverne était assez vaste pour qu'un ours pût s'y mouvoir librement, il n'y avait aucune chance de l'attirer au dehors. En effet, pour peu qu'il soupçonnât la présence d'un ennemi dans les environs, Bruin pourrait fort bien rester plusieurs jours dans sa forteresse; il faudrait donc en faire le siége, ce qui serait long et peut-être n'aboutirait à rien.

Ils s'étaient approchés de la caverne avec la plus grande précaution. Ils craignaient que l'ours, rôdant dans les bois, ne les entendît et, prenant l'alarme, ne se sauvât dans son trou, avant que l'entrée n'en pût être fermée. Pour plus de sûreté, ils avaient laissé les chiens et leurs montures à une certaine distance, après les avoir solidement attachés à des arbres, et s'étaient avancés vers la grotte en faisant le moins de bruit possible et ne parlant qu'à voix basse.

Le chasseur d'isards commença alors à mettre son plan à exécution. Pendant que les autres dormaient, il avait préparé une grande torche, avec des branches de pin sèches; il l'alluma et la fixa dans la terre près du rocher. Au moment où la flamme brilla à l'entrée de la caverne, tous, le fusil en main, se tinrent prêts à faire feu. Ils n'étaient pas sûrs, en effet, que l'ours fût sorti. Il pouvait se faire qu'il fût encore couché : dans ce cas, la lumière le réveillerait peut-être, et l'attirerait au dehors : il fallait donc être prêt à tout événement.

Rien n'ayant paru, le guide amena alors ses chiens et les lâcha. Aussitôt qu'ils se virent libres, ces animaux, comprenant ce qu'on attendait d'eux, s'élancèrent tout droit dans la caverne.

Pendant quelques secondes, ils firent entendre un

glapissement rapide et contenu, annonçant bien clairement qu'ils sentaient un ours.

Le guide avait d'ailleurs bien deviné. L'étroite ouverture conduisait à une caverne de grandes dimensions, comme on en pouvait juger par la distance à laquelle le glapissement des chiens se faisait entendre. Il eût été absolument inutile de songer à faire sortir un ours d'un tel lieu, à moins qu'il ne lui plût de s'offrir lui-même à ses ennemis. Ce n'était donc pas sans quelque anxiété que nos chasseurs écoutaient la voix des chiens, répétée par les échos de la caverne.

Leur attente ne fut pas de longue durée, car, au bout d'une minute au plus, tous deux sortirent l'oreille basse et avec un air de désappointement, indiquant qu'ils avaient fait une exploration inutile.

Leurs mouvements inquiets, désordonnés, disaient néanmoins que la piste était fraîche et qu'il n'y avait pas longtemps que l'ours avait quitté son repaire. Leur maître les avait en outre entendus, à l'intérieur, gratter parmi les bâtons et l'herbe qui composaient son lit, preuve certaine que le gîte était vide et que Bruin n'était pas chez lui.

C'était justement ce que désirait le chasseur d'isards, et ses compagnons, déposant aussitôt leurs fusils, se mirent à boucher, avec lui, l'entrée de la grotte. Rien de plus facile. Ils avaient des pierres sous la main; ils en firent, devant l'orifice de la caverne, une barricade capable de barrer le passage à toute espèce d'animal.

Ils respirèrent alors plus librement. Ils étaient certains d'avoir coupé la retraite à l'ours, et à moins qu'il ne soupçonnât quelque chose et ne prît le parti d'abandonner sa tanière, ils se considéraient comme à peu près sûrs de lui envoyer une balle.

Il n'y avait plus qu'à se mettre en embuscade et à attendre son retour. Il importait seulement qu'ils se tinssent soigneusement cachés et, pour ainsi dire, invisibles. Ils ne savaient, en effet, de quel côté l'ours reviendrait. En approchant, il pouvait les voir et se sauver avant qu'ils eussent tiré un seul coup de fusil. Il fallait absolument prévenir ce contra-temps.

Un plan se présenta bientôt à l'esprit exercé du chasseur des Pyrénées. Devant le rocher, s'élevaient plusieurs grands arbres, de l'espèce appelée *pinus sylvestris*, et couverts d'épais faisceaux de feuilles en aiguilles. Grimpés sur ces arbres, le feuillage et les branches les cacheraient aisément à tous les regards, et l'ours ne pourrait soupçonner leur présence.

L'idée fut aussitôt mise à exécution. Ivan et Pouchskin montèrent dans un arbre; le guide et Alexis s'établirent sur un autre, et tous s'étant placés de manière à voir l'entrée de la caverne sans être vus eux-mêmes ils attendirent le jour et l'arrivée de l'ours.

XXV

Un ours dans un nid.

Le jour ne se fit pas longtemps attendre; mais en serait-il ainsi de l'ours? Il était impossible de calculer exactement le moment de son retour, car bien des circonstances pouvaient ou l'avancer ou le retarder. « Autrefois, dit le chasseur d'isards, on voyait assez souvent ici les ours rôder durant la journée; mais c'était lorsqu'ils étaient nombreux et moins poursuivis par les chasseurs. Depuis qu'ils sont devenus rares et que leur peau est si recherchée, — ce qui, naturellement, les rend chaque jour encore plus rares et plus circonspects, — ils ne quittent guère leur retraite que pendant la nuit, afin d'échapper à la surveillance de leurs ennemis. — Quant à celui qu'ils attendaient, il ne pouvait manquer, ajoutait-il, de revenir un peu plus tôt ou un peu plus tard; cela dépendrait du plus ou moins de poursuites auxquelles il avait été récemment exposé. »

Ils surent bientôt à quoi s'en tenir sur ce point. L'ours prit soin lui-même de faire cesser toute incertitude, en faisant son apparition juste sous leur nez.

Ils le virent tout à coup, et de la manière la plus

inattendue, se glisser en toute hâte vers l'entrée de la grotte. Il semblait être sous le coup d'une grande excitation ; on eût dit qu'il était poursuivi, ou que la rencontre, dans les bois, de quelque objet inattendu lui avait donné l'alarme. Peut-être avait-il aperçu les chevaux ou découvert la piste des chasseurs.

En tout cas, ceux-ci ne prirent pas le temps de réfléchir, ou plutôt l'ours ne leur en laissa pas le temps ; car, à peine eut-il reconnu que l'entrée de la caverne était fermée, qu'exprimant son désappointement par un cri terrible, il revint brusquement sur ses pas, et se sauva aussi rapidement qu'il était venu.

Quatre coups de fusil partirent à la fois du milieu des arbres, et quelques flocons de poils, détachés de ses flancs, prouvèrent que la bête avait été atteinte. On la vit même chanceler, et les chasseurs poussèrent un cri de victoire ; mais leur satisfaction fut de courte durée : car avant que leurs voix se fussent perdues au milieu des rochers, l'ours reprit son équilibre et s'enfuit sans broncher.

Ils le virent s'arrêter une ou deux fois et se retourner du côté des arbres, comme pour y chercher ses ennemis et les charger : mais changeant d'intention presque aussitôt, il prit le galop et ils l'eurent bientôt perdu de vue.

Nos chasseurs, désappointés, descendirent rapidement de leurs postes d'observation et, lâchant les chiens, ils coururent à la piste. A leur grande surprise autant qu'à leur satisfaction, elle les conduisit près de l'endroit où ils avaient laissé leurs montures, et en y arrivant, ils eurent la preuve que l'ours avait passé par là. Chevaux et mulet dansaient, en effet, comme s'ils eussent été soudain frappés de folie. Leurs hennissements, leurs cris exprimaient l'effroi, et si l'on n'eût pris le soin de les attacher solidement, il est probable qu'emportés et dispersés par la frayeur, on aurait eu quelque peine à les rejoindre.

Nos hommes ne prirent que le temps de les détacher, et de se mettre en selle, et ils s'élancèrent dans la direction suivie par les chiens, dont ils entendaient déjà les aboiements dans le lointain.

« L'ours des Pyrénées, disait le chasseur d'isards, comme son cousin de Norvége, lorsqu'il est chassé de son repaire, bat souvent la campagne à une grande distance, avant de faire halte. Il n'est pas rare de lui voir abandonner le ravin ou le versant de montagne qu'il habite ordinairement, pour chercher ailleurs un lieu qui lui offre plus de sécurité. »

De cette manière, il met souvent les chasseurs en défaut. Il suit, à la cime des rochers ou le long des précipices, des sentiers où ni les hommes ni les chiens ne peuvent se hasarder. C'était là précisément ce que, pour le moment, il y avait le plus à redouter ; car la forêt dans laquelle se trouvaient nos voyageurs était entourée, presque de tous les côtés, de rochers à pic, et si l'ours s'engageait dans ce labyrinthe de pentes escarpées et d'abîmes, pour gagner le sommet des montagnes, ils risquaient fort de le perdre tout à fait.

Une espérance restait encore au chasseur d'isards. Il était sûr, comme ses compagnons, que l'ours avait déjà été atteint de plusieurs coups de feu ; et il fallait même qu'il fût assez grièvement blessé pour avoir chancelé comme il l'avait fait. Il pouvait donc se faire qu'il cherchât un refuge dans le voisinage ; peut-être sur un arbre. Encouragés par cet espoir, tous quatre poussèrent en avant.

Le guide ne s'était pas trompé. Ils avaient à peine

fait un kilomètre que les aboiements continuels des chiens, entendus près d'eux et toujours à la même place, leur apprirent, à n'en pouvoir douter, que l'ours était monté sur un arbre, ou qu'il avait rencontré une caverne dans laquelle il s'était retiré, ou bien encore que, faisant volte-face et résolu à se défendre, il tenait les chiens en respect. De ces trois suppositions, ils désiraient surtout que la première fût la vraie, et, à en juger par la voix des chiens, ils commençaient à l'espérer. Cette fois encore, l'événement répondit à leurs espérances; car, avançant toujours, ils ne tardèrent pas à voir les chiens bondir autour d'un arbre énorme, se dresser parfois contre le tronc et poursuivre de leurs aboiements quelque animal réfugié dans les branches.

Ce ne pouvait être que leur ours, et dans cette persuasion, nos chasseurs s'approchèrent de l'arbre, chacun tenant son fusil armé et prêt à tirer.

Mais arrivés au pied, ils eurent beau regarder entre les branches; point d'ours! On apercevait bien au sommet une masse noire, mais ce n'était pas un ours : cela n'y ressemblait en rien.

L'arbre était d'une hauteur peu commune, — le plus grand qu'ils eussent vu dans la forêt. Il appartenait à l'espèce de pins dite *sylvestris*, et ses branches énormes, couvertes de nombreux bouquets de feuilles allongées, s'étendaient en tous sens à plusieurs mètres du tronc. En quelques endroits, le feuillage était assez épais pour cacher un animal de belle taille, mais pas aussi gros qu'un ours; s'il n'y avait eu que les feuilles et les branches, Bruin n'aurait pu s'y loger sans être vu d'en bas. Et pourtant, il y avait là un ours, le même auquel ils avaient donné la chasse. Ils n'en pouvaient douter, bien qu'il leur fût impossible d'apercevoir la moindre partie de son corps, pas même l'extrémité de sa queue ou de son museau.

Le lecteur se figurera peut-être que le pin était creux et que la bête s'était glissée à l'intérieur. Il n'en était rien. L'arbre était parfaitement sain; sur toute la longueur de son tronc, sur ses branches, on n'apercevait pas l'orifice du moindre trou, et il était impossible de supposer que l'ours y eût trouvé une cavité pour se cacher.

Cette disparition de Bruin n'avait d'ailleurs rien de mystérieux. On se rappelle cette masse noire, reposant sur les branches les plus élevées, et dont l'aspect les avait frappés, au moment de leur arrivée sous l'arbre ; c'était évidemment là l'objet qui le dérobait à leurs regards.

Mais quel pouvait être cet objet?

C'est ce que se demandaient, depuis un instant, nos quatre chasseurs. Cela ressemblait plus à un tas de fagots qu'à toute autre chose, et, véritablement, il y avait là de quoi faire de très-bons fagots, car cette masse noire se composait d'une grande quantité de bâtons secs et de branches mortes, arrangés en cercles et enchevêtrés sur la fourche la plus élevée de l'arbre. Il y en avait assez pour en charger une voiture ordinaire, et le tout était si serré qu'on ne pouvait voir le ciel qu'à travers les bords. Au centre, et sur une surface dont le diamètre égalait celui d'une meule de moulin, les branches étaient si étroitement entrelacées qu'elles formaient une masse compacte et impénétrable à la lumière.

« Un nid d'aigle ! » s'écria tout à coup le chasseur d'isards, après un instant d'examen. « C'est cela! mes chiens ont raison : l'ours s'est réfugié dans le nid des oiseaux ! »

XXVI

Les aigles.

Il fut bientôt évident pour tous que l'ours avait grimpé sur l'arbre et se tenait caché commodément dans le grand nid des aigles, quoique pas un poil de sa peau velue ne fût visible d'en bas.

S'il avait pu leur rester la moindre incertitude, elle aurait été promptement dissipée par un incident qui se produisit presque aussitôt. Comme ils regardaient en l'air, ils virent deux grands oiseaux, de l'espèce des aigles-vautours, descendant rapidement de la région des nuées. C'étaient évidemment les propriétaires du nid envahi. Il fut bientôt tout aussi manifeste que l'intrus n'était pas à beaucoup près le bienvenu; car les deux oiseaux se mirent à décrire, autour des branches les plus élevées de l'arbre, des courbes rapides, à battre des ailes au-dessus du nid et à pousser des cris où perçait la rage concentrée d'animaux qui voient leur demeure au pillage. A l'indiscrétion de sa visite inattendue, l'ours avait-il joint quelque acte de brigandage et ravi aux aigles leurs œufs ou leurs petits? C'est ce qu'il était impossible de dire. Mais l'eût-il fait, il n'aurait pu être plus mal reçu, et les oiseaux furieux continuèrent leurs bruyantes démonstrations, jusqu'à ce qu'un coup de fusil tiré d'en bas les avertit de la présence d'un ennemi plus à craindre que l'ours. Alors seulement ils élargirent le cercle de leur vol, continuant toutefois de s'abattre de temps en temps sur leur nid et poussant ensemble des cris de rage et de désolation.

Arrivés sous l'arbre, nos chasseurs avaient mis pied à terre et attaché près de là leurs montures. Ils savaient maintenant que l'ours était dans le nid, mais bien que la retraite lui fût coupée, il n'était pas certain qu'ils parvinssent à s'en emparer. S'il se fût réfugié tout simplement parmi les branches, leurs balles auraient pu l'atteindre, et ils en seraient aisément venus à bout; car tué ou grièvement blessé, il fallait qu'il tombât à terre; mais le cas était bien différent. Le nid était non-seulement assez grand pour que l'animal pût s'y coucher à son aise, mais son épaisseur formait, sous lui, un rempart impénétrable à la balle. Et alors que faire?

Comment s'y prendre pour le faire sortir de là ? Voilà la question qu'ils s'étaient posée aussitôt qu'ils avaient été certains de sa présence. Le coup de fusil tiré par le montagnard ne l'avait pas été dans la pensée d'obliger les aigles à s'éloigner, mais dans l'espérance que l'ours, effrayé, ferait quelques mouvements, changerait de disposition et découvrirait ainsi une partie de son corps. Nos trois Russes se tenaient le fusil à l'épaule, prêts à profiter de l'occasion, si elle se présentait. La balle frappa le nid qui disparut un moment au milieu d'un nuage de poussière; mais l'ours ne bougea pas.

Deux ou trois autres coups de feu furent tirés sans plus de résultat et il devint évident que, de cette a-

Les deux oiseaux se mirent à battre des ailes au-dessus du nid.
(Page 115.)

çon, on n'arriverait à rien. Le feu fut donc aussitôt suspendu, et l'on se mit à chercher quelque autre plan d'attaque.

Il semblait qu'il n'y eût aucun moyen de déloger maître Bruin de sa citadelle aérienne. Fallait-il essayer d'arriver jusqu'à lui? On ne pouvait songer sérieusement à grimper sur l'arbre et à l'attaquer où il était. Nul n'aurait voulu risquer un combat, corps à corps, avec un tel ennemi, sur la terre ferme, encore moins sur un terrain aussi dangereux qu'un nid de branches sèches à cette hauteur. Mais lorsqu'ils en auraient eu la fantaisie, ils ne l'auraient pas pu. Les bords du nid dépassaient de beaucoup les branches qui en supportaient le centre, il n'y avait qu'un singe ou l'ours lui-même qui pussent se hasarder impunément à se glisser par-dessus. Pour un homme, l'entreprise eût été non-seulement difficile, mais impraticable, et, sans nul doute, il faut voir là une preuve de l'instinct qui dirige les aigles comme tous les autres oiseaux dans la construction de leurs nids. Il ne fallait donc pas penser à cette périlleuse ascension.

Que faire alors? — Abattre l'arbre? Ils y songèrent un instant, mais c'était une grosse affaire. Le tronc avait plusieurs pieds de diamètre, et comme ils n'avaient qu'une hache mal affilée, le travail eût été long. Il aurait fallu peut-être plusieurs jours pour couper au pied ce pin gigantesque, et, l'arbre abattu, il n'était pas impossible que l'ours leur échappât, au milieu de la confusion, conséquence inévitable d'une telle chute. Ces considérations les firent renoncer aussi à abattre l'arbre et chercher s'il n'y avait pas quelque moyen plus simple et plus certain de s'assurer la peau de l'ours.

XXVII

Le feu au nid.

Ils s'étaient mis inutilement l'esprit à la torture, pendant quelque temps, lorsqu'une exclamation du chasseur d'isards leur annonça qu'enfin une heureuse idée lui était venue. Tous les yeux se tournèrent à la fois vers lui, et Ivan lui demanda vivement ce qui lui arrivait.

« J'ai un plan, mon jeune monsieur! répondit le chasseur, un plan avec lequel je forcerai bien l'ours à descendre, à moins qu'il n'aime mieux se laisser rôtir là-haut. Parbleu! il m'est venu là une excellente idée!

— Expliquez-vous! voyons! reprit le jeune Russe qui avait déjà à demi compris son dessein.

— Patience! dans une minute vous verrez. »

Tous trois entourèrent le guide et suivirent attentivement ses mouvements.

Ils le virent se verser une certaine quantité de poudre dans le creux de la main, puis déchirer une bande d'un assez grand morceau de calicot qu'il avait tiré de sa gibecière, l'imbiber de salive et le couvrir de poudre. Il se mit ensuite à pétrir légèrement le tout ensemble avec ses mains, jusqu'à ce que le chiffon, devenu noir et imprégné de salpêtre, fût complétement sec.

Le montagnard chercha en outre et trouva aisément, sur le tronc des arbres d'alentour, de la mousse qu'il mêla à une poignée ou deux d'herbes sèches pour en faire une pelote irrégulière. Il tira enfin de sa gibecière une boîte d'allumettes chimiques, qu'il remit en place après en avoir vérifié le contenu, et il se mit alors en devoir de faire connaître à ses compagnons l'objet de ces préparatifs. Ceux-ci l'avaient déjà deviné en partie, et il ne fit que confirmer leurs prévisions, lorsqu'il déclara son intention de grimper sur l'arbre et de mettre le feu au nid.

Il serait superflu de dire que le projet fut trouvé aussi original que hardi, et unanimement approuvé. C'était certainement un acte rare d'intrépidité que le chasseur d'isards se proposait d'accomplir. Arriver jusqu'au nid n'était pas le difficile, car, quoique l'arbre fût très-haut, on pouvait aisément grimper à la cime. Il y avait des branches tout le long du tronc, et, pour un enfant des Pyrénées qui, dans son jeune âge, se vantait d'avoir joué le rôle de vedette dans un des nids de corbeau qu'ils avaient vus à la Palombière, monter à un sapin n'était qu'un jeu. Mais tandis qu'il grimperait à l'arbre et avant qu'il n'eût pu mettre son projet à exécution, l'ours pouvait avoir la fantaisie de descendre; et, s'il le faisait, la vie de l'aventureux chasseur serait certainement en grand péril.

Cette considération ne put cependant l'arrêter, et après avoir averti ses compagnons de préparer leurs fusils et de se tenir sur leurs gardes, il s'élança vers le tronc et commença son ascension.

L'ours lui-même n'eût pas monté plus rapidement que ne le fit l'intrépide montagnard, passant d'une branche à l'autre, et, là où il n'y avait pas de branches, posant son pied nu sur des nœuds et d'autres inégalités du tronc. Il arriva de la sorte si près du nid, qu'il eût pu facilement y passer la main.

Il se borna à en détacher un certain nombre de bâtons secs et à préparer, au centre de l'édifice aérien, une petite cavité. Il travaillait en silence et avec la plus grande circonspection, évitant avec un soin minutieux tout ce qui eût pu trahir sa présence, si près du nid, et troubler maître Bruin dans ses rêves ou réflexions.

Il eut bientôt pratiqué, parmi les branches, un trou assez grand pour y placer sa balle d'herbes sèches qu'entouraient les bandes de calicot qu'il avait imprégnées de poudre.

Ce fut l'affaire d'un instant; puis une minute lui suffit pour enflammer une allumette et mettre le feu aux longues mèches de chiffon qui pendaient au-dessous du nid.

Cela fait, il descendit plus vite encore qu'il n'était monté.

Il avait à peine touché le sol qu'on vit, d'en bas, l'herbe prendre feu, et au milieu de l'épaisse fumée bleue, qui s'élevait lentement en tourbillons autour du nid, on put apercevoir une flamme rouge, accompagnée de ce craquement qui annonce le commencement d'un incendie.

Les quatre chasseurs se tenaient prêts, surveillant les progrès du feu et les regards constamment fixés sur les bords du nid.

Le dénoûment ne se fit pas longtemps attendre. La fumée avait déjà attiré l'attention de l'ours, et le petillement du bois sec, au contact de l'herbe enflammée, lui eut bientôt fait comprendre le danger de sa position.

La flamme ne montait pas encore jusqu'à lui et déjà on le voyait avancer la tête sur le bord du nid, tantôt d'un côté, tantôt de l'autre, évidemment inquiet et très-préoccupé de ce qui se passait. Peu s'en fallut qu'une ou deux fois ses ennemis n'essayassent de lui loger une balle dans la tête; mais ses mouvements empêchaient de bien viser, et d'ailleurs cette précipitation eût fait échouer le plan du chasseur d'isards, au moment où sa réussite semblait le mieux assurée; car l'animal tué de la sorte eût été certainement réduit en cendres.

Déjà même il était à craindre, si son séjour dans le nid se prolongeait, que sa peau ne fût sérieusement endommagée. Aussi un cri de joie fut-il poussé simultanément par Alexis et Ivan, lorsqu'ils virent l'énorme quadrupède s'élancer, du milieu de la fumée, et s'élever au-dessus du foyer de l'incendie. Il se mit aussitôt à descendre à reculons, de branche en branche; mais, au même instant, quatre balles lui entrèrent à la fois dans le corps, et de ces blessures, une au moins dut être mortelle, car on vit ses pattes de devant lâcher prise, tous ses membres se détendre, et bientôt le pauvre Bruin tomba lourdement à terre, où il resta immobile et sans vie.

Pendant ce temps, les flammes enveloppaient le nid qui, au bout de cinq minutes, fut tout en feu. Les bâtons secs dont il était construit éclataient et craquaient; les branches résineuses du pin faisaient entendre de petits sifflements; les étincelles rouges scintillaient comme des étoiles et tombaient à terre en pluie de feu, tandis que, dans les airs, retentissaient les cris furieux des aigles assistant à la destruction de leur demeure.

Mais les chasseurs ne firent aucune attention à tout cela. Leur tâche était accomplie ou à peu près. Il ne restait plus qu'à dépouiller l'ours de sa peau tant convoitée. Après s'être acquittés heureusement de cette dernière partie de leur tâche, ils montèrent à cheval et reprirent leur route à travers les montagnes.

Au premier village qu'ils rencontrèrent, sur le territoire espagnol, ils se séparèrent du chasseur d'isards qui les quitta très-satisfait de la façon dont ils avaient payé ses services.

XXVIII

Les ours de l'Amérique méridionale.

Nos voyageurs se dirigèrent vers le Sud et gagnèrent Madrid, où ils ne restèrent que le temps nécessaire pour être témoins d'un spectacle plus animé qu'agréable, — un combat de taureaux. De là ils allèrent à Lisbonne et s'embarquèrent pour Para, ou Gram-Para, colonie brésilienne, à l'embouchure du fleuve des Amazones, déjà très-prospère et destinée, dans un temps qui n'est pas fort éloigné, à devenir une grande ville.

Le dessein de nos chasseurs était de remonter le fleuve et de gagner, par un de ses nombreux affluents, le versant oriental de la chaîne des Andes, qu'ils savaient être le pays de l'ours à lunettes.

En arrivant à Para, ils furent aussi charmés que surpris d'apprendre qu'il y avait, sur le fleuve des Amazones, des bateaux à vapeur, et qu'au lieu de mettre six mois, comme autrefois, à le remonter jusqu'aux lieux voisins de sa source, on pouvait faire le voyage en une vingtaine de jours. Ces bateaux à vapeur sont la propriété du gouvernement brésilien, qui possède la plus grande partie de la vallée de l'Amazone et qui a su en développer les ressources, beaucoup mieux qu'aucun des autres États hispano-américains à qui appartiennent les contrées traversées par les tributaires du grand fleuve.

Nos jeunes Russes avaient cru, partageant une erreur fort répandue, que les rives de l'Amazone étaient complétement dépourvues d'établissements civilisés et formaient une contrée à peu près inconnue. Ils eurent bientôt la preuve que c'étaient là des idées complétement inexactes et qu'outre la grande ville de Para, à l'embouchure du fleuve, il y avait, sur ses bords, de distance en distance et jusqu'au Pérou, d'autres établissements considérables. Sur quelques-uns de ses affluents, comme le rio Negro et le Madeira, on trouve aussi des villages et des plantations de quelque importance. Barra, sur la première de ces rivières, est une ville de 2000 habitants.

Dans la partie du territoire qui appartient au Brésil, la population de ces établissements se compose d'un mélange de nègres portugais et d'Indiens convertis au christianisme. Dans le voisinage des Cordillères des Andes, le pays appartient à divers États hispano-américains, principalement au Pérou, et n'est guère habité que par des Indiens au milieu desquels vivent quelques aventuriers européens. On y trouve aussi des établissements appelés missions, dont la population consiste presque entièrement en Indiens obéissant à des prêtres espagnols. Il y a quelques années, plusieurs de ces établissements étaient dans un état florissant, mais ils sont aujourd'hui en complète décadence.

A bord du vapeur brésilien qu'ils prirent pour remonter le fleuve, nos voyageurs furent assez heureux pour trouver un compagnon de voyage très-intelligent, qui leur donna de précieux renseignements sur le pays et sur ses ressources. Cet homme était un vieux négociant portugais, qui avait passé presque toute sa vie à voyager, non-seulement sur ce même fleuve, mais encore sur plusieurs de ses principaux affluents. Son négoce consistait à ramasser, chez les différentes tribus indiennes, les produits naturels de la forêt ou *montana*, qui s'étend, presque sans interruption, des Andes à l'Atlantique.

Les principaux articles qu'en tire le commerce sont la salsepareille, le quinquina, diverses substances tinctoriales, la vanille, les noix du Brésil, des fèves de Tonka, des fibres de palmier et plusieurs autres denrées que fournit, sans culture, sans efforts, cette végétation dont la vigueur et la richesse semblent inépuisables. On en tire aussi des singes, des perroquets, des toucans et d'autres oiseaux au brillant plumage. Quant aux importations, elles consistent en articles manufacturés, propres à tenter la cupidité des sauvages, ou en armes de guerre et de chasse.

Le marchand portugais avait passé trente ans de sa vie dans ce commerce. Homme d'intelligence, il n'avait pas seulement fait une fortune considérable; il avait encore acquis des connaissances géographiques dont nos jeunes Russes ne tardèrent pas à faire leur profit. Il était très-versé dans l'histoire naturelle de la *montana*; il connaissait les différents animaux qui y vivent et leurs habitudes, pour les avoir observés tout à son aise, durant trente années de courses et d'aventures. Le hasard offrait ainsi à nos chasseurs d'ours une source abondante de notions utiles et sûres.

Alexis trouva, dans les renseignements qui lui furent donnés par leur compagnon de voyage, le moyen d'éclaircir, au sujet des ours de l'Amérique du Sud, plusieurs faits sur lesquels jusque-là il lui était resté des doutes. Ainsi il apprit qu'il y en a au moins deux variétés bien distinctes : l'ours à lunettes (*ursus ornatus*), ainsi appelé à cause des deux anneaux blanchâtres qu'il a autour des yeux et qui ressemblent à une paire de lunettes ; et un autre dont les yeux sont privés de cet ornement, et qu'un célèbre naturaliste allemand a tout récemment nommé l'*ursus frugilegus*.

La première de ces deux variétés est connue, dans tout le Pérou, sous le nom de *hucumari* ; et bien que cet ours habite les Cordillères, il ne s'élève guère jusqu'aux régions où la température se refroidit sensiblement. Il préfère les climats chauds, et il n'est pas rare de le trouver rôdant parmi les cultures, au pied des *sierras*. L'*ursus frugilegus* fréquente principalement les bois épais qui couvrent le versant oriental des Andes ; on le rencontre souvent aussi dans les vallées que couvre la *montana*, mais jamais aux environs de la région des neiges.

Ces deux variétés sont noires, et les Hispano-Américains les désignent indistinctement sous le nom d'*oso negro*. Mais le *hucumari*, indépendamment de sa paire de lunettes, a une ligne blanche sous la gorge, la poitrine blanche et le museau de couleur fauve. Il est aussi d'un naturel plus doux que son congénère, de taille plus petite, et il n'attaque jamais les autres animaux. L'*ursus frugilegus*, au contraire, ne s'en fait pas faute ; il commet de fréquents ravages parmi les troupeaux de moutons, attaque jusqu'aux bœufs et aux chevaux des fermes ou *haciendas*, se bat même contre l'homme, quand il est poursuivi et serré de trop près.

La plupart des auteurs croient que ces deux ours ne se trouvent que dans les Andes du Chili et du Pérou. C'est une erreur. Ils sont également répandus en Bolivie et dans les *sierras* de la Nouvelle-Grenade et de Vénézuela. On les trouve sur les deux rives du lac Maracaïbo, dans les *sierras* nommées *Perija* et *Merida*, et l'un des deux au moins a été également rencontré dans les montagnes de la Guyane. Humboldt raconte même qu'il a vu, sur l'Orénoque supérieur, des traces que les indigènes lui dirent être celles d'un ours, et qui devaient provenir d'un animal beaucoup plus petit que l'*ursus americanus*. Mais, cette fois, un nom mal appliqué a induit le grand naturaliste en erreur. Les Indiens des missions donnent en effet le nom d'*oso* (ours) à plusieurs espèces d'animaux qui n'appartiennent pas à la grande famille des ours. Ainsi ils ont l'*oso palmero*, ou grand mangeur de fourmis, qui n'est autre que le tamanoir; et du tamondua ils font l'*oso hormiguero*. L'animal dont les traces furent remarquées par Humboldt, et qu'on lui désigna sous le nom d'*oso carnero* (ours mangeur de chair), appartenait sans doute tout simplement à la famille des petits animaux plantigrades (*coatis* ou *grisons*), dont il y a plusieurs espèces dans les forêts de l'Amérique du Sud.

De tous les renseignements qui leur furent donnés, nos chasseurs conclurent qu'en se dirigeant sur la chaîne des Andes, ils étaient sûrs de rencontrer les deux variétés de l'ours noir de l'Amérique méridionale, et que leur meilleure route était de remonter le Napo, qui prend sa source non loin de Quito, l'ancienne capitale du Pérou. Dans les provinces sauvages de Quixos et de Macas, qui sont à l'est de Quito, ils ne pouvaient manquer en effet de trouver les animaux qu'ils cherchaient.

Arrivés à l'embouchure du Napo, ils louèrent donc une *periagua*, avec son équipage indien, et continuèrent leur route en remontant cette rivière.

XXIX

Le Montana.

Le Napo est un des principaux affluents de l'Amazone et aussi l'un des plus intéressants, car c'est par cette rivière que la plupart des anciennes expéditions descendirent à la recherche du pays des rois dorés et des temples de Manoa aux toits d'or. Bien que ces rois, ces temples doivent être rangés dans le domaine des fables, il est constant qu'on a trouvé de la poudre d'or chez les Indiens du Napo, et qu'on y en trouve même encore aujourd'hui. Sur cette rivière et sur les nombreux cours d'eau qui s'y jettent, les lavages d'or ou *placers* sont en grand nombre, et les sauvages qui errent dans ces régions ont souvent de l'or à échanger avec les marchands qui s'aventurent parmi eux. Les Indiens sont d'ailleurs trop paresseux pour se livrer avec suite à aucun travail, et aussitôt qu'ils ont recueilli quelques pincées de la poudre jaune, juste ce qu'il en faut pour acheter quelque brimborion, ardemment convoité, de fabrique européenne, ils abandonnent toute recherche, et le précieux métal reste enseveli dans les sables.

Malgré la longueur du voyage, nos voyageurs ne

s'ennuyèrent pas sur le Napo. La richesse tropicale du paysage, qu'ils avaient sans cesse sous les yeux, et les petits incidents qui se succédaient à chaque instant, rompaient la monotonie de leurs journées et excitaient chez eux un intérêt toujours soutenu. A chaque détour de la rivière apparaissait quelque objet, ou nouveau ou digne d'admiration : une belle plante ou quelque arbre géant, un quadrupède étrange ou quelque oiseau remarquable par l'éclat de son plumage.

L'embarcation dans laquelle ils voyageaient est d'un usage général sur les affluents de la partie supérieure du cours de l'Amazone : c'était un grand canot, creusé dans le tronc du gigantesque *bombax ceiba*, ou arbre à coton[1], auquel on donne le nom de *periagua*. A la poupe se trouve une sorte de tente arrondie, ressemblant à la bâche d'une voiture : seulement, au lieu de toile et de carceaux en frêne, elle est formée de bambous et de feuilles immenses dont les indigènes se servent également pour couvrir leurs habitations.

Cette espèce de cabine se nomme *toldo*. Elle est assez haute à l'intérieur pour qu'un homme puisse s'y tenir assis, mais non debout. On s'y retire ordinairement pour dormir ou pour s'abriter pendant la pluie. Le voyageur qui aime le grand air peut aussi s'asseoir ou se coucher sur le toit même du toldo qui est construit avec assez de solidité pour porter le poids d'un homme. L'avant de la periagua est à découvert ; c'est là que se tiennent les rameurs, de sorte que leurs mouvements ne gênent point les passagers.

1. Plus généralement connu sous le nom de *fromager de Carthagène*. (*Note du traducteur.*)

Grâce aux bons offices de leur ami, le commerçant portugais, nos voyageurs avaient trouvé une embarcation convenable et un équipage plein de bonne volonté. C'étaient des Indiens convertis au christianisme et appartenant à l'une des missions espagnoles situées sur le Napo. Ils étaient descendus avec une cargaison des produits de la mission, et allaient s'en retourner, lorsque nos chasseurs d'ours firent marché avec leur *capataz* ou capitaine; et comme, indépendamment de l'usage où ils étaient de payer libéralement tous les services qu'on leur rendait, ils pourvurent, en outre, largement à tous les besoins de l'équipage, ils furent aussi bien servis et soignés que les circonstances le permettaient. Çà et là, sur les bords de la rivière, quoique séparés par de longs intervalles, on apercevait des établissements d'Indiens de la forêt; et comme presque toutes les tribus de la vallée de l'Amazone sont plus ou moins adonnées à la culture et au commerce, nos voyageurs trouvaient, dans ces établissements, le moyen de renouveler leurs provisions. Leurs fusils leur servirent aussi à entretenir leur garde-manger. Presque tous les jours, ils descendaient à terre et rapportaient quelque gibier; au lieu de pain, ils se servaient de *farinha*, dont ils avaient fait à Para une abondante provision. Cette *farinha* est une fécule provenant de la racine râpée et séchée du manioc (*jatropha maniot*), qui forme la principale nourriture des populations éparses dans les contrées que baigne l'Amazone.

Tout ce qu'ils voyaient avait, pour Alexis, un intérêt particulier. Jamais, en effet, naturaliste n'eut un plus beau champ d'observations. Dans ces solitudes, la nature apparaît aux regards sous ses aspects les plus vrais. La forêt tropicale se montre dans sa virginité primitive. Jamais la hache du bûcheron ne troubla ses sauvages harmonies, et en beaucoup d'endroits, le sol même ne fut jamais foulé par le pied du chasseur. Ses hôtes habituels, quadrupèdes, quadrumanes, oiseaux, reptiles et insectes, n'obéissent qu'aux penchants et aux instincts qu'ils tiennent de la nature et que n'a point encore modifiés la présence de l'homme. C'est d'abord une troupe de cabiais (*cabiai capybare*) ou de *chiguires*, comme les appellent les Hispano-Américains, les plus grands des animaux rongeurs, se reposant au soleil sur le rivage, soulevant à demi leurs grosses têtes de lapin, et regardant, d'un œil curieux, passer la *periagua*. Mais les voyageurs ne les ont pas encore perdus de vue, que toute la bande, troublée soudain dans son repos, s'élance et se précipite vers la rivière. A quelques pas en arrière, ils ont aperçu le jaguar, au corps tacheté de jaune, le vrai tyran des forêts de l'Amazone, qui, d'un seul coup de sa puissante griffe, étend un *chiguire* sur l'herbe; puis, se couchant sur sa victime, la met en pièces, boit son sang encore chaud et dévore sa chair à loisir.

Si la troupe peut assez vite gagner la rivière, elle échappe aux atteintes du jaguar. Mais les pauvres *chiguires* ne sont pas pour cela hors de danger; car, dans l'eau, ils sont exposés à rencontrer un autre ennemi, également redoutable et cruel, le gigantesque *jacare* (alligator), le crocodile des eaux de l'Amazone. Ainsi menacées de toutes parts, les malheureuses bêtes, chassées tour à tour de la terre dans l'eau et de l'eau sur la terre, vivent dans une terreur perpétuelle. Ils ont encore pour ennemis justement redoutés le puma, le coati, le terrible *anaconda*[1]; et sans la fécondité qui

1. Nom hispano-américain du *boa constrictor*. (*Note du trad.*)

caractérise la famille à laquelle ils appartiennent, celle des cochons de Guinée, leur race courrait le danger d'une extinction totale.

Les *chiguires* ne furent pas les seuls animaux, vivant en troupe, que nos voyageurs purent observer en remontant le Napo. Ils virent également de nombreuses bandes de pecaris ou cochons sauvages. Quoique les naturalistes aient jugé à propos d'en faire un genre à part, les pecaris sont de véritables porcs, les représentants indigènes de la famille des *suidæ*, sur le continent américain. Leur classification en un genre séparé n'est d'aucune utilité, et en grossissant la liste des noms zoologiques, elle rend plus difficile l'étude d'une science intéressante, dont le vocabulaire se trouve ainsi, trop souvent, surchargé des distinctions chimériques inventées par des écrivains à qui manquent les moyens d'observation.

Le pecari, que les anciens auteurs se contentaient de regarder comme un cochon sauvage, et qu'ils plaçaient, avec beaucoup de raison, dans le genre *sus*, est maintenant appelé *dicotyle*. Les naturalistes n'en connaissent encore que deux espèces : le pecari à lèvres blanches ou tajassu, et le pecari à collier (*D. labiatus* et *D. torquatus*). Elles habitent rarement la même contrée, mais on les rencontre, l'une ou l'autre, dans toutes les parties les plus sauvages de l'Amérique, depuis la Californie au nord, jusqu'à la Plata au sud. Elles ont presque la même forme et la même couleur,—une sorte de gris brun tacheté. L'espèce à collier est ainsi nommée, à cause d'une ligne blanche qui se dessine entre la nuque et les épaules et descend jusque sous le cou ; de même, le pecari à lèvres blanches tire son nom de ses lèvres qui sont d'un gris blanc. Sous le rapport de la taille, il y a pourtant entre l'une et l'autre une grande différence. Le pecari à lèvres blanches pèse environ cinquante kilogrammes, le double à peu près du poids que peut atteindre l'espèce à collier. Le premier est aussi plus robuste, d'une taille plus élevée, et plus méchant ; car, bien qu'ils ne soient pas naturellement féroces, comme les autres variétés sauvages de la famille du porc, lorsqu'on les irrite, ils combattent avec une ardeur et une intrépidité qui ne le cèdent en rien à celles des vrais carnivores.

Les deux espèces de pecaris sont exposées aux attaques du jaguar ; mais au lieu de fuir comme les *chiguires*, elles opposent parfois une énergique défense, et dans ces luttes, le tyran des forêts américaines n'est pas toujours le plus fort.

Nos voyageurs en purent juger par eux-mêmes, car ils furent souvent témoins, en remontant le Napo, de rencontres entre les pecaris et les jaguars. De plus, mêlés activement à un de ces combats, où la vie de deux d'entre eux fut même sérieusement en péril, ils en suivirent toutes les phases avec l'attention que commandait le soin de leur propre sûreté, et n'en perdirent aucun détail. Le journal d'Alexis nous a conservé, de toute l'aventure, un récit qu'on lira dans les chapitres suivants.

XXX

Le cannellier péruvien.

Ils étaient arrivés dans une contrée située entre deux grands bras du Napo, et nommée le *Canelos*, ou pays de la cannelle. Ce nom lui fut donné par les Espagnols qui découvrirent le Pérou, parce qu'ils y trouvèrent des arbres dont l'écorce ressemble beaucoup à la célèbre épice des Indes orientales, et qu'ils prirent pour de véritables cannelliers.

Cet arbre, reconnu plus tard et décrit par le botaniste espagnol Mutis, n'est pas le *laurus cinnamomum* de Ceylan, mais une espèce de laurier particulier au continent américain, auquel cet auteur a donné le nom de *laurus cinnamomoïdes*. On le trouve, non-seulement dans la région du rio Napo, mais encore dans plusieurs parties de la grande *montana*, et dans d'autres contrées de l'Amérique tropicale. Bonpland l'a observé sur les rives du haut Orénoque et dans la province de Caraccas; mais il paraît n'exister nulle part en aussi grande quantité qu'à l'est des Cordillères de l'Équateur et du Pérou, c'est-à-dire, dans toute l'étendue des provinces de Quixos, de Macas et de Jaen Bracamoros, où il forme de vastes forêts, et remplit l'air du délicieux parfum de ses fleurs. L'écorce du *laurus cinnamomoïdes* n'a pas la saveur délicate de la cannelle de l'Inde; elle est plus chaude et plus âcre au goût, mais, à cela près, les deux arbres se ressemblent. Leur feuillage est pareil, et leur écorce a presque la même épaisseur; celle de l'arbre péruvien devient cependant plus brune en séchant. Quoiqu'elle ne vaille pas la cannelle de Ceylan, on en recueille d'assez grandes quantités, soit pour l'usage des pays hispano-américains, soit pour l'exportation en Europe, où on la fait souvent passer pour la véritable écorce du cannellier. Si la province de Canelos n'était pas presque inaccessible au commerce, on en verrait indubitablement une bien plus grande quantité sur nos marchés européens.

Les Péruviens croient que, si leur cannellier était cultivé d'une manière convenable, comme l'est celui de l'Inde, son écorce acquerrait les mêmes qualités; cela peut être vrai, car on en a obtenu parfois des échantillons d'un arome aussi parfait que celui de l'épice de Ceylan. Ces échantillons avaient été pris sur des arbres croissant dans des conditions favorables, c'est-à-dire isolés et bien exposés au soleil. Les feuilles ont alors le parfum de celles du cannellier, et les fleurs possèdent plus d'odeur que celles mêmes du véritable *laurus cinnamomum*.

On dit que les cochons sauvages, ou pecaris, aiment beaucoup ces fleurs, ainsi que leurs graines, quand elles sont mûres, et ce goût, si on s'en rapporte aux anciens voyageurs péruviens, au jésuite Ovalle, par exemple, a fait naître chez ces animaux une habitude singulière. Le bon père raconte que, quand les pecaris vont à la recherche des fleurs du cannellier, ils se séparent en deux troupes à peu près égales. Les uns, s'épaulant aux arbres, les secouent tant qu'ils peuvent, pour faire tomber les fleurs, que les autres mangent jusqu'à ce qu'ils soient rassasiés; puis ces derniers, prenant la place de leurs camarades, leur rendent le même service et secouent les arbres, afin qu'ils se régalent à leur tour.

Cette histoire du jésuite Ovalle est assez difficile à admettre. Il se peut cependant qu'une partie de son récit soit exacte. Ainsi, il est possible que les pecaris secouent les cannelliers pour en faire tomber les fleurs qu'ils aiment; ils ne montreraient en cela qu'un degré de sagacité commun à tous les animaux de la même famille. Mais il est plus difficile de croire qu'ils se rendent mutuellement ce service. Quant à leurs promenades en troupes nombreuses à travers les forêts, et à leur goût pour les fleurs du cannellier, nos voyageurs furent plusieurs fois témoins, en remontant le Napo, de faits qui ne laissent aucun doute à cet égard.

Un jour qu'ils passaient dans un endroit où ces arbres s'élevaient en épaisses forêts sur les deux rives, Alexis eut le désir de les examiner de près, et mit pied à terre. Ivan le suivit, ayant soin d'emporter son fusil à deux coups. Dans un des canons il y avait une balle, dans l'autre, du petit plomb, de sorte qu'il était prêt pour toute sorte de gibier. Alexis, comme à l'ordinaire, avait sa carabine.

Leur intention était de suivre quelque temps le rivage. Entre l'eau et les arbres s'étendait une sorte de banc de sable, sur lequel ils pouvaient marcher sans difficulté. Partout ailleurs, leur projet d'une promenade à terre eût rencontré des obstacles presque insurmontables; car, généralement, les forêts que traversent les fleuves de ces contrées, descendent jusqu'au bord de l'eau, et sur la rive il n'existe aucun sentier.

L'aspect de cette belle ligne sablonneuse, qui paraissait s'étendre sur une longueur de plusieurs kilomètres devant eux, avait tenté nos jeunes voyageurs, fatigués de rester assis sur le toldo. Ils résolurent donc de se dégourdir les jambes en marchant, et, après avoir prescrit au capataz de remonter toujours la rivière et de les prendre un peu plus haut, ils s'acheminèrent le long du rivage, pénétrant de temps en temps dans la forêt, lorsqu'il se présentait une ouverture à travers l'épais fourré qui en formait la lisière, et examinant tout ce qui attirait leur attention.

Pouchskin n'était pas avec eux : quelques jours auparavant il lui était arrivé un accident qui l'avait rendu boiteux. Des hôtes fort incommodes, appelés dans le pays *chigas*, avaient élu domicile entre ses doigts de pieds, et comme il n'avait pas su s'en débarrasser à temps, il en était résulté une tuméfaction des extrémités et une inflammation qui rendaient le vieux grenadier aussi impotent que s'il eût eu une jambe emportée par un boulet. Il lui fallut donc rester étendu, sans bouger, sur le toit du toldo, au lieu de suivre ses jeunes maîtres dans leur excursion à terre, et bien lui en prit peut-être, car il échappa ainsi à une aventure dont nos héros eurent quelque peine à se tirer sains et saufs.

XXXI

Alerte sur un banc de sable.

Alexis et Ivan avaient fait déjà deux ou trois kilomètres sur la rive où ils étaient descendus et ils commençaient à se sentir fatigués. Le sable, en effet, était loin d'offrir une surface solide où il fût aisé de marcher ; il cédait, au contraire, à chaque pas sous leurs pieds. Mais comme ils venaient, en même temps, de découvrir, à quelque distance devant eux, une sorte de promontoire qui, du rivage, s'avançait presque jusqu'au milieu de la rivière, ils résolurent de continuer leur promenade jusque-là, l'extrémité de cette espèce de cap leur semblant un endroit propice pour rejoindre la periagua.

Celle-ci remontait toujours le courant et se trouvait presque en face d'eux. Ils purent donc aisément indiquer au *popero*, ou timonier, le lieu où il devait les prendre, et tout étant convenu, ils continuèrent leur marche. Ils allaient en atteindre le terme, lorsque Ivan crut entendre un bruit indiquant la présence d'un certain nombre d'animaux dans les broussailles.

Tout était gibier pour le fusil d'Ivan, et, en outre,

comme il n'avait rien vu, pendant leur longue promenade, qui valût un coup de fusil, il avait grande envie d'abattre un animal quelconque, avant de retourner à la periagua. Alexis ne fit aucune objection à ce qu'il s'écartât un instant et il promit de l'attendre sur le rivage.

S'il avait su quelle sorte de gibier son frère allait poursuivre, et à quels animaux il allait avoir affaire, il serait allé avec lui, ou, ce qui est plus probable, il l'aurait empêché de s'éloigner. Mais il s'imagina qu'il s'agissait tout simplement d'une troupe de singes, car on en trouve plusieurs espèces dans les forêts où coule le Napo, et quelques-uns même savent imiter les cris des autres animaux. Avec les singes, il ne pouvait y avoir de danger, puisqu'aucun des quadrumanes américains n'est assez fort pour essayer de lutter avec l'homme.

Il n'y avait pas plus de cinq minutes qu'Ivan était entré dans la forêt, lorsqu'un coup de fusil suivi presque immédiatement d'un second, se fit entendre au milieu des arbres.

Alexis était sur le point d'aller voir sur quoi son frère avait tiré, lorsque ses oreilles furent tout à coup frappées d'un mélange de cris nombreux, perçants et confus, tandis qu'un craquement prolongé de branches et le mouvement saccadé des feuilles annonçaient la présence, dans cette espèce de jungle, de quelques centaines d'êtres animés, se ruant dans toutes les directions. Au même instant, la voix d'Ivan se fit entendre, poussant des cris d'alarme, puis le jeune homme apparut lui-même sortant du bois et courant de toute sa force vers son frère : ses regards exprimaient la terreur, comme si un ennemi redoutable était à ses trousses.

« Cours! frère, cours! s'écria-t-il; il y va de la vie! ils me poursuivent, ils sont sur mes pas. »

Ce n'était pas le moment de demander qui le poursuivait. Évidemment il fallait fuir, puisque l'intrépide Ivan éprouvait une si grande frayeur, et Alexis, sans provoquer d'explication, se mit à courir comme son frère. Tous deux se dirigèrent vers l'espèce de promontoire dont nous avons parlé, dans l'espérance de pouvoir se réfugier à temps à bord de la periagua qui s'en approchait.

Ils n'avaient pas fait une douzaine de pas sur le sable, que du milieu du buisson qu'ils venaient de quitter, s'élança une multitude d'étranges créatures : — une multitude, dans toute la force du mot, car en quelques secondes, il n'en parut pas moins de deux cents.

C'étaient des quadrupèdes au pelage gris brun, pas plus gros que des cochons à moitié de leur croissance, et dans lesquels il était aisé de reconnaître des pecaris aux lèvres branches. Tous en effet s'avançaient la gueule ouverte, le groin en l'air, jouant de leurs mâchoires comme d'autant de paires de castagnettes, et faisant en outre leur partie, dans un concert de cris brefs et aigus sur l'expression desquels il était impossible de se méprendre.

Aussitôt qu'Alexis les vit, il comprit le danger qu'il courait ainsi que son frère. Il avait lu, et de plus il avait appris du marchand portugais et des Indiens du canot, tout ce qu'il y avait à redouter d'une attaque de ces féroces petits animaux, auxquels plus d'un chasseur n'avait échappé qu'en se réfugiant sur un arbre. S'ils avaient pris le temps de réfléchir, nos jeunes Russes se seraient probablement sauvés dans la forêt, au lieu de chercher à gagner la rivière. Mais il était trop tard, les pecaris leur coupaient la retraite de ce côté, et il ne leur restait plus, pour se tirer d'affaire, qu'à jouer des jambes, afin d'atteindre la periagua le plus vite possible. Ils s'élancèrent donc dans cette direction, suivis de près par leurs ennemis.

XXXII

Les pecaris.

Malheureusement, le sable n'offrait qu'un sol mouvant, coupé d'un grand nombre de trous creusés par les tortues, pour y déposer leurs œufs, et les fugitifs, malgré la peur qui les aiguillonnait, n'avançaient que lentement. Les animaux qui les poursuivaient ne couraient pas eux-mêmes aussi vite qu'ils l'auraient fait sur un sol plus ferme, mais ils gagnaient du terrain, et les deux frères commençaient à craindre de ne pouvoir arriver à temps à la periagua.

Ils en étaient encore à la distance de trois cents mètres. Les Indiens voyaient la situation de leurs compagnons de voyage et ils en comprenaient le danger; ils le comprenaient si bien, qu'il n'y avait guère lieu de compter qu'ils vinssent à leur secours. Quant à Pouchskin, il lui était impossible de faire un pas, se fût-il agi de la vie de ses jeunes maîtres. Ce fut un moment d'horrible angoisse pour le vieux soldat. Il avait saisi son fusil et s'était redressé, mais il ne put faire plus.

En ce moment de péril, un objet, qui pouvait les sauver ou tout au moins les mettre momentanément à l'abri du danger, attira plus particulièrement l'attention d'Alexis. C'était un arbre; non un arbre debout, vivant, mais un arbre mort, renversé sur le sable et dépouillé de ses feuilles, de son écorce ainsi que la plupart de ses branches ; il avait sans doute été apporté et laissé là par les eaux, à la suite des dernières inondations. Ils n'en étaient guère qu'à cent pas. Alexis espéra qu'ils pourraient encore aller jusque-là, avant d'être atteints par les pecaris, et trouver un refuge, soit sur le tronc, soit parmi les branches. Les plus grosses étaient restées et s'élevaient à plusieurs mètres au-dessus de la surface du sable, cachées, en grande partie, sous des tas d'herbes sèches qui s'y étaient attachées à l'époque de la baisse des eaux. Il n'y avait pas, d'ailleurs, d'autre parti à prendre Nos deux chasseurs étaient alors dans la situation d'un homme qui se noie et qui s'accroche à tout, même aux plus minces broussailles. Alexis se borna donc à jeter un rapide coup d'œil derrière lui, pour juger de la distance qui les séparait encore de leurs ennemis, et il cria à Ivan de le suivre, en lui indiquant la direction de l'arbre.

A mesure qu'ils en approchaient, ils purent mieux juger des chances de salut qu'il leur offrait et se convaincre que, s'ils y arrivaient à temps, rien n'était désespéré. Ils redoublèrent donc d'efforts, et, à la faveur d'un élan suprême, ils furent assez heureux pour atteindre l'arbre sauveur, avant d'avoir été atteints eux-mêmes par les pecaris.

Il était temps. A peine étaient-ils parvenus à s'asseoir sur le tronc et à retirer leurs jambes, que la troupe furieuse arriva sur leurs pas, et en quelques secondes, les entoura de tous côtés. Par bonheur, l'arbre sur lequel ils s'étaient réfugiés formait, sur le sable, une sorte de barrière assez élevée. Il appartenait à l'espèce du cotonnier géant, le *bombax ceiba* des forêts tropicales, et son tronc, de plus d'un mètre et demi de diamètre, se trouvait tout entier au-dessus du sol.

Ils étaient loin cependant d'être complétement hors de danger. Les pecaris, toujours acharnés à leur poursuite, se mirent à sauter le long de l'arbre, tâchant de se hisser jusqu'à eux. De temps en temps, l'un des plus alertes semblait près de réussir; ses pattes de devant venaient gratter le haut du tronc, et si nos chasseurs n'avaient eu, pour les repousser, la crosse de leurs fusils, ils auraient couru grand risque d'être envahis sur leur barricade. Tous deux tenaient solidement leur arme par le canon, tantôt menaçant les assaillants, tantôt frappant à la tête ceux qui les serraient de trop près. Pendant tout ce temps, les pecaris faisaient entendre des grognements furieux et claquer leurs dents; on eût dit le bruit continu d'une centaine de pétards tirés à la fois!

Tout en continuant de défendre le terrain, les deux frères se rapprochaient peu à peu des branches qui, plus élevées, leur offraient un refuge plus assuré. Mais ils étaient, par moments, forcés de s'arrêter pour distribuer de nouveaux coups de crosse. Enfin, ils réussirent à atteindre les plus longues branches de l'arbre, et chacun d'eux en ayant choisi une assez forte pour le porter, ils grimpèrent au sommet. Là ils étaient en mesure de défier les pecaris, car bien que ces animaux pussent alors s'élancer sur le tronc principal, ce que plusieurs d'entre eux avaient déjà fait, tous leurs efforts pour monter aux branches furent vains, et ceux qui le tentèrent roulèrent sur le sable.

Nos chasseurs, se voyant en sûreté, ne purent s'empêcher de pousser un cri de joie auquel répondit, de la periagua, une exclamation au milieu de laquelle il était aisé de distinguer la voix retentissante de Pouchkin.

Entourés de toutes parts, il leur restait cependant à forcer leurs assaillants de lever le siége, et c'était à quoi ils songeaient, lorsque leurs yeux furent attirés par un objet bien propre à détourner leur attention.

XXXIII

Charybde et Scylla

Leur retraite sur les branches de l'arbre avait attiré de ce côté une partie de leurs ennemis, et au moment où ils poussèrent leur cri de délivrance, ils voyaient, au-dessous d'eux, les pecaris se démener parmi ceux des rameaux du *bombax* qui jonchaient le sol. Une partie était entièrement recouverte de ces herbes sèches dont nous avons parlé tout à l'heure, et là s'était caché un terrible animal qui apparut tout à coup, aux yeux des assiégés et des assiégeants, dans son effrayante majesté. Ce nouvel acteur du drame, aux diverses péripéties duquel nous fait assister le journal d'Alexis, était un quadrupède d'aspect et de taille formidables, et près duquel les pecaris ne semblaient plus qu'une bande de Lilliputiens. C'était leur ennemi naturel, — le jaguar!

Avait-il été réveillé par les cris de nos jeunes chasseurs, dérangé dans son repaire par les pecaris, ou bien son apparition était-elle due à ces deux causes à la fois? Ce qui est certain, c'est qu'il s'élança, d'un seul bond, sur le tronc de l'arbre, où il s'arrêta. Pendant un moment, il se tint accroupi, tournant les yeux

Épauler son arme et viser fut l'affaire d'un instant.

d'abord vers les branches où les jeunes gens s'étaient réfugiés, puis du côté de la forêt. Il paraissait irrésolu, et cette indécision, aussi longtemps qu'elle dura, ne laissa pas de causer à nos héros une impression des plus désagréables. Attaqués par le jaguar, en effet, leur perte pouvait être considérée comme certaine; car il les déchirerait sur les branches mêmes s'ils cherchaient à s'y maintenir, ou s'ils se laissaient tomber sur le sable, ils seraient dévorés par les pécaris.

Heureusement ceux-ci, aussitôt que le jaguar s'était montré, l'avaient assailli de tous côtés, et c'était pour leur échapper qu'il avait sauté sur le tronc de l'arbre. Se voyant toujours en butte à leurs attaques, le redoutable animal sortit bientôt de son indécision. Poussant des rugissements terribles, il se mit à distribuer des coups de griffes, et à chaque coup un de ses ennemis roulait sur le sable, hurlant et se débattant dans les angoisses de la mort.

Au milieu de tous ces événements, Alexis avait conservé toute sa présence d'esprit, et ce fut peut-être ce qui mit fin à l'aventure et sauva sa vie, ainsi que celle de son frère.

Sa carabine était encore chargée, car il avait compris combien il aurait été inutile de tirer au milieu des deux cents assaillants auxquels ils avaient eu affaire dans le principe. Il n'en pouvait tuer qu'un ou deux, ce qui, au lieu d'effrayer les autres, n'eût fait que redoubler leur acharnement. Il avait donc réservé son coup de fusil. Le moment lui semblait venu d'en faire usage; il résolut de se débarrasser du jaguar en lui envoyant une balle.

Épauler son arme et viser fut l'affaire d'un instant. Le coup partit et nos héros eurent aussitôt le plaisir de voir le monstre au pelage fauve et tigré, s'abattre sur le tronc, puis tomber sur le sable où, en une seconde, il fut entouré par la troupe des pecaris qui, de tous côtés, se rua sur lui en poussant des cris furieux.

Heureusement toutefois, la balle d'Alexis n'avait fait que blesser le jaguar. S'il eût été tué sur le coup, les pecaris se seraient mis à le déchirer à belles dents et sur place; c'eût été l'affaire de quelques secondes. Mais il n'avait qu'une patte cassée et, à l'aide des trois autres, il prit le parti de battre en retraite du côté de la forêt. Il fut suivi par la bande furieuse des lèvres blanches qui, reportant sur ce nouvel ennemi toute sa colère, parut oublier complétement ses premiers adversaires, et les laissa tranquillement perchés sur les branches du bombax.

Les pecaris parvinrent-ils à tuer le jaguar, ou le tyran de la forêt, quoique blessé, put-il échapper à leurs terribles atteintes? Nos jeunes chasseurs n'eurent point la curiosité d'aller voir le dénoûment de cet étrange combat. Ils ne se soucièrent pas davantage de relever les morts. Ivan était complétement guéri du goût qu'il avait pu se sentir un moment pour la viande de pecari, et aussitôt que leurs ennemis furent hors de vue, tous deux sautèrent à terre et coururent de toute la vitesse de leurs jambes vers le bateau. Ils y arrivèrent sans nouvelle aventure, et les rameurs, manœuvrant vivement leurs avirons, eurent bientôt regagné le milieu de la rivière, où ils n'avaient rien à craindre des jaguars ni des pecaris.

XXXIV

Les anciennes missions.

Après quelques jours d'une traversée qui ne fut pas sans intérêt et divers accidents qu'il serait trop long de raconter, nos voyageurs arrivèrent enfin à Archidona, petite ville où commence la navigation sur le Napo, et où viennent généralement s'embarquer les personnes qui, des environs de Quito, descendent dans la vallée de l'Amazone.

Jusque-là, le pays qu'ils avaient traversé était un véritable désert. A peine avaient-ils rencontré quelques-uns de ces établissements, appelés missions, où un prêtre, appartenant à quelque ordre religieux, vit entouré de deux ou trois cents Indiens à demi chrétiens, qu'il gouverne à sa guise et comme il peut.

Ces établissements étaient jadis nombreux et florissants, non-seulement sur le Napo, mais encore sur les autres tributaires de l'Amazone. Les pères missionnaires, soutenus par les garnisons espagnoles du voisinage, exerçaient, sur les Indiens convertis, un pouvoir absolu, et les obligeaient à un travail régulier. Les missions étaient donc prospères et quelques-unes avaient atteint un certain degré de richesse. Mais lorsque la puissance espagnole commença à décliner, et dès que le soldat ne vint plus en aide à l'autorité du prêtre, tout le système se relâcha, et les missions de l'Amérique espagnole depuis la Californie jusqu'aux plaines de la Patagonie tombèrent en décadence. Des centaines de ces établissements ont été tout à fait abandonnés. Leurs néophytes indiens sont retournés à l'état sauvage d'où les missionnaires ne les avaient tirés qu'à demi, et les ruines de leurs couvents et de leurs églises restent seules pour attester qu'ils ont existé. Ceux qui ont survécu ne présentent plus que quelques vestiges de leur ancienne prospérité, et ne se soutiennent que par les efforts personnels des moines, réduits désormais, pour toute autorité, à celle que leur donne la crainte des châtiments de l'Église. Sur beaucoup de points, les *Padres* constituent une sorte de hiérarchie, qui a remplacé l'ancienne organisation de *curacas* ou caciques.

D'Archidona à Quito, on voyage d'ordinaire à cheval ou plutôt à dos de mulet ; mais nos chasseurs n'allaient pas directement à cette dernière ville. Entre eux et l'ancienne capitale du Pérou, se trouvait la Cordillère orientale des Andes, et c'était sur ses flancs ou dans ses vallées qu'ils devaient probablement rencontrer les animaux qu'ils étaient venus chercher si loin. Les retraites habituelles des ours se trouvent en effet sur le Napo même, au-dessus d'Archidona, non loin de l'endroit où la rivière, grossie par les neiges du grand volcan de Cotopaxi, tombe des flancs de la montagne, et c'est là qu'ils résolurent de se rendre.

S'étant procuré des mulets et un guide, ils se remirent en route, et après un voyage de trois jours pendant lesquels, en raison des difficultés des chemins, ils firent moins de quatre-vingts kilomètres, ils se trouvèrent au milieu de collines formant les premières assises des Andes, au pied du Cotopaxi, dont le cône couvert de neige, s'élevait à une prodigieuse hauteur au-dessus de leurs têtes[1].

Ils se trouvaient là dans la vraie région des ours; il ne leur restait plus qu'à établir leur quartier général dans quelque village, et à faire leurs arrangements pour se mettre en chasse

La petite ville de Napo, qui doit son nom à la rivière près de laquelle elle est située et qui s'élève au milieu d'une forêt, convenait parfaitement à leurs projets. Ils y établirent donc leur résidence temporaire, et s'occupèrent aussitôt de la recherche de l'ours noir des Cordillères.

[1]. Sa hauteur est de 5904 mètres et ses éruptions sont fréquentes. *(Note du traducteur.)*

XXXV

Les têtes de nègres.

Ils avaient, suivant leur coutume, pris à leur service un homme du pays, pour leur servir de guide, et leur choix était tombé sur un *mestizo*, ou sang mêlé, dont la chasse était l'unique profession. Il appartenait à la classe des *tigreros*, ainsi nommés du nom de l'animal à qui ils font principalement la guerre. Dans toute l'Amérique espagnole, le Mexique compris, on donne à tort le nom de tigre au jaguar, à cause de sa belle peau mouchetée, et celui de lion ou puma au cougouar. Un chasseur de jaguars s'appelle donc un *tigrero* ou chasseur de tigres.

La chasse au puma ou au lion n'est pas une profession, car il n'y a rien, chez cet animal, qui puisse payer les peines du chasseur; mais, dans plusieurs parties de l'Amérique espagnole, on trouve un certain nombre d'hommes qui font, de la chasse au jaguar, leur seule occupation et leur moyen d'existence. Ils recherchent d'abord la peau de l'animal, qui, comme les fourrures mouchetées des grands carnassiers de l'ancien monde, est l'objet d'un commerce actif et qui se vend généralement assez cher, à cause de sa beauté presque sans égale. Le *tigrero* cependant aurait peine à vivre du produit de la vente de ses peaux ; car quoiqu'un fourreur de Londres ou de Paris fasse payer une peau de jaguar de 80 à 100 fr., sur son marché lointain du désert, le pauvre chasseur qui expose sa vie pour arracher ce riche manteau aux épaules auxquelles Dieu l'a donné pour parure, n'en obtient guère plus de 8 ou 10.

La chasse au jaguar serait donc un mauvais métier, s'il ne fallait compter que sur la peau de l'animal ; mais le *tigrero* a en vue une autre source de profits, la *prime*.

Dans les plus chaudes régions de l'Amérique espagnole, ainsi qu'au Brésil, il y a beaucoup d'établissements pour lesquels le jaguar est, tout à la fois, un fléau et un objet d'épouvante. Des bestiaux deviennent, par centaines, la proie de ces dangereux pillards ; des chevaux, parvenus à toute leur croissance, sont tués et emportés par eux. L'homme lui-même n'est pas à l'abri de leurs attaques, et, chaque année, un grand nombre de personnes périssent victimes de leur voracité. Des établissements fondés sur la lisière de la grande Montana, dans le pays même où nos jeunes chasseurs étaient alors arrivés, ont été pour cette seule cause, abandonnés au bout de quelque temps. Il est d'ailleurs bien connu que dès qu'un établissement se forme quelque part, les jaguars deviennent bientôt plus nombreux dans le voisinage. Les bestiaux et les personnes des nouveaux colons sont une proie qui les attire. Il en est de même du tigre royal dans l'Inde, comme le prouve l'histoire du nouvel établissement de Singapore[1].

1. Fondé par M. Thomas Rafles en 1819, Singapore ou Sinca-

Afin de diminuer le nombre de ces redoutables ennemis, une prime a été instituée en faveur de ceux qui les détruisent. Cette prime est payée tantôt par le gouvernement du pays, tantôt par les autorités municipales du district. Il n'est pas rare enfin que des particuliers, possédant de nombreux troupeaux, offrent, de leur bourse, une récompense pour chaque jaguar tué dans leur voisinage.

De riches propriétaires de terres à bestiaux (*hacienda de ganados*) ont souvent même, à leur service, un ou plusieurs tigreros, dont la seule occupation est de faire la chasse aux jaguars et de les détruire. Ces tigreros sont quelquefois de purs Indiens, mais ils appartiennent plus généralement à la race des métis ou sang-mêlés (*mestizos*). Inutile de dire que ce sont d'intrépides chasseurs. — Il faut qu'ils le soient en effet, car le jaguar est un ennemi guère moins dangereux que le grand tigre rayé des jungles de l'Inde, et dans les combats qu'ils ont à livrer, les tigreros ont parfois cruellement à souffrir des dents et des griffes de leurs terribles adversaires. Souvent même ils y perdent la vie.

Comment donc se trouve-t-il des hommes pour embrasser une profession aussi périlleuse, et en vue d'un si mince bénéfice, car la prime elle-même n'est qu'une bagatelle d'un ou deux dollars, suivant les districts et la libéralité des donateurs? Mais il en est, de cette vie de chasseur, comme de tant d'autres existences, où il semble que le danger même soit précisément l'attrait par lequel l'homme se sent entraîné et retenu.

pour n'était naguère encore qu'un misérable village. On y compte aujourd'hui plus de 30 000 habitants.
(*Note du traducteur.*)

L'arme du tigrero est ordinairement un fusil; mais s'il manque son coup, et qu'il se voie serré de près par son ennemi, il attaquera résolûment le jaguar avec son *machete*, sorte de couteau-poignard qui se trouve dans toutes les chaumières de l'Amérique espagnole, depuis la Californie jusqu'au Chili.

Souvent même la chasse au jaguar se fait sans fusil. Le tigrero, dans ce cas, s'arme d'une courte lance, dont le manche est fait d'un bois particulier :—d'une branche de gaïac, *guajacum*, ou d'un morceau de palmier très-dur. La pointe en est rarement garnie de fer; on se contente de la faire durcir au feu. Et sans autre arme que cette lance, qu'il tient de la main gauche, son machete dans la droite, le chasseur marche avec confiance sur son formidable ennemi. Il est vrai qu'il a la précaution d'envelopper son bras gauche dans les plis nombreux d'une couverture de laine nommée, selon le pays auquel il appartient, *serape*, *roana* ou *poncho*, et qui lui sert de bouclier.

Le jaguar, comme tous les animaux de la race féline, saute directement sur son adversaire. Le tigrero, le bras gauche en avant, de façon à couvrir son corps, reçoit l'animal sur la pointe de sa petite lance, et tandis que celui-ci s'acharne à belles dents sur la couverture de laine, le chasseur, dont le bras droit est resté libre, lui plonge dans le cœur ou dans les entrailles la lame de son machete. Il ne réussit pas toujours à tuer la bête, sans recevoir lui-même quelques égratignures; mais un bon tireur se soucie peu de telles blessures, dont les cicatrices sont, pour lui, des signes de distinction et le font remarquer dans les villages de la Montana.

Tel était l'homme que nos jeunes voyageurs avaient pris pour guide, et qui, chasseur de tigres par profession, ne dédaignait pas non plus les peaux d'ours, lorsqu'il arrivait à quelqu'un de ces animaux de quitter les hautes montagnes pour la région plus chaude qu'habitent les jaguars. On ne trouve pas en effet des ours en toute saison dans ces vallées, car bien que l'*ursus frugilegus* vive sous les tropiques, il n'aime pas un climat trop chaud. Il n'habite pas non plus les froids plateaux — *los paramos* — qui s'étendent dans le voisinage des neiges perpétuelles. Il préfère une température moyenne, et il la trouve, comme nous l'avons dit, sur les hauteurs qui forment comme les premiers anneaux de la chaîne des Andes orientales. C'est là qu'est son berceau, sa véritable patrie par conséquent, et il y passe la plus grande partie de son existence. Néanmoins, à une certaine époque de l'année, correspondant à l'été de notre pays, il descend dans les vallées inférieures. Qu'y vient-il faire? Telle fut la question qu'Alexis fit au tigrero. La réponse fut aussi curieuse que laconique :

« Manger de la tête de nègre. (*Comer la cabeza del negro*).

— Ha, ha! manger de la tête de nègre! répéta Ivan avec un rire annonçant l'incrédulité.

— Oui, señorito, oui! reprit le chasseur, c'est là ce qui l'attire.

— Oh! la vorace bête! s'écria Ivan; vous ne voulez pas dire cependant qu'il tue de pauvres noirs pour leur manger la tête?

— Non, non! répliqua le tigrero, souriant à son tour; ce n'est pas cela.

— Qu'est-ce donc? demanda impatiemment le jeune Russe. J'ai entendu parler de tabac tête de nègre, est-ce qu'il aimerait la chique?

— Caramba! non, señorito, répondit le chasseur de

tigres, riant, à son tour, à gorge déployée ; ce n'est pas là ce qu'aime le drôle. Vous allez le voir tout à l'heure. Heureusement nous sommes dans la saison où il trouve à se satisfaire, autrement ce serait peine perdue que de chercher des ours par ici. Il nous faudrait aller plus haut dans les montagnes, où ils sont plus difficiles à découvrir et à suivre. Mais nul doute que nous n'en fassions aisément lever un, lorsque nous arriverons parmi les têtes de nègres (*cabezas del negro*). Leurs noix sont en ce moment pleines de cette douce pâte laiteuse dont les ours sont si friands, et à environ un kilomètre d'ici, il y a des forêts entières de ces arbres. Je garantis que nous y trouverons un ours. »

Quoique cette demi-explication fût loin de satisfaire leur curiosité, nos jeunes chasseurs suivirent avec confiance le tigrero.

XXXVI

L'ivoire végétal.

Après avoir fait environ un mille, comme leur guide les en avait prévenus, ils arrivèrent à une vallée unie ou plutôt à une plaine couverte d'une singulière végétation. Il semblait que ce fût une forêt de palmiers, dont les troncs s'étaient enfoncés dans la terre et dont les têtes seules étaient restées au-dessus du sol. Quelques-uns avaient de trente à soixante centimètres de tige, mais la plupart semblaient complétement enterrées, sauf le feuillage qui s'épanouissait partout avec une égale vigueur, et au milieu de chaque grand faisceau de feuilles brillantes et allongées, se détachait un certain nombre d'objets gros et arrondis,—évidemment les fruits de la plante, qui de loin ressemblaient assez bien à des têtes africaines.

C'était tout simplement un bosquet de *taguas*,—nom donné par les Péruviens à l'ivoire végétal.

Cet arbre singulier a été regardé pendant longtemps, comme appartenant à la famille des *cycadées*, puis classé, par quelques botanistes, parmi les *pandanées*. Ses feuilles, poussant presque à la surface du sol ou se détachant d'un tronc très-court, lui donnent une ressemblance marquée avec les cycadées; mais malgré cela, c'est un véritable palmier. Il est à remarquer d'ailleurs que plusieurs autres espèces de palmacées sont également dépourvues de tige visible. Les plus éminents botanistes admettent donc aujourd'hui que le *tagua* ou *cabeza del negro*, comme l'appellent les Péruviens, est un palmier, et le considèrent comme formant une espèce, le phytelephas[1], dont il n'y a que deux variétés connues : le phytelephas à gros fruits et le phytelephas à petits fruits (*macrocarpa* et *microcarpa*). Toutes les deux sont originaires des chaudes vallées des Andes et diffèrent très-peu l'une de l'autre. C'est le phytelephas à gros fruits ou tagua, qu'on désigne par le nom figuratif de tête de nègre.

Les Indiens du Pérou emploient les feuilles de l'une et de l'autre variété pour couvrir leurs huttes; mais c'est surtout aux fruits de la grosse espèce que l'arbre doit sa célébrité. Ces fruits sont de forme triangulaire, oblongue, et enfermés, en grand nombre, dans l'enveloppe dont nous venons de parler. Avant leur maturité, ils sont remplis d'un liquide aqueux qui n'a aucun goût, mais que les Indiens considèrent comme une boisson très-rafraîchissante. Un peu plus tard cette eau, d'abord très-limpide, prend une couleur et une consistance laiteuse, puis elle se transforme en une pâte blanche. Lorsque le fruit est tout à fait mûr, cette pâte a la couleur et la dureté de l'ivoire. Cet ivoire végétal a été employé, de temps immémorial, par les Indiens pour faire des boutons, des têtes de pipes et beaucoup d'autres menus objets. Depuis quelque temps, on le travaille dans les fabriques européennes, et,

---

1. Du grec *phyton* plante, et *elephas*, éléphant, ivoire.
(*Note du traducteur.*)

comme il est moins cher et que, pour beaucoup d'articles d'utilité ou d'ornement, il peut tenir lieu de l'ivoire véritable, il est devenu l'objet d'un commerce important.

Mais, quel que soit le goût des Indiens pour la tête de nègre et celui des négociants européens pour l'ivoire végétal, il y a un quadrupède qui ne fait guère moins de cas des fruits du tagua : c'est l'ours noir des Andes (*ursus frugilegus*). Pour les cueillir, il n'attend pas, bien entendu, qu'ils soient parvenus à l'état d'ivoire. La noix serait trop dure, même pour ses puissantes mâchoires. Il l'aime quand elle est à l'état laiteux, ou plutôt quand la croûte commence à se montrer et avant qu'elle ait durci. Cette noix, à demi formée, est pour lui un tel régal qu'on est sûr, dans la saison, de le rencontrer partout où croissent les taguas, et dès que son repas est commencé, quand il s'est mis à savourer sa tête de nègre, il devient indifférent à toute espèce de danger, et ne se dérange pas toujours, même à l'approche de l'homme.

Nos chasseurs en eurent bientôt la preuve, car à peine entrés parmi les taguas, comme le tigrero le leur avait annoncé, ils trouvèrent les traces d'un ours, et presque au même instant ils aperçurent l'animal lui-même, entouré de fruits à demi dévorés.

Alexis et Ivan, ainsi que Pouchskin, se préparaient à lui envoyer chacun une balle, lorsque, à leur grande surprise, ils virent le tigrero, qui était monté sur un petit cheval très-vif, donner de l'éperon et passer devant eux, en galopant dans la direction du gibier. Ils n'avaient pas oublié que c'était à eux que devait être laissé le soin de le tuer, mais comme ils n'en avaient pas averti leur guide, ils ne dirent rien et restèrent simples spectateurs, le laissant agir à sa guise.

Il se proposait évidemment d'attaquer l'ours d'une façon particulière. Ils n'en purent douter en voyant, sur son bras, une corde de peau non corroyée, au bout de laquelle était un nœud coulant. Ils avaient reconnu, dans cette corde, l'arme célèbre des Américains du Sud, le *lazzo*, mais n'en ayant jamais vu faire usage, ils n'étaient pas fâchés de l'occasion qui se présentait.

En quelques minutes, le cavalier était arrivé à vingt pas de l'ours environ. Celui-ci prit l'alarme et se mit à battre en retraite, mais lentement et comme un ennemi à qui il en coûte de fuir le combat. En cet endroit les taguas se trouvaient à une assez grande distance les uns des autres et la plupart étaient trop petits pour dérober l'ours à la vue des spectateurs qui ne perdaient ainsi aucun des incidents de cette chasse nouvelle.

Elle ne fut pas longue. L'ours s'apercevant que le cavalier gagnait du terrain, se retourna subitement et avec un rugissement de colère, se dressa sur ses pattes de derrière, comme pour l'attendre dans une attitude de défi. A l'approche du chasseur, il parut cependant intimidé, et se reprit à courir lourdement à travers les buissons. Mais à peine avait-il fait quelques pas, qu'excité par les cris de son ennemi, il s'arrêta brusquement et fit de nouveau volte-face, debout comme auparavant.

C'était précisément ce qu'attendait le chasseur, et avant que l'ours pût se remettre sur ses quatre pattes pour prendre son élan, la longue courroie fila dans l'air, et l'animal sentit le nœud coulant lui tomber sur les épaules. Surpris par ce genre d'attaque, il essaya de se débarrasser du lazzo ; mais la courroie était si mince qu'elle échappait à ses grosses pattes, et ses efforts n'aboutissaient qu'à lui serrer davantage le nœud coulant autour du cou.

Cependant, le lazzo lancé, le chasseur avait fait un demi tour, et, pressant les flancs de son cheval, il lui fit prendre le galop dans une direction opposée. On aurait pu supposer que, redoutant les atteintes de l'ours, il cherchait à se sauver. Il n'en était rien. Le lazzo, dont une extrémité était enlacée au cou de l'ours, était attaché, par l'autre bout, à un crampon solidement fixé dans le bois de la selle. Au moment où le cheval prenait son élan, on vit la courroie se tendre, par une secousse subite, et l'ours renversé, jeté à terre, fut traîné comme une masse inerte, tantôt bondissant de plusieurs pieds au-dessus du sol, tantôt se frayant à grand bruit un passage à travers les buissons.

Le cheval et l'ours parcoururent ainsi près d'un kilomètre dans la plaine; Pouchskin et ses jeunes maîtres suivaient pour être témoins du dénoûment, qui n'offrit rien de particulier. Lorsque le guide fit enfin halte et que nos voyageurs arrivèrent sur le terrain, ils ne virent qu'une masse velue, tellement couverte de poussière qu'elle ressemblait à un monceau de terre. C'était l'ours déjà sans vie; mais de peur qu'il ne revînt à lui, le tigrero sauta à bas de son cheval et lui plongea son *machete* entre les côtes.

Telle était, dit-il, la manière de prendre les ours dans son pays. Le même moyen ne peut être employé avec les jaguars, parce que ces animaux, se couchant à terre, n'offrent aucune prise au nœud coulant. De plus, ils ne fréquentent que des bois épais, où il est impossible de lancer le lazzo.

Cet ours avait été tué dans des conditions qui ne permettaient pas aux jeunes Grodonoff de faire figurer sa dépouille dans leur collection; aussi le tigrero la garda-t-il pour lui. Mais bientôt ils en découvrirent un second parmi les taguas, et celui-ci atteint à la fois par un coup de la carabine d'Alexis et par une balle du fusil de l'ex-grenadier, leur fournit une peau réunissant toutes les conditions prescrites par les instructions du baron. Leur tâche était donc accomplie, en ce qui concernait l'*ursus frugilegus*, et ils n'avaient plus rien à faire dans ces parages. Son cousin aux gros yeux, l'*hucumari* des Hispano-Américains, habite des régions beaucoup plus élevées, et, pour le rencontrer, il fallait gravir les pentes escarpées des Cordillères des Andes.

Ils le découvrirent en effet dans une de leurs plus hautes vallées, connue des Péruviens, sous le nom de Sierra. L'animal était occupé à dévaster un champ de maïs, tout près d'un tambo, sorte de hangar pour les voyageurs, où ils avaient passé la nuit. Il était tellement absorbé par son goût pour les épis doux et laiteux du maïs, que, malgré ses besicles, il ne vit rien, et nos chasseurs s'approchant avec précaution, purent arriver si près de lui, que le premier coup de fusil l'étendit roide à leurs pieds.

Une fois maîtres de sa peau, ils remontèrent sur leurs mulets, et, suivant la route de la grande Cordillère, ils se dirigèrent vers l'ancienne capitale du Pérou septentrional.

XXXVII

Au Nord!

Après s'être reposés quelques jours à Quito, nos voyageurs se dirigèrent vers le petit port de Barbacoas, sur la côte ouest de l'Équateur, où ils s'embarquèrent pour Panama. Ils gagnèrent, à travers l'isthme, Porto-Bello, et reprirent la mer pour se rendre à la Nouvelle-Orléans, sur le Mississipi. Leur but était de se mettre à la recherche des ours de l'Amérique du Nord, y compris l'ours polaire, qui habite aussi le nord de l'Asie, mais qu'en raison de leur itinéraire, il devait leur être plus facile de rencontrer sur le continent américain. Alexis savait que l'ours noir (*ursus americanus*) se trouve partout sur ce continent, de la baie d'Hudson à l'isthme de Panama et du rivage de l'Atlantique aux côtes de l'océan Pacifique. De plus, cet ours n'habite pas seulement les chaînes de montagnes, et on le rencontre en plaine comme sur les hauteurs. Dans les contrées où l'homme s'est établi, il a été, il est vrai, refoulé vers les régions montagneuses qui lui offrent un refuge contre les chasseurs; mais, quand rien ne gêne ses instincts, il aime tout autant le fond des ravins boisés, et se trouve aussi bien sous le tropique que dans les forêts du Canada.

Nos jeunes chasseurs étaient donc cette fois fort à l'aise pour choisir leur itinéraire; mais comme les ours noirs ne sont nulle part plus nombreux que dans la Louisiane, ils jugèrent qu'ils ne pouvaient mieux faire que d'y commencer leurs chasses. En effet, dans les vastes forêts qui couvrent encore une grande partie de cette contrée, et principalement sur les bords des *bayous*, sortes de mares autour desquelles le sol marécageux et de nombreux cyprès, festonnés de mousse d'Espagne, défient toute tentative de culture, l'ours rôde encore librement, et il n'est pas difficile de le rencontrer.

Dans le pays, il y a plusieurs manières de faire la guerre aux ours, et, le plus souvent, c'est au moyen de trappes, où on les fait tomber, qu'on s'en rend maître. Mais les planteurs se donnent aussi le plaisir de les chasser avec leurs chiens, et cette chasse est rarement sans résultat. L'ours, en effet, quand il est poursuivi, monte sur un arbre, et rien de plus facile alors que de l'abattre à coups de fusil.

Nos voyageurs se décidèrent pour une partie de ce genre, et ils eurent bientôt trouvé ce qu'ils cherchaient. Le czar, dont la puissance s'étend un peu partout, n'était pas sans avoir un agent à la Nouvelle-Orléans. Ils obtinrent de lui une lettre d'introduction pour un planteur demeurant près de l'un des *bayous* de l'intérieur, et celui-ci s'empressa de mettre à la disposition de ses hôtes sa personne, ses chevaux, ses chiens et sa maison.

XXXVIII

Les forêts du Nord.

Aussitôt qu'ils furent arrivés, le planteur organisa une grande partie de chasse et envoya des invitations à ses voisins. Chacun devait amener ses chiens, et de leur réunion on formerait une meute assez nombreuse pour battre à la fois une grande partie de la forêt. C'est là, parmi les planteurs des États du Sud, un usage très-répandu. Quelques-uns seulement possèdent ce qu'on peut appeler une meute complète; mais la plupart ont cinq ou six couples de chiens, et en se réunissant, ils disposent de ressources suffisantes pour les plus grandes chasses.

Le gibier ordinaire des États du Sud est le daim américain (*cervus virginianus*), que l'on trouve encore en quantité considérable dans toute l'étendue des États-Unis. C'est la seule espèce de daim indigène que possède la Louisiane, car le noble cerf ou élan, comme on l'appelle par erreur (*cervus canadensis*), ne descend pas aussi loin dans le Sud. Sur les côtes de la mer Pacifique toutefois, on le rencontre sous des latitudes beaucoup plus méridionales que sur les bords de l'Atlantique.

Outre le daim, le planteur louisianais chasse le renard gris (*vulpes virginianus*), le lynx bai ou chat sauvage (*lynx rufus*), et de temps en temps, mais plus rarement, le couguar (*felis concolor*), qui, quand il a bien fait courir les chiens, leur échappe en grimpant sur un arbre.

Mais le gibier par excellence, c'est l'ours, et l'occasion de chasser un de ces animaux a d'autant plus de prix qu'elle ne se présente pas tous les jours. Pour découvrir la retraite de maître Bruin, il faut souvent faire une excursion dans les parties les plus désertes et les plus inaccessibles des forêts, à plusieurs kilomètres de tout établissement. Il n'est cependant pas rare non plus qu'un vieil ours sorte de sa solitude, pour venir la nuit visiter les plantations et se régaler de jeunes pousses de maïs ou de cannes à sucre, dont il est friand à l'excès. Comme l'ours brun d'Europe, l'ours d'Amérique aime les douceurs et particulièrement le miel. Pour s'en procurer, il grimpe sur les arbres où il y a des ruches dont il enlève le contenu. Sous tous ces rapports, il ressemble à l'ours brun; mais à d'autres égards, il en diffère tellement qu'il est difficile de comprendre comment des naturalistes ont pu le considérer comme étant de la même espèce.

Ce n'est pas seulement par la couleur qu'ils se distinguent. Tandis que la fourrure de l'ours brun, disposée par touffes, a l'apparence d'une laine inculte et mal peignée, celle de l'ours noir d'Amérique, consistant en poils de même longueur et tous dans le même sens, présente une surface unie sous laquelle se dessinent les formes du corps. A ce point de vue, il ressemble beaucoup plus aux ours des îles asiatiques qu'à l'*ursus arctos*, dont il diffère non moins essentiellement à d'autres égards. Il est plus mince, son museau est plus long et plus aigu, et son profil forme une courbe bombée et proéminente ; enfin il est beaucoup plus petit et plus doux.

Comme la grande partie de chasse ne devait avoir lieu que le troisième jour après leur arrivée, nos voyageurs résolurent d'employer jusque-là leur temps à parcourir les bois d'alentour, non dans l'espérance d'y rencontrer un ours, leur hôte ne croyait pas qu'il s'en trouvât dans le voisinage, mais plutôt pour faire connaissance avec les forêts de l'Amérique du Nord.

Alexis avait observé et étudié avec soin celles de l'Amérique du Sud, dans leur long voyage à travers ce continent. Il avait vu avec admiration les grands arbres des tropiques : les palmiers, les mimosas, les musacées ou bananiers, le bombax, le bertholletia[1], les cecropias, si curieux à observer[2], les figuiers, les cèdres géants et les grands siphonias, qui produisent le caoutchouc.

Sur les Andes, il avait rencontré les agaves, les cycadées et les cactées, toutes plantes nouvelles pour les yeux d'un Russe. Il désirait maintenant visiter les forêts de cette partie de l'Amérique du Nord, qui déjà, quoique le climat de la Louisiane soit encore à demi tropical, diffèrent essentiellement de celles qui s'élèvent sur les rives de l'Amazone. Il devait y trouver le célèbre magnolia et le tulipier, le catalpa et le cornouiller à fleurs, le cyprès géant et le sycomore, le chêne toujours vert, le nyssa ou tupelos des marais, et le palmier nain en éventail. Alexis avait lu des descriptions de ces beaux arbres et de beaucoup d'autres qui crois-

---

1. Le géant de la famille des myrtacées, ainsi nommé du nom de Berthollet, chimiste français. *(Note du traducteur.)*
2. Leur tige creuse et renflée aux articulations leur a fait aussi donner le nom de bois canon ou bois trompette. *(Note du trad.)*

sent dans les forêts de l'Amérique du Nord; il les connaissait en botaniste ; mais il voulait faire avec eux plus ample et plus agréable connaissance, en les étudiant sur leur sol natal.

Dans ce but, Ivan et lui partirent seuls, avec un nègre pour guide, le planteur étant occupé à faire des visites à ses amis pour les convier à la grande chasse, et Pouchskin retenu à la maison par quelques réparations à faire à leurs ustensiles de voyage

XXXIX

Le bayous.

Ils eurent bientôt franchi la limite des cultures de l'habitation et ils s'engagèrent, sur les pas de leur guide, dans l'une des sombres et majestueuses forêts dont elle était entourée de toutes parts. Ils avaient entendu parler d'un étang ou *bayous* situé à environ un kilomètre de là, qui devait leur offrir un des spectacles les plus curieux que puissent présenter les marais de la Louisiane; ils se dirigèrent de ce côté.

En arrivant sur les bords de l'étang, une scène singulière s'offrit en effet à leurs yeux. Des oiseaux, des reptiles de formes diverses, semblaient en animer la surface dans toute son étendue. On voyait, à fleur d'eau, des centaines d'alligators dont les dos rugueux pouvaient être pris pour des arbres morts. La plupart étaient cependant en mouvement, nageant de long en large et s'élançant par bonds soudains, comme s'ils poursuivaient une proie invisible. De temps en temps, ils levaient en l'air leurs grosses queues et en fouettaient la surface du bayous avec un bruit qui était répété par les échos de la forêt. Un objet brillant, dans lequel il était facile de reconnaître un poisson, était, le plus souvent alors, lancé hors de l'eau et presque aussitôt avalé par quelqu'un des terribles reptiles. Un grand nombre d'oiseaux aquatiques, d'espèces différentes, étaient également occupés à faire la chasse aux poissons. De gros pélicans, debout dans l'eau, y plongeaient de temps en temps leurs longues mandibules, et secouaient en l'air leurs victimes. On y voyait aussi des hérons, des grues, et, entre autres, la grande grue de la Louisiane, puis l'aigrette, dont la blancheur égale celle de la neige, l'ibis des bois, le serpentaire (*reptilivorus*) au long bec pointu, dont le cou semble ramper comme un serpent [1], et le plus brillant, le plus beau de tous, le flamant écarlate.

D'autres oiseaux, n'appartenant pas aux espèces aquatiques, figuraient également dans cette scène étrange. Au-dessus du lac planaient le vautour noir, la corneille, le busard, et au sommet de quelques grands arbres morts, apparaissait le roi de cette multitude emplumée, le grand aigle à tête blanche. Un peu plus bas, l'orfraie semblait épier tous les mouvements de l'eau, et, de temps en temps, saisissait au vol le poisson que lançait en l'air la queue des alligators, dérobant ainsi leur proie aux reptiles, pour se la voir enlever, à son tour, par son redoutable voisin.

La scène était loin d'être silencieuse. Le mugissement rauque des alligators, le bruit causé par leurs coups de queue sur l'eau, le croassement des pélicans et le claquement de leurs énormes mandibules, la voix plaintive des hérons et des grues, les cris de l'orfraie et le rire perçant de l'aigle, se détachant au milieu de cet étrange concert, formaient au contraire un mélange de sons aussi confus que discordants.

1. Cet oiseau est également connu sous le nom de secrétaire.
(*Note du traducteur.*)

Un coup de fusil tiré par Ivan, qui abattit un magnifique aigle à tête blanche, et dénonça la présence des chasseurs sur le bord du bayous, mit soudain un terme à ce grand drame du désert. Les oiseaux s'envolèrent dans différentes directions et cherchèrent un refuge au sommet des grands arbres, tandis que les monstrueux reptiles, à qui les chasseurs d'alligators avaient appris à redouter aussi le voisinage de l'homme, abandonnant momentanément leur proie, couraient se cacher parmi les roseaux de la rive opposée.

Après avoir ramassé l'aigle tué par Ivan, nos jeunes Russes continuèrent leur excursion en suivant les bords de l'étang.

Ils avaient à peine fait quelques pas qu'ils arrivèrent à un banc de vase, dont l'eau ne s'était retirée que depuis très-peu de temps, et où, malgré la chaleur du soleil, la terre était encore molle. Du premier coup d'œil, ils y remarquèrent des empreintes qu'ils prirent d'abord pour des pas d'homme. Mais, en les examinant de plus près, ils eurent des doutes, et, se rappelant la ressemblance qu'ils avaient observée, dans les neiges de la Laponie, entre les pas d'homme et les pas d'ours, ils se demandèrent si, tout en tenant compte de la différence qui devait exister entre la piste de l'ours américain et celle de l'ours d'Europe, il n'y avait pas lieu de supposer qu'un de ces animaux rôdait dans les environs.

Leur guide s'était mis à genoux pour mieux examiner les empreintes.

« C'est la piste d'un ours! s'écria-t-il tout à coup avec des yeux démesurément ouverts.

— D'un ours!

— Oui, maîtres! d'un gros ours. Sam la connaît, il en a vu plus d'une. Ah! ah! l'ours est aussi venu prendre du poisson; ils sont tous venus à la pêche ce matin, ah! ah! ah! »

Et le nègre riait de sa plaisanterie, qu'il jugeait sans doute fort comique.

En regardant attentivement les traces en question, Alexis et Ivan s'assurèrent que c'étaient bien en effet des pas d'ours, mais beaucoup plus petits que ceux qu'ils avaient observés en Laponie. Les empreintes étaient toutes fraîches et semblaient si récentes, que les deux frères, par un mouvement involontaire, jetèrent les yeux autour d'eux, comme s'ils s'attendaient à voir paraître l'ours lui-même.

Il n'y en avait aucun en vue. Il était néanmoins bien probable qu'à leur arrivée, celui dont ils venaient de trouver la piste était là, sur le bord du bayous, et que, alarmé par le coup du fusil d'Ivan, il s'était sauvé dans les bois.

« Quel dommage, dit le plus jeune des deux frères, que je n'aie pas laissé l'aigle tranquille ! Nous aurions pu voir l'ours et lui envoyer chacun une balle. Et maintenant, que faire ? Il n'y a pas de neige ici ; le banc de vase finit à deux pas ; comment retrouver et suivre la piste ? Où s'est-il réfugié ? Dans ces piles de bois là-bas peut-être. »

En parlant ainsi, Ivan montrait une petite presqu'île qui s'avançait dans l'eau à vingt-cinq ou trente pas du point où ils étaient. Elle tenait à la terre par un isthme étroit formé de vase; mais son extrémité, du côté de l'étang, était, sur un espace de plusieurs mètres, couverte d'arbres morts qui y avaient été portés par les inondations et se trouvaient en ce moment à sec, empilés les uns sur les autres.

« Ce n'est pas impossible, répondit Alexis, dont les regards avaient suivi l'indication donnée par le geste de son frère. L'endroit semble fait exprès pour servir de refuge. Il pourrait bien s'être blotti là.

— Allons voir! S'il y est, il ne pourra s'échapper sans que nous lui envoyions chacun une balle; et j'ai entendu dire que ces ours américains sont plus faciles à tuer que les nôtres. Nous en avons déjà la preuve pour ceux de l'Amérique du Sud; j'espère que leurs frères du Nord n'auront pas la vie plus dure.

— C'est selon, répondit Alexis. Nous pouvons nous attendre à de terribles luttes, lorsque nous aurons affaire au grand ours gris et à celui des régions polaires; mais les ours noirs sont, comme tu le dis, moins difficiles à vaincre. Quand ils sont blessés, cependant, ils se défendent, et quoique leurs dents et leurs griffes soient moins dangereuses que celles de leurs frères et cousins, ils peuvent encore donner à un ennemi une embrassade des plus désagréables. Mais voyons ce qu'il en est. »

Tout en causant, ils étaient arrivés près de l'isthme étroit qui liait la petite péninsule à la terre ferme.

« Quel dommage, fit Ivan, que ce gros billot soit là! Sans lui nous pourrions retrouver la piste dans la vase. »

Ivan parlait d'un tronc d'arbre renversé et qui, placé longitudinalement sur l'isthme, s'étendait de la terre ferme à la partie la plus élevée de la presqu'île, formant ainsi une sorte de pont ou de chaussée. Il est certain que si ce tronc n'avait pas été là, on aurait vu les pas de l'ours dans la vase, ou bien il y aurait eu lieu de conclure qu'il avait pris une autre direction. Mais il pouvait avoir passé sur l'arbre; nos deux chasseurs résolurent donc de continuer leur exploration, et prirent, à leur tour, la même voie pour pénétrer dans la presqu'île.

Tout à coup, Ivan vit son frère, qui le précédait, s'arrêter et se baisser.

« Que vois-tu? demanda-t-il; qui t'arrête?

— Les pas de l'ours, répondit Alexis à la première question.

— Tu crois? Où cela? »

Alexis fit remarquer à son frère, sur l'écorce de l'arbre, non pas les empreintes d'un pas d'ours, mais des taches de vase, qui devaient provenir du passage récent de quelque animal.

« Par le grand Pierre! dit Ivan à voix basse, ce doit être lui. C'est la même boue que celle où nous avons aperçu sa trace tout à l'heure, noire comme de l'encre. Elle n'a pu être déposée ici que par ses grosses pattes; il n'y a pas le moindre doute.

— C'est aussi mon avis, » dit Alexis.

Et tous deux, convaincus que l'ours était, en effet, dans la presqu'île, armèrent leurs fusils, renouvelèrent leurs capsules, et s'avancèrent avec précaution vers les piles de bois où ils le supposaient caché.

XL

Un nègre à cheval sur un ours.

Nos chasseurs avaient à peine mis le pied dans la presqu'île, et le nègre, qui les suivait, se trouvait encore sur le tronc d'arbre dont nous avons parlé, quand tout à coup on entendit un bruit semblable à celui que ferait un cochon dérangé dans sa bauge, — une sorte de ronflement ou de grognement, — et en même temps un gros corps noir sortit de dessous la pile d'arbres morts, en les secouant avec fracas. Ivan et Alexis reconnurent l'ours au premier coup d'œil et le mirent en joue.

L'animal s'était dressé sur ses pattes de derrière comme pour reconnaître le terrain ; mais, au moment où ils allaient tirer, il reprit la position horizontale, et le mouvement fut si subit, que tous deux perdirent leur point de mire. Ils cherchèrent à viser de nouveau ; mais l'ours, s'élançant avec un terrible grognement, passa entre eux, et si près, qu'il était impossible de tirer autrement qu'au hasard. Ivan fit feu néanmoins, mais sans résultat ; sa balle passa loin de l'animal et frappa, derrière lui, le tronc d'arbre, dont l'écorce vola en éclats dans toutes ses directions. L'ours ne parut pas songer

Son nez, sa tête et son cou se trouvèrent entre les épaules du nègre. (Page 216.

à les attaquer, mais continua sa course, n'ayant évidemment d'autre but que de se sauver dans les bois. Le nègre, voyant venir à lui l'énorme quadrupède au poil hérissé, poussa un violent *hulla-ballo*, et, les yeux hagards, presque hors de tête, il essaya de battre en retraite ou de se jeter de côté.

Vains efforts! Il n'avait pas fait trois pas en arrière que l'ours, plus effrayé des deux adversaires qu'il sentait à ses trousses que de celui qui lui faisait face, poussa en avant, et, tout aussitôt, son nez, sa tête, son cou se trouvèrent entre les jambes du noir. Celui-ci avait déjà perdu la tête, il sentit qu'il perdait pied, et bientôt, en effet, il se vit à cheval sur l'ours et emporté ainsi à une certaine distance sur le dos de l'animal, le visage tourné vers la queue. Il aurait pu fournir de la sorte une course assez longue; mais le pauvre diable goûtait fort peu ce genre d'équitation, et il se débattait de son mieux pour se débarrasser de sa monture.

Ses efforts lui firent perdre l'équilibre; il tomba lourdement d'un côté, et son poids entraînant l'ours dans sa chute, tous deux, homme et bête, furent précipités pêle-mêle dans la boue.

Pendant un moment, on les vit se démener et se trémousser dans la vase, l'ours grondant, et le nègre, effrayé, poussant des cris sauvages. Enfin l'ours, tout couvert de fange, se remit sur ses pattes et s'enfuit aussi rapidement que ses jambes le lui permirent.

Alexis tira alors et l'atteignit par derrière; mais sa balle, loin de l'arrêter dans sa fuite, ne fit qu'accélérer sa course, et avant que le nègre se fût remis sur ses jambes, Bruin avait atteint la forêt et avait disparu à tous les yeux.

A la vue du nègre sortant de la vase où il s'était débattu, et tout couvert d'une boue presque aussi noire que sa peau, Ivan ne put retenir un éclat de rire, et l'aspect du pauvre diable avait, en effet, quelque chose de si grotesque, qu'Alexis lui-même ne réussit pas à garder son sérieux. Cet accès de gaieté leur fit perdre quelques minutes. Ils eurent cependant bientôt rechargé leurs armes et regagné la terre ferme, avec l'intention de suivre l'ours dans sa retraite.

Ils ne pouvaient guère espérer de retrouver sa trace sans chiens, et leur intention était d'en envoyer chercher un ou deux à l'habitation, lorsqu'ils découvrirent qu'il était facile, jusqu'à une certaine distance au moins de suivre l'animal sans leur secours. L'eau noire, dont s'était imprégnée sa longue fourrure, avait dégoutté et laissé des taches partout où il avait passé. Ils résolurent donc de suivre cette piste aussi loin qu'ils le pourraient et de n'envoyer chercher les chiens que lorsqu'elle viendrait à leur manquer.

Ils n'avaient pas fait plus de trois cents pas, que la piste s'arrêta tout à coup au pied d'un grand arbre.

Il devenait absolument inutile de pousser plus loin les recherches, car, en examinant le tronc de l'arbre, il était facile d'y découvrir de grosses taches de boue, et l'écorce était arrachée en plusieurs endroits. Ces déchirures, évidemment faites par des griffes d'ours, étaient pour la plupart de vieille date; mais une ou deux paraissaient toutes récentes; et, en outre, la boue encore humide qui les accompagnait ne permettait pas de douter qu'elles ne provinssent de l'animal qu'ils poursuivaient. L'arbre était un sycomore, et, par conséquent, peu couvert de feuilles; mais de ses branches pendaient de longs festons de mousse d'Espagne (*tillandsia usneoides*), au milieu desquels un ours même eût bien pu se cacher. Cependant, après avoir fait le tour et regardé dans tous les sens, nos chasseurs furent convaincus que celui qu'ils chassaient n'était pas caché parmi la mousse, mais qu'il devait s'être réfugié dans une cavité, dont l'ouverture, dissimulée par deux grosses branches entre lesquelles elle s'était formée, ne pouvait se voir que d'un seul endroit.

XLI

L'arbre abattu et l'ours mort.

Mais comment le faire sortir de là? Peut-être y réussirait-on en faisant un grand bruit.

Nos chasseurs essayèrent de ce moyen immédiatement, mais sans succès. Malgré leurs cris et les coups frappés contre le tronc de l'arbre, l'ours ne montra pas même le bout de son nez.

En examinant alors, avec plus d'attention, les taches de boue remarquées sur le tronc, Alexis et Ivan aperçurent, à côté, des traces de sang; ils en conclurent que l'animal était blessé, et qu'il n'y avait par conséquent aucune chance de le faire sortir de l'asile où il se croyait en sûreté. C'était sans doute sa blessure qui l'avait déterminé à se cacher si près de l'endroit où il avait été attaqué; autrement, il se serait enfoncé bien plus avant dans le bois, avant de choisir un refuge. Mais, en effet, quand l'ours noir est grièvement blessé, il se cache dans le tronc du premier arbre creux qu'il peut rencontrer, et il y reste même jusqu'à y mourir, si la blessure est mortelle.

Connaissant les habitudes de l'animal qu'ils poursuivaient, nos chasseurs comprirent que le seul moyen d'avoir l'ours était d'abattre l'arbre, et ce fut le parti qu'ils adoptèrent.

Le nègre fut envoyé à la plantation et en revint bientôt, avec une demi-douzaine de ses camarades armés de haches, Pouchskin en tête. On se mit à la besogne, et le tronc du vieux sycomore fut attaqué de tous les côtés à la fois.

Au bout d'une demi-heure environ, il tomba avec un grand bruit, entraînant quelques autres petits arbres dans sa chute. Nos chasseurs, qui s'attendaient à voir l'ours s'élancer aussitôt hors de sa retraite, s'étaient groupés de façon à couvrir, en quelque sorte de l'extrémité de leurs fusils, l'orifice du trou où il s'était caché ; mais, à leur grande surprise, l'arbre fut abattu sans que l'animal donnât signe de vie.

Pouchskin s'arma d'une perche qu'il introduisit dans le tronc, d'abord avec précaution, puis de toute la force de son bras. Il sentit très-distinctement le corps de l'animal, mais il eut beau fourgonner, Bruin ne bougea pas.

On se proposa alors de scier l'arbre à l'endroit où se trouvait l'ours ; ce moyen parut le seul capable de faire sortir la bête obstinée. L'avis fut donc adopté, et une section transversale fut pratiquée sur le tronc du sycomore. On mit ainsi à découvert une partie du corps de l'animal. Il était mort !

Il fut dès lors facile de s'expliquer comment ni la chute de l'arbre, ni les coups de perche de Pouchskin n'avaient pu le faire bouger. La balle d'Alexis lui avait traversé le corps dans une portion de sa longueur et avait atteint une partie vitale, ce qui avait suffi pour déterminer la mort au bout de quelques instants.

Nos chasseurs apprirent alors des nègres un fait singulier : c'est que la cavité du tronc d'arbre, où se réfugie et souvent dort un ours noir, est rarement plus large que son propre corps. Dans la plupart des cas, elle est si étroite qu'il ne peut s'y retourner. Il faut donc qu'il y dorme debout ou accroupi. De cette remarque, on pourrait conclure qu'il est aussi naturel à l'ours de se tenir droit que sur ses quatre pattes ou couché. Ce qui est certain, c'est que, plus au nord, dans les contrées où les hivers sont plus rudes et où l'ours noir est, pendant quelques semaines, sujet à l'hivernage, il choisit souvent pour retraite un tronc creux que son corps remplit tout entier, et où, comme il vient d'être dit tout à l'heure, il lui est impossible de se retourner. Il prend d'ailleurs la précaution de gratter tout le bois pourri qui se trouve autour de la cavité où il se plonge, probablement pour rendre plus uni et plus confortable l'intérieur de son gîte.

L'ours tué par nos jeunes chasseurs était un des plus gros de son espèce, et sa fourrure, après avoir été convenablement lavée, fut trouvée digne, à tous égards, de figurer dans leur collection.

Sous ce rapport, leur but était donc rempli; ils se firent néanmoins une fête d'assister à la mort de plusieurs autres ours, tués dans la grande chasse qui eut lieu quelques jours après.

Une chasse au daim fut aussi organisée à leur intention, et on y tua un couguar, événement plus rare encore que la mort d'un ours, car le couguar est maintenant un des quadrupèdes qu'on rencontre le plus difficilement dans les forêts de l'Amérique du Nord.

Le planteur avait préparé à ses hôtes un autre divertissement, un *barbecue*, sorte de fête particulière aux habitants des forêts les plus reculées de l'Amérique, et qui, à cause de sa singularité, mérite une courte description

XLII

Le marché du squatter.

Comme nous venons de le dire, un *barbecue* est une fête particulière aux établissements nouveaux qui se forment au cœur des forêts américaines, bien qu'elle soit également en usage dans les anciens États, où elle a plus d'une fois servi de prétexte aux grandes réunions politiques que provoque chaque campagne électorale. Les ornements empruntés et les perfectionnements qu'on y ajoute dans ces occasions, lui font perdre toutefois une partie de son véritable caractère.

Lorsqu'Alexis et Ivan descendirent le matin de bonne heure, dans l'intention de faire un tour jusqu'à la paisible clairière choisie pour cette fête champêtre, ils y trouvèrent une foule bruyante et empressée. A l'une des extrémités flamboyait un feu de bois, suffisant pour rôtir non-seulement un bœuf, mais une véritable hécatombe, et, tout à côté, une demi-douzaine de nègres creusaient, tout en babillant, une grande fosse. Ce trou, quand il fut terminé, pouvait avoir de trois à quatre mètres de longueur, sur deux de largeur, et un mètre environ de profondeur ; il était garni, sur toutes ses faces, de pierres plates unies.

Aussitôt que le bois, entièrement consumé, ne forma plus qu'un monceau de braise ardente, le tout fut jeté à la hâte dans la fosse avec des pelles. Une autre bande de nègres, envoyée dans les bois à la recherche de tiges d'asiminier (*asimina triloba*)[1], revenait alors avec son butin. Les jeunes arbres qu'ils apportaient furent placés en travers de la fosse, au-dessus de laquelle ils formèrent un gril colossal. Un bœuf, tué la veille, devait former la pièce principale du banquet, partie essentielle de la fête; il fut ouvert en deux et placé sur ce gril improvisé. Le maître d'hôtel de l'habitation du planteur, assisté de plusieurs cuisiniers célèbres du voisinage, présidait fièrement à l'opération. De temps en temps, une vingtaine de solides gaillards étaient requis pour tourner le beefsteak, tandis que le *chef* faisait arroser ou arrosait lui-même les chairs déjà brunes, d'un mélange exquis de poivre, de sel et de fines herbes, pour la composition duquel il avait une grande réputation.

La matinée se passa rapidement dans ces préparatifs tout nouveaux pour nos voyageurs. A midi, les convives arrivèrent, en grand nombre, des habitations les plus proches et des établissements voisins. Le bœuf le plus coriace n'aurait pu résister à un brasier comme celui qui remplissait la fosse dont nous avons parlé, et le rôti se trouva cuit à point. Découpés et placés dans de grands plats de bois, préparés pour la circonstance, les morceaux en furent aussitôt portés à l'endroit ombragé où avaient été dressées les tables du festin; puis venaient, en abondance, des pommes de terre cuites dans la cendre, et des corbeilles où brillait la couleur dorée du pain de maïs. Une pièce d'excellent cidre fut mise

---

1. Plante de la famille des anonacées.   (*Note du traducteur.*)

en parée, et, au dessert, les tables se couvrirent de bons poudings à la vieille mode, entremêlés des fruits succulents du pays. Il va sans dire que la joie était sans limites. Chacun déclarait le rôti délicieux, et les jeunes Russes ne se souvenaient pas d'avoir jamais fait un repas aussi appétissant.

Le bien-être que donne un air frais et pur, un bon appétit rendu plus vif encore par le fumet particulier du rôti, — car on sait que la sève qui sort de l'asiminier, lorsqu'il est exposé au feu, ajoute une nouvelle saveur aux viandes que l'on met cuire dessus, — tout concourait à faire de ce banquet champêtre un dîner digne du czar lui-même. Aussi nos voyageurs se promirent-ils d'essayer, quelque jour, une imitation du *barbecue* américain, sous le ciel plus froid de la Russie.

Rien ne devait manquer à la fête : on porta des santés, on chanta, on fit des discours pleins d'originalité, on raconta des histoires.

Une de ces dernières fit une impression particulière sur nos voyageurs : d'abord parce que c'était une histoire d'ours, et ensuite parce qu'elle peignait d'une façon très-caractéristique un côté de la vie du *squatter*, — c'est le nom qu'on donne à ces hardis pionniers qui défrichent les grandes forêts américaines. Alexis la consigna dans son journal, et c'est à ses notes que nous empruntons le récit que nous allons en donner.

Deux squatters étaient établis à peu de distance l'un de l'autre et à douze ou quinze kilomètres d'une petite ville.

Ils trouvaient, dans les forêts dont ils étaient entourés, une source de revenus à ajouter au produit de leurs terres. Chacun d'eux employait ses jours de loisir à mener à la ville le bois qu'il y coupait, et qu'il vendait comme bois à brûler. Ils se faisaient ainsi concurrence, se disputant une clientèle assez restreinte, et il s'était formé entre eux une rivalité qui avait tourné bientôt en jalousie et en haine, lorsque survint un curieux incident.

Ils possédaient chacun une seule paire de bœufs, qu'ils occupaient alternativement aux travaux de la ferme et à mener leur bois au marché. Dans une même semaine ils en perdirent chacun un ; l'un mourut de maladie, l'autre fut blessé si grièvement par la chute d'un arbre, que son possesseur fut obligé de le tuer. Comme un seul bœuf ne pouvait venir à bout d'une voiture chargée, les deux squatters furent obligés d'interrompre leur commerce de marchands de bois, et se virent même fort gênés pour les travaux de leurs fermes. Ils surent bientôt qu'ils étaient l'un et l'autre dans le même embarras, et tous deux eurent à la fois l'idée d'acheter le bœuf du voisin, afin de posséder la paire, de continuer le déboisement avec avantage et de s'emparer seul de la vente du bois. Mais comme on doit aisément le supposer, les deux voisins, ayant le même objet en vue, l'affaire présentait de grandes difficultés, et, après de nombreuses négociations, n'était pas plus avancée que le premier jour. Le temps se passait, et nos deux cultivateurs voyaient empirer leur position.

Un beau matin, l'un d'eux se mit en route pour faire une dernière tentative, bien décidé à terminer le marché, à l'amiable s'il le pouvait, de force s'il le fallait. Roulant projet sur projet dans son esprit, il avait traversé les deux ou trois kilomètres de forêt qui séparaient sa propriété de celle de son voisin; et il entrait justement dans celle-ci, quand un bruissement subit et un grondement significatif se firent entendre derrière lui et interrompirent sa rêverie.

Se retournant à la hâte, il vit sur ses pas un ours dont l'aspect n'était rien moins que rassurant. Arriver à la case du voisin avant que l'animal pût l'atteindre, était impossible; marcher contre la bête eût été folie; car, absorbé dans ses méditations, il avait oublié de prendre aucune arme avec lui.

Quelques arbres morts étaient debout dans un champ; il courut à l'un d'eux en toute hâte, espérant y trouver un abri jusqu'à ce qu'il lui vînt du secours. Il ne s'était pas trompé : à force de tours et de détours, il parvint à maintenir l'arbre entre lui et l'ours, et lorsque celui-ci, debout sur ses pattes de derrière, s'élança avec furie sur le squatter, il n'embrassa que le vieil arbre, dans l'écorce duquel ses griffes pointues s'enfoncèrent profondément.

Une inspiration soudaine traversa l'esprit de notre homme, en voyant l'ours dégager lentement et péniblement ses ongles. Il lui saisit les jambes de devant au-dessus des pattes et, embrassant lui-même l'arbre du côté opposé, il résolut d'essayer de le retenir ainsi, les griffes enfoncées dans le bois, jusqu'à ce que son voisin pût venir à son aide.

Celui-ci avait entendu ses cris; mais, au lieu d'accourir, il s'approchait lentement, portant nonchalamment une hache sur son épaule.

En voyant dans quelle position se trouvait son voisin, une nouvelle solution de la question du bœuf s'était offerte à son esprit, et aux cris redoublés du malheureux qui implorait son assistance, il répondit tranquillement :

« À une condition, voisin!

— Laquelle? demanda l'autre avec anxiété.

— Si je vous débarrasse de l'ours, vous me donnerez le bœuf qui vous reste. »

Il n'y avait pas moyen de marchander; et, avec un profond soupir, notre homme consentit. Mais au moment où la hache allait s'abattre sur la tête de l'animal:

« Arrêtez! s'écria-t-il; cette vilaine bête m'a fait presque mourir de frayeur, et je n'aimerais rien tant que d'avoir la satisfaction de la tuer moi-même. Tenez-la bien à ma place, et je vais lui donner le coup de grâce. »

Le second squatter, tout joyeux d'avoir atteint un but si longtemps désiré, accéda sans défiance; il laissa tomber la hache, saisit avec précaution les vigoureuses pattes de Bruin et mit toute sa force à soutenir victorieusement cette lutte momentanée. Mais, ô terreur! il voit l'autre mettre tranquillement la hache sur l'épaule et s'en aller!

« Holà! s'écrie-t-il, n'allez-vous pas tuer l'ours?

— Pas tout de suite; m'est avis que vous ne serez pas fâché de rester là encore un peu. »

C'était le revers de la médaille. Le paysan, pris dans son propre piége, ne put faire autrement que de traiter avec son voisin, et celui ci, tout joyeux à son tour, consentit enfin à tuer la bête féroce, mais à condition que non-seulement il serait déchargé du marché qu'il avait précédemment conclu, mais que, de plus, il deviendrait l'heureux possesseur des deux bœufs.

Après avoir joui quelques jours encore de l'hospitalité de leur ami le planteur, nos jeunes Russes se remirent en route et remontèrent le Mississipi, pour gagner les froides contrées du Nord.

XLIII

L'ours polaire.

Quelques semaines après avoir quitté le planteur de la Louisiane, nos chasseurs recevaient l'hospitalité d'un hôte bien différent, — d'un marchand de fourrures. Leur quartier général était au fort Churchill, sur la côte occidentale de la baie d'Hudson, autrefois le principal entrepôt de la fameuse compagnie qui a si longtemps présidé aux destinées de cette immense contrée, appelée quelquefois la terre du prince Rupert, mais plus généralement connue sous le nom de Territoire de la baie d'Hudson.

Pour atteindre le fort Churchill, ils avaient voyagé presque directement au nord : d'abord en remontant le Mississipi, puis, par terre, jusqu'au lac Supérieur, et tout droit à travers le lac, vers l'un des postes de la compagnie, sur la rive septentrionale. De là, par une suite de lacs et de rivières, ils avaient gagné la factorerie d'York, puis, au nord, le fort Churchill. Une fois arrivés là, ils se trouvaient dans le pays du grand ours blanc ou ours polaire (*ursus maritimus*), le nouveau gibier à la poursuite duquel les appelaient les conditions de leur itinéraire.

Ils auraient pu rencontrer quelqu'un de ces animaux dans le voisinage de la factorerie d'York, et même plus au sud, car l'*ursus maritimus* étend volontiers ses promenades tout autour de la baie d'Hudson. Le cinquante-cinquième degré de latitude semble être sa limite du côté du midi, sur le continent américain, ou tout au moins sur les côtes du Labrador et de la baie d'Hudson; car, plus à l'ouest, il ne descend pas au delà du détroit de Béring, et on le rencontre même rarement sur les deux rives, soit asiatique, soit américaine, du détroit.

Il est inutile de rappeler que cet ours vit presque exclusivement de la mer et par conséquent sur ses bords. On pourrait presque le compter parmi ses habitants, puisque sur les douze mois de l'année, il en passe au moins dix sur les champs de glace. Pendant le court été des régions arctiques, il fait une tournée dans les terres, s'éloignant rarement des côtes de plus de quatre-vingts kilomètres et jamais de plus de cent soixante. Il suit le cours des rivières, et se nourrit alors de poisson d'eau douce.

Il profite également de ces excursions terrestres pour varier son régime et pour manger des racines et des baies qu'il trouve sur les buissons. Le reste de l'année, lorsque toute eau est gelée sur terre et que la mer l'est elle-même à une grande distance, il se tient à l'extrémité des glaces et vit de pêche. Différentes espèces de poissons de mer, les veaux marins, les jeunes morses, et même parfois les petits de la baleine deviennent alors sa proie. Il leur donne la chasse et les prend tous avec une dextérité et une adresse qui semblent l'effet, non pas seulement de l'instinct, mais d'une tactique raisonnée.

Il nage très-loin et longtemps sans éprouver de fatigue. On l'a vu, du moins, en mer, à plus de trente kilomètres, soit de la terre, soit des glaces. On l'a même rencontré beaucoup plus loin de toute espèce de côtes, mais porté sur d'énormes glaçons, et il est douteux que ce mode de locomotion fût précisément de son choix. Il y a lieu de croire qu'il nage aussi longtemps qu'il le veut, c'est-à-dire tant qu'il n'est pas arrêté par la faim ou le besoin de réparer ses forces. Il va et vient dans l'eau, sans que ses mouvements trahissent le moindre effort; il peut même sauter à la surface et bondir en avant comme les marsouins ou autres cétacés.

Si un quadrupède a jamais été jusqu'au pôle, c'est l'ours polaire, et il est tout à fait probable que son domaine s'étend jusqu'à ce point extrême de la surface de la terre. Cette supposition est même toute simple, si on admet qu'il y a de l'eau à découvert autour du pôle, conjecture qui peut se prouver par analogie. Parry, l'intrépide explorateur, a trouvé des ours blancs à 82°; et il n'y a pas de raison pour qu'ils ne traversent pas toute la région polaire presque aussi facilement que les oiseaux ou les poissons.

La femelle de l'ours blanc n'a pas pour la vie maritime un goût aussi prononcé que son seigneur et maître. A moins qu'elle ne soit stérile, elle reste à terre, et c'est là qu'elle fait ses petits. Lorsqu'elle est pleine, elle va à quelque distance du rivage, choisit son gîte, se couche, s'endort et y reste jusqu'au printemps. Elle ne cherche pas, comme d'autres ours, une caverne ou un tronc creux, car, dans le pays désolé qu'elle habite, on ne rencontre ni l'une ni l'autre. Elle attend tout simplement qu'il tombe beaucoup de neige, ce dont l'avertit son instinct, et alors, se couchant à l'abri d'un rocher ou profitant de quelque inégalité du sol, où la neige ne peut manquer de s'entasser naturellement, elle s'y pelotonne, jusqu'à ce que le blanc linceul l'ait complétement recouverte. Son corps se trouve souvent à une profondeur de plusieurs pieds. Elle passe ainsi tout l'hiver, sans faire aucun mouvement et dans un état de torpeur apparente. La chaleur de son corps et celle de sa respiration font fondre la neige autour d'elle, de sorte qu'elle finit par reposer dans une sorte de coque glacée.

Lorsque le soleil du printemps fait fondre la neige au dehors, l'ourse devient mère et met bas une couple de petits oursons blancs, à peu près de la grosseur d'un lapin. Le moment n'est pas encore venu pour elle de quitter sa chambre de neige; elle les allaite sans sortir jusqu'à ce qu'ils aient la taille des renards : c'est le moment où ils peuvent commencer à courir. L'ourse fait alors un effort, brise la croûte glacée qui forme le toit de sa demeure et se dirige vers la mer.

Il arrive quelquefois que la neige est si fortement gelée autour d'elle que, épuisée par l'allaitement de ses petits, elle ne peut la briser. Force lui est, en pareil cas, de rester dans sa prison, jusqu'à ce que le soleil fasse fondre la neige et la mette en liberté. Mais alors elle n'est plus, au terme de cette détention prolongée, que l'ombre d'elle-même, et elle peut à peine se tenir sur ses jambes.

Les Indiens du Nord et les Esquimaux prennent, chaque année, dans leurs gîtes d'hiver, des centaines d'ourses avec leurs petits. Ils découvrent leurs retraites de diverses manières : quelquefois à l'aide de leurs chiens, qui grattent la neige sous laquelle se cache le terrible gibier; d'autres fois en observant une légère couche de givre qui se forme au-dessus de quelque fissure causée par la chaleur de la respiration de l'animal.

Quand les chasseurs se sont assurés de la position exacte du corps de la bête, ils brisent la glace au-dessus et la tuent à coups de lance, ou bien ils creusent horizontalement un tunnel dans la neige, passent un nœud coulant autour du cou ou de l'une des pattes de l'ourse et la traînent ainsi au dehors.

XLIV

Une vieille ourse assiégée.

Nos voyageurs avaient employé déjà plusieurs jours à la recherche d'un ours blanc, et ils avaient fait sans succès plusieurs excursions, du fort à l'embouchure de la rivière du Seal, qui se jette dans la baie d'Hudson, un peu plus au nord. Ils avaient bien relevé la piste de quelques ours et ils en avaient même vu à distance, mais sans pouvoir en approcher jusqu'à portée de leurs fusils. Le sol, complétement dépourvu d'arbres, n'offrait en outre aucun de ces accidents de terrain à l'aide desquels les chasseurs peuvent s'approcher du gibier sans en être vus. Toute la côte occidentale de la baie d'Hudson n'est, sur une étendue de cent soixante kilomètres environ, qu'un terrain d'alluvion, bas, marécageux, sans rochers ni collines, et ce n'est que dans cette zone contiguë à la mer que l'on trouve l'ours blanc. Les femelles seules, comme nous l'avons dit, la traversent tout entière jusqu'à la lisière des bois. Après avoir vainement exploré cette côte dans tous les sens, pendant quatre jours, nos chasseurs résolurent de s'avancer un peu plus dans l'intérieur.

On était au milieu de l'été moment où les vieux ours

remontent le cours des rivières, soit pour prendre quelques poissons d'eau douce, soit pour se régaler de racines ou de fruits, mais surtout pour rencontrer les femelles qui, à la même époque, sortent avec leurs petits et s'avancent timidement vers la mer à la rencontre de leurs vieux amis de l'année précédente, fières de présenter leurs nourrissons à leurs pères, qui ne les ont point encore vus.

Cette fois, nos chasseurs furent plus heureux que dans leurs excursions précédentes, car, non-seulement ils virent une famille ainsi réunie, mais ils réussirent à la prendre tout entière : le père, la mère et les petits.

Ils avaient remonté la rivière de Churchill et pris un de ses affluents, à quelques kilomètres au-dessus du fort. Ils voyageaient dans un canot d'écorce de bouleau, car les chevaux sont presque inconnus sur le territoire de la baie d'Hudson, excepté dans les parties où il existe des prairies.

Dans toute l'étendue de cette contrée, on ne voyage guère qu'au moyen de canots ou de barques conduites par des hommes qui en font leur profession et qu'on appelle *voyageurs*. Ils sont presque tous d'origine canadienne, sang-mêlés pour la plupart, et très-habiles dans la navigation des lacs et des rivières de ce désert. La plupart sont au service de la compagnie de la baie d'Hudson, et lorsqu'ils ne *voyagent* pas, ils font un peu de chasse et tendent des piéges pour leur propre compte.

Deux de ces *voyageurs*, fournis avec obligeance par le principal agent résidant au fort, conduisaient le canot qui portait nos jeunes chasseurs ; de sorte qu'avec Pouchskin, il y avait cinq hommes dans la petite embarcation. C'était peu, car on emploie dans le pays des canots d'écorce de bouleau beaucoup plus grands et qui portent à la fois plusieurs tonnes de marchandises et un certain nombre d'hommes. Les bords de la rivière, dans laquelle ils venaient d'entrer, étaient couverts de saules formant çà et là d'épais bosquets, impénétrables à la vue, mais, en d'autres endroits, si clair-semés que du canot l'œil embrassait aisément toute la plaine.

Selon toute probabilité, on devait y rencontrer des ours blancs, principalement en cette saison. Les *voyageurs* assuraient que, dans ces prairies basses, on trouve beaucoup de racines bulbeuses dont ces animaux sont très-friands, sans parler des larves de certains insectes formant, à la surface du sol, de véritables fourmilières et que l'ours recherche comme un régal des plus exquis.

Nos chasseurs surveillaient donc la campagne des deux côtés de la rivière, tantôt se tenant debout dans le canot pour voir par dessus les saules, tantôt regardant à travers le feuillage. Dans un endroit où les arbustes étaient fort écartés, leur attention fut attirée par un spectacle qui leur fit donner l'ordre d'arrêter le canot.

Alexis ne savait d'abord que penser de ce qu'il voyait, tant était bizarre la scène qui s'offrait à ses regards. Il apercevait un grand nombre de quadrupèdes de différentes couleurs : les uns presque blancs, d'autres presque roux, et plusieurs tout à fait noirs. Tous paraissaient avoir le poil long, les oreilles droites, et de grosses queues velues. Leurs mouvements avaient aussi quelque chose d'étrange ; ceux-ci allaient et venaient de toute la vitesse de leurs jambes ; ceux-là bondissaient ; d'autres enfin semblaient tourner autour d'un objet qu'on ne pouvait distinguer. Il y en avait bien de trente à quarante, sur un espace de quelques mètres.

Un léger brouillard s'étendait alors sur la prairie, et empêchait Alexis de bien distinguer ces animaux, qui, à travers et par un effet de la brume, semblaient aussi gros que de jeunes bœufs; mais leurs oreilles pointues, leurs longs museaux ne permettaient pas de les prendre pour des animaux de cette espèce, et Alexis déclara qu'on ne pouvait les comparer qu'à des loups. La diversité des couleurs n'était pas une objection, car il y a, dans ces pays du nord, de nombreuses variétés de loups, depuis le blanc jusqu'au noir; c'étaient d'ailleurs bien réellement des loups que le brouillard faisait apparaître dans des proportions gigantesques.

Mais Alexis ne les eut pas regardés longtemps sans s'apercevoir que les loups n'étaient pas seuls. Au milieu d'eux se trouvait un animal tout différent, beaucoup plus grand, mais que le jeune chasseur ne put d'abord reconnaître.

Ivan n'était pas moins embarrassé.

Cet animal semblait aussi gros qu'une demi-douzaine de loups réunis; il était plus blanc que le plus blanc d'entre eux; mais il paraissait avoir une bosse sur le dos, et il présentait, en somme, plutôt l'apparence d'une masse confuse de poils blancs hérissés, que d'un quadrupède de forme régulière. Ce ne pouvait être pourtant qu'un animal, à en juger par ses mouvements; car on le voyait tourner sur lui-même et, par moments, faire un pas ou deux en avant, comme pour tâcher de s'ouvrir un chemin vers la rivière.

Quel qu'il fût, il devint bientôt évident qu'il soutenait un combat contre les loups dont il était entouré, ce qui expliquait les mouvements singuliers de ceux-ci, aussi bien que les hurlements féroces dont ils remplissaient l'air et que dominait de temps en temps un cri aigu et plaintif, comme le hennissement d'un mulet. Ce cri venait évidemment non des loups, mais du gros animal blanc qu'ils attaquaient et que les *voyageurs* ne tardèrent pas à reconnaître.

« Un ours! » s'écrièrent-ils tous deux, « un ours de mer! »

L'un d'eux se leva et regarda dans la plaine.

« Oui, » dit-il, confirmant sa première assertion, « c'est une vieille ourse environnée de loups. — Ah! c'est à ses petits qu'ils en veulent. — Voyez, messieurs, elle en a un sur son dos. — La vieille sorcière, comme elle les tient en respect! — Elle combat pour s'ouvrir un passage jusqu'à la rivière. »

Éclairés par ces indications, nos chasseurs virent alors, à n'en pouvoir douter, que l'objet blanc qui apparaissait au milieu des loups, n'était ni plus ni moins qu'un grand ours, et que ce qu'ils avaient pris pour une bosse était un jeune ourson, étendu de tout son long sur le dos de sa mère et les pattes de devant passées autour de son cou.

Il était de même évident, comme le *voyageur* l'avait dit, que l'ourse cherchait à gagner la rivière, afin de trouver sans doute dans l'eau un refuge, où elle savait bien que les loups n'oseraient la suivre. Elle s'était même avancée de plusieurs pas dans cette direction, pendant qu'ils faisaient ces observations.

Malgré l'ardeur féroce dont ils semblaient animés, les loups observaient dans le combat une grande prudence. Ils avaient pour cela de bonnes raisons, appuyées de maint exemple du danger qu'il pouvait y avoir à serrer l'ennemi de trop près : sur le terrain où la lutte avait lieu, trois ou quatre des leurs étaient étendus, apparemment sans vie, tandis que d'autres boitaient alentour ou s'en allaient la tête basse, poussant des cris plaintifs et léchant leurs blessures.

Il était singulier que des loups eussent attaqué un ours blanc, animal qu'ils redoutent à l'excès. Un des hommes de la barque en donna l'explication en faisant remarquer que l'ourse qu'ils avaient assaillie sortait sans doute de sa grande reclusion d'hiver, à demi morte de faim peut-être, affaiblie à coup sûr par l'allaitement de ses petits, et que d'ailleurs c'était probablement à ceux-ci qu'ils en voulaient surtout. Ils avaient dû chercher à les séparer de leur mère, afin de s'en saisir et de les dévorer. Peut-être même, l'un d'eux avait-il déjà été pris, puisqu'on n'en voyait qu'un, et qu'il y en a toujours deux dans une portée.

Nos jeunes chasseurs ne jugèrent pas à propos de rester plus longtemps simples spectateurs de cette étrange lutte; ils songeaient déjà à se rendre maîtres de l'ourse et de son petit. Dans cette intention, ils ordonnèrent aux canotiers de ramer vers le bord et de les débarquer. Aussitôt que la barque eut touché la rive, tous deux sautèrent à terre et suivis de Pouchskin, ils s'avancèrent vers le lieu du combat; les rameurs étaient restés sur l'embarcation

XLV

Toute une famille prise.

Les chasseurs n'avaient pas fait douze pas, qu'un nouvel objet frappa leur vue et les fit s'arrêter. C'était un autre quadrupède, qui sortait d'entre les saules et s'élançait vers le lieu du combat. Il n'y avait pas à se tromper, cette fois sur l'identité de l'animal. C'était bien un grand ours blanc, beaucoup plus fort que celui qui était enveloppé par des loups; — le mâle sans doute et le père qui, rôdant ou endormi parmi les saules, ne s'était pas aperçu jusque-là du péril où se trouvaient sa femelle et ses petits. Le bruit l'avait probablement réveillé, et il se hâtait d'aller à leur secours.

Il traversa la plaine au galop, aussi rapidement qu'un cheval aurait pu le faire, et en quelques secondes il était sur le théâtre de la lutte à laquelle sa présence mit fin tout d'un coup. Les loups, le voyant venir à eux, la gueule ouverte, se sauvèrent dans toutes les directions. Ceux qui étaient blessés toutefois ne purent s'enfuir assez vite, et l'ours furieux, courant de l'un à l'autre, les étendait sans vie d'un seul coup de sa lourde griffe.

En moins de dix secondes, le terrain fut débarrassé de cette troupe rapace. Les morts seuls restèrent sur le champ de bataille, et l'ours courut vers sa compagne, qui lui jeta ses pattes autour du cou. Tous deux semblaient se féliciter de l'heureuse issue de ce combat. En ce moment seulement, nos chasseurs s'aperçurent qu'il y avait deux petits : l'un cramponné sur le dos de sa mère, l'autre qui se tenait sous son ventre et qu'elle avait protégé également contre les ennemis dont elle était entourée.

Ces deux oursons, à peu près de la taille d'un renard, se voyant alors hors d'un danger qu'ils avaient sans doute compris, celui qui était sur le dos de sa mère sauta à terre, tandis que l'autre sortit d'entre ses jambes, et tous deux se mirent à jouer en se roulant sur le gazon. Le père et la mère semblaient suivre avec intérêt leurs rudes gambades.

Malgré la férocité bien connue de ces animaux, il y avait quelque chose de touchant dans ce spectacle, et nos chasseurs hésitèrent à avancer. Alexis surtout, dont le caractère était plus doux que celui de ses compagnons, ne put se défendre d'une assez vive émotion, en voyant cette manifestation de tendresse et de sentiments qui paraissaient presque humains. Ivan lui-même en fut touché, et peut-être auraient-ils laissé cette famille en paix, au risque d'avoir à chercher longtemps une autre occasion d'ajouter à leur collection la peau de l'ours polaire, s'ils n'avaient été entraînés par Pouchskin. Le vieux grenadier n'était point accessible à de si tendres impressions, et mettant de côté tout scrupule, avant que ses jeunes maîtres pussent l'arrêter, il fit quelques pas en avant et lâcha son coup de fusil contre le plus gros des ours.

L'animal avait-il été atteint ? C'est ce qu'aucun d'eux

n'aurait pu dire ; mais ce qui fut bientôt certain, c'est qu'il n'était pas même estropié, car aussitôt que le nuage de fumée qui l'enveloppait se fut dissipé, Pouchskin le vit quitter sa compagne et se précipiter sur lui.

Le vieux soldat hésita un moment sur ce qu'il devait faire, et déjà même il avait tiré son couteau, pour être prêt à la lutte; mais l'aspect formidable de son antagoniste, sa taille immense, son air farouche et cruel lui firent comprendre que cette fois la prudence valait mieux que l'audace. Les bateliers restés dans le canot leur criaient déjà, à tous trois, de se sauver, accompagnant leurs paroles des gestes les plus expressifs.

Ivan et Alexis tinrent ferme jusqu'à ce que Pouchskin les eût rejoints. Quand il fut près d'eux, ils tirèrent à leur tour; mais quoique blessé au nez, le monstre n'en laissa rien paraître, et n'en courut que plus vite.

Tous trois s'élancèrent alors vers le canot. C'était leur seul refuge, car s'ils n'avaient eu d'autre ressource que la vitesse de leurs jambes et qu'il leur eût fallu parcourir un long espace, l'ours les aurait certainement atteints, et quelques coups de sa patte auraient terminé la vie de l'un ou de l'autre, peut-être de tous les trois.

Arrivés près du canot, ils sautèrent dedans l'un après l'autre, et, sans même attendre qu'ils fussent assis, les deux bateliers s'éloignèrent de la rive, poussant de toutes leurs forces l'embarcation au milieu de la rivière.

Mais l'ours furieux ne s'arrêta pas pour cela. Voyant ses ennemis lui échapper sur terre, il s'élança à son tour dans l'eau, plongea un instant, puis nagea tout droit vers le canot.

Nos voyageurs descendaient alors la rivière et, grâce au courant, leur barque, vigoureusement lancée, filait avec la rapidité d'une flèche. Malgré tout cela, il devint bientôt évident que l'ours gagnait sur eux, ses larges pattes le mettant à même de nager avec la vitesse d'un poisson, sans compter que de temps en temps il s'élevait à la surface et, d'un bond, franchissait une distance de plusieurs mètres.

Les bateliers faisaient mouvoir leurs rames avec toute l'habileté et l'énergie dont ils étaient capables; la crainte de la mort les stimulait au plus haut point. Ils comprenaient que, si l'ours réussissait à atteindre le canot, il y monterait et les jetterait tous à l'eau, ou qu'il renverserait l'embarcation et les ferait chavirer. Dans les deux cas il y avait danger de se trouver en contact avec ses terribles griffes, et ce contact, ils le savaient, c'était la mort.

Nos chasseurs étaient occupés à recharger leurs armes et se préparaient à tirer avant que l'ennemi fût sur eux; mais ils n'en eurent pas le temps. Gênés par le mouvement du bateau et la position dans laquelle ils se trouvaient, ils ne pouvaient agir que lentement, et avant qu'aucun des trois eût mis une balle dans son fusil, l'ours était en poupe. Ivan seul avait un canon chargé, mais malheureusement c'était avec du petit plomb, en vue de quelque oiseau à abattre sur la rive. Il tira néanmoins droit dans la gueule de l'animal; mais au lieu de l'arrêter, ce nouveau coup ne fit qu'augmenter sa rage, et il redoubla d'efforts pour atteindre le canot.

Pouchskin, en désespoir de cause, jeta son fusil et saisit une hache qui, par bonheur, se trouvait dans la barque. La tenant ferme à deux mains, il s'agenouilla à la poupe, et attendit l'approche de l'ennemi.

L'ours n'était plus éloigné du bateau que d'une longueur de son corps. Se croyant assez près, il prit son élan et bondit en avant de toutes ses forces. Ses griffes d'acier pénétrèrent avec bruit dans l'écorce du bouleau où le canot avait été creusé, et en arrachèrent un lambeau considérable. Si l'écorce n'avait pas cédé, la barque aurait très-probablement été entraînée au fond de l'eau. Cette première tentative ayant échoué, le monstre reparut à la surface, et il se préparait à faire un nouveau bond, lorsque le grand coin d'acier dont s'était armé Pouchskin s'abattit sur sa tête et lui ouvrit le crâne.

Presque au même instant son corps se retourna dans l'eau, ses membres furent agités de mouvements convulsifs, ses longues jambes de derrière se roidirent à deux ou trois reprises, puis son cadavre flotta à la surface, comme une masse d'écume blanche.

Il fut bientôt saisi, tiré sur le rivage et dépouillé de sa fourrure, dont la blancheur égalait celle de la neige.

Alexis et Ivan se seraient volontiers contentés de ce trophée et auraient laissé tranquilles la femelle et ses petits, dont ils n'avaient pas besoin; mais les bateliers, convoitant, pour leur propre compte, la peau de tous trois, proposèrent de retourner et de leur donner la chasse. Leur proposition fut appuyée par Pouchskin, qui avait une antipathie prononcée pour tous les ours.

L'expédition se termina promptement par la mort de la mère et la capture des deux petits, qui furent emmenés vivants et attachés au fond du canot.

Nos chasseurs redescendirent ensuite la rivière, mais à peine avaient-ils quitté le théâtre de la lutte que les loups étaient revenus pour dévorer, non-seulement les carcasses des ours, mais aussi celles de leurs propres camarades tombés dans le combat.

XLVI

Les Terres nues

L'ours à la poursuite duquel il fallait se mettre, après cet exploit, était celui des Terres nues; mais, pour le rencontrer, ils avaient à faire un long et pénible voyage. La partie du territoire de la baie d'Hudson connue sous le nom de Terres nues, s'étend, des côtes de l'océan glacial Arctique, dans la direction du sud, jusqu'à la latitude de la rivière Churchill, entre la baie d'Hudson elle-même à l'est, et, à l'ouest, une chaîne de lacs dont le grand lac de l'Esclave et l'Athapescow sont les principaux.

Ce territoire immense est encore presque complétement inexploré. Les chasseurs mêmes de la baie d'Hudson n'en ont qu'une connaissance très-imparfaite. Quelques explorateurs en ont parcouru la frontière; mais le centre n'est guère connu que des quatre ou cinq tribus d'Indiens qui habitent les contrées voisines, et des Esquimaux qui s'aventurent de temps en temps le long des côtes de l'océan Arctique.

L'ours des Terres nues n'est pas beaucoup mieux connu. Il a été diversement classé par les écrivains de toutes les époques. Le plus habile naturaliste qui s'en soit occupé, sir John Richardson, le compagnon du malheureux Franklin, ne sait trop lui-même dans quelle espèce le ranger. Il l'envisagea d'abord, quoique avec des doutes, comme une variété de l'*ursus americanus* ou ours noir américain. Des observations ultérieures le déterminèrent à modifier son opinion, et alors il avança, avec la réserve qui est un des traits caractéristiques de cet homme éminent et modeste, que cet ours pourrait bien être une variété de l'*ursus arctos*.

Nous prendrons la hardiesse d'affirmer qu'il n'est pas une variété, mais bien une espèce distincte.

Et d'abord, pour ce qui concerne l'*ursus americanus*, il en diffère par la couleur, la forme du corps, la taille, le profil, la physionomie, la longueur des pieds et de la queue. Sous tous ces rapports, il a une beaucoup plus grande ressemblance avec l'*ursus arctos* ou même avec son plus proche voisin, le terrible *ursus ferox*. Mais il diffère de ces deux derniers par d'autres points.

Il est aussi plus féroce que l'ours noir, et plus redoutable pour le chasseur. De plus, il vit dans un pays que l'ours noir ne pourrait pas habiter. La forêt est nécessaire à l'existence de ce dernier. Si on ne le trouve pas dans les Terres nues, ce n'est pas à cause de la latitude et du climat, mais parce qu'il n'y a pas de bois. Ce qui le prouve, c'est qu'on le rencontre dans les contrées tout aussi rapprochées du pôle, mais où la nature du sol est favorable à la croissance des arbres.

Il y a encore à signaler une différence importante. L'ours noir, dans son état normal, est essentiellement frugivore; l'autre est carnivore et piscivore. Durant une partie de l'année, il tue et mange des marmottes et des souris; pendant l'autre, il se tient sur les bords de la mer et vit de poisson. Ces deux ours sont donc aussi dissemblables qu'il est possible : ce sont des espèces distinctes.

Si nous comparons maintenant l'ours des Terres nues à l'*ursus arctos* (ours brun d'Europe), nous trouvons qu'il lui ressemble beaucoup plus qu'à l'*ursus americanus*; mais ici encore, il y a de notables différences, et sans une certaine conformité de couleur, on ne les aurait peut-être jamais confondus. Il est facile de prouver qu'ils constituent également des espèces distinctes. Leurs habitudes sont toutes différentes. L'*ursus arctos* grimpe aux arbres; celui des Terres nues ne le peut pas. Celui-là préfère une nourriture végétale, celui-ci aime mieux le poisson, la chair et les insectes.

Mais sans parler des habitudes si différentes des deux animaux, il y a, dans la fourrure de l'espèce américaine, une nuance jaunâtre que l'on ne trouve pas sur les ours bruns d'Europe, excepté peut-être ceux des Pyrénées. Cette nuance pâlit même dans certaines saisons, et donne à l'animal une apparence blanchâtre : de là vient que les Indiens le nomment quelquefois ours blanc.

Il est d'ailleurs tout à fait improbable que l'ours brun d'Europe se retrouve dans les Terres nues du territoire de la baie d'Hudson, pays isolé, sans arbres et complétement différent des contrées qu'il habite dans l'ancien monde. Comment, en effet, établir, entre ces deux parties de la surface du globe, une ligne probable de migration? Il faudrait le faire venir par la Sibérie et l'Amérique russe, ce qui, sous certains rapports, ne semble pas impossible; car bien qu'on ait dit que l'ours des Terres nues ne se trouve que dans les limites de la région ainsi nommée, il est bien cer-

tain que son domaine s'étend au delà. Ainsi l'ours brun
de l'Amérique russe et des îles Aléoutes ou Aleutiennes[1] paraît être de la même espèce, et quelques
naturalistes en disent autant de l'ours brun du Kamschatka. Le goût qu'ils ont les uns et les autres pour le
poisson tend à accréditer cette opinion ; mais en même
temps il les sépare de l'ours brun de Scandinavie.

Il est à peine nécessaire de démontrer que l'ours des
Terres nues n'est pas davantage l'*ursus ferox*, bien que
certains auteurs les aient souvent confondus. Ils diffèrent de taille et de couleur ; mais la différence la plus
essentielle se trouve dans la férocité de ce dernier, dont
les griffes sont beaucoup plus longues et plus recourbées. On pourrait citer plusieurs autres traits qui en
font deux espèces distinctes, sans parler des contrées
qu'ils habitent, et qui sont tout à fait différentes.

L'ours des Terres nues n'est donc pas plus l'*ursus
ferox*, que l'*ursus americanus* ou *arctos*. Qu'est-il alors ?
N'a-t-il reçu des naturalistes aucun nom spécifique,
qui le classe comme espèce ? Pas encore. Alexis en
profita pour lui en donner un, celui de l'homme à qui
nous devons la meilleure description de son pays et de
ses habitudes. L'ours des Terres nues est appelé, dans
son journal, l'*ursus Richardsonii*.

[1]. Archipel du grand océan Boréal, appartenant à la Russie.
(*Note du traducteur.*)

XLVII

Bruin prenant un bain.

Nous avons déjà dit que, pour arriver jusqu'au séjour de cette nouvelle espèce d'ours, nos chasseurs avaient à faire un long voyage. Il leur fallait, en effet, gagner le grand lac de l'Esclave, car bien que les Terres nues s'étendent à plusieurs degrés au sud de ce lac, l'*ursus Richardsonii* descend rarement plus bas. En revanche, ils étaient sûrs de le rencontrer sur ses bords, et c'est là qu'ils se dirigèrent.

Le moment était bien choisi. La flottille de bateaux appartenant à la grande compagnie du commerce des fourrures, qui part ordinairement de la factorerie d'York pour Norway-House, sur le lac Winnipeg, d'où une division se dirige vers les stations situées plus au nord, sur le lac Athapescow et sur le fleuve Mackenzie, en traversant le lac de l'Esclave, était précisément sur son départ. L'objet de ce voyage annuel est de distribuer aux diverses stations, les marchandises et provisions apportées d'Angleterre par les vaisseaux de la compagnie, et de recevoir, en retour, les fourrures amassées pendant l'hiver.

Nos chasseurs prirent donc passage sur la petite escadre, et après avoir eu leur part des fatigues et des dangers d'une longue traversée, ils atteignirent enfin leur destination, c'est-à-dire le fort Résolution, sur le grand lac de l'Esclave, près de l'embouchure de la rivière du même nom. Ils louèrent le canot d'un des pêcheurs indiens qui habitent, en grand nombre, les bords de cette espèce de mer intérieure, et s'assurèrent également les services du pêcheur, qui naturellement était aussi chasseur. Avec un tel guide, ils pouvaient facilement faire des excursions sur les bords du lac, débarquer où il leur plairait et chercher leurs ours dans les endroits où il y aurait le plus de chance de les rencontrer. Dès leur première excursion, en effet, ils furent mis sur la piste d'un de ces animaux, dont la dépouille ne tarda pas à grossir leur collection.

Ils ramaient doucement le long du rivage; l'eau était aussi calme que celle d'un étang, lorsque, à une grande distance devant eux, l'Indien vit la surface du lac légèrement agitée; il le leur fit remarquer. Ce mouvement ne pouvait être l'effet du vent, car l'air était parfaitement calme, et on ne voyait aucune de ces ondes blanches que la brise forme à la surface de l'eau, mais seulement de petites vagues comme celles que produisent une pierre jetée dans un étang profond ou les mouvements de quelque animal. Les ondulations venaient d'une petite baie que le lac formait en cet endroit. L'Indien, après un examen attentif, déclara qu'il devait y avoir là un ours, dont les ébats dans l'eau causaient cette agitation à la surface. Il gagna aussitôt le rivage, engageant ses compagnons à débarquer et à suivre les instructions qu'il allait leur donner. Ils acceptèrent sans hésiter

Son bateau solidement amarré, l'Indien s'avança dans les terres suivi des chasseurs. Lorsqu'ils eurent fait trois ou quatre cents pas, il prit à gauche et les conduisit vers l'anse dont nous avons parlé et qui formait une espèce de fer à cheval. L'un d'eux en fit le tour, et alla prendre position sur le côté opposé ; ce fut Pouchskin. Ivan fut placé en face du vieux soldat, et Alexis au fond de la baie ; de sorte qu'ils occupaient les points extrêmes d'un triangle presque équilatéral.

En assignant à chacun son poste, l'Indien leur dit de se glisser parmi les buissons qui les séparaient du lac et de s'y tenir sans bruit jusqu'à ce qu'ils l'entendissent pousser un cri. A ce signal ils devaient apparaître simultanément au bord de la baie. Les choses ainsi disposées, il retourna à son canot.

Ces instructions furent suivies à la lettre. Nos trois chasseurs s'avancèrent, chacun de son côté, vers la baie, dans le plus grand silence et avec toutes sortes de précautions. Dès qu'ils en furent assez près pour voir l'eau, ils reconnurent que l'Indien avait dit vrai. Ils étaient en présence d'un ours !

Ils n'aperçurent d'abord que la tête, mais c'était assez pour ne pas s'y tromper.

Comme l'Indien le leur avait dit, l'animal se tenait dans l'eau et nageait sans sortir de la baie ; mais dans quel but ? il était difficile de le deviner. A leur grand étonnement, il avait la gueule ouverte, avançant de temps en temps sa longue langue dont il semblait balayer la surface du lac. Par moments aussi sa gueule se fermait et ses énormes mâchoires se choquaient avec un bruit qui s'entendait au loin.

On aurait pu croire qu'il prenait tout simplement un bain froid pour se rafraîchir, car la journée était extrêmement chaude et l'air rempli de moustiques, dont nos chasseurs avaient beaucoup de peine à se garantir. Peut-être ne plongeait-il son corps dans l'eau que pour se délivrer de ce fléau. C'était l'avis de Pouchskin et même celui d'Ivan; mais ni l'un ni l'autre ne pouvait se rendre compte des mouvements que l'animal exécutait avec sa langue et ses mâchoires. Alexis qui observait avec plus d'attention, découvrit bientôt la vraie cause de ce manége. Il remarqua, à la surface de l'eau, une couche épaisse, et reconnut qu'elle était formée de myriades d'insectes. Il y en avait de deux espèces, toutes deux de la grosseur ordinaire du taon, mais différant essentiellement sous le rapport de la couleur et des habitudes. L'une était une sorte d'escarbot d'eau qui nageait près de la surface, et l'autre un insecte ailé qui s'élevait quelquefois en l'air, mais plus souvent se traînait sur l'eau ou sautait de place en place. Toute la surface de la baie, et même le lac à quelque distance, fourmillaient de ces insectes, et c'était pour s'en régaler que Bruin promenait si rapidement sa langue sur l'eau et fermait brusquement ses mâchoires. C'est là en effet un de ses mets favoris, et il le trouve en abondance, durant l'été, non-seulement sur les bords du lac de l'Esclave, mais sur la plupart des lacs des Terres nues.

Alexis avait à peine complété son observation qu'un grand cri se fit entendre de ce côté du lac, et presque au même instant, apparut le canot de l'Indien s'avançant droit à l'entrée de la baie.

A ce signal, nos trois chasseurs s'élancèrent de leurs retraites et coururent au rivage, le fusil armé et prêts à tirer. L'ours, se voyant menacé de tous côtés, abandonna sa chasse aux mouches et aux escarbots; mais ne sachant quelle direction prendre pour assurer sa retraite, il allait et venait, nageant tantôt d'un côté, tantôt de l'autre. Enfin, s'élevant au-dessus de la surface du lac et montrant deux rangées de dents aiguës, il poussa un hurlement de rage et s'élança hardiment vers le rivage.

Il se dirigeait vers le côté où se tenait Ivan; mais le jeune homme était sur ses gardes, il s'avança jusqu'au bord de l'eau et tira.

La balle frappa l'ours juste sur le museau, et lui fit faire un demi-tour, mais sans l'arrêter ni ralentir sa marche, car il se dirigea avec la même vitesse vers la rive opposée.

Ce fut alors le tour de Pouchskin, et une seconde après, en effet, le coup de fusil du grenadier retentit sur le lac, mais la balle passa à côté de la bête sans l'atteindre et lui fit seulement sauter de l'eau dans les yeux. Cette seconde attaque suffit néanmoins pour le faire encore changer de route, et il se mit à nager vers le fond de la baie.

Alexis, qui suivait tous ses mouvements, le vit venir avec plus de sang-froid. Il avait derrière lui un arbre où il comptait se réfugier dans le cas où il manquerait son coup. Il résolut donc d'attendre que l'animal fût assez près pour qu'il pût le viser à son aise.

L'ours s'était avancé en droite ligne jusqu'à environ dix mètres du rivage, lorsque tout à coup il parut se raviser et fit un mouvement à gauche : c'était justement ce que désirait Alexis; la tête de Bruin se présentait alors de côté, et, visant avec beaucoup de sang-froid, il lui envoya sa balle un peu au-dessus de l'oreille gauche.

Le coup était mortel. L'animal, chargé de graisse, tomba immédiatement au fond de l'eau qui était heureusement peu profonde en cet endroit. L'Indien, arrivant avec son canot, l'eut bientôt repêché et amené sur le rivage, où sa fourrure lui fut enlevée en un instant.

XLVIII

Le grand ours gris.

La peau qu'il leur fallait ensuite était celle de l'ours gris (*ursus ferox*), le plus cruel et le plus formidable de tous.

La zone où vit l'ours gris est plus étendue que celle où se trouve celui des Terres nues. La grande chaîne ou cordillère des montagnes Rocheuses peut être considérée comme en formant l'axe, puisque cette espèce se rencontre dans toute son étendue, depuis Mexico jusqu'à son extrémité vers les côtes de l'océan glacial Arctique. Quelques écrivains ont même dit que l'ours gris ne se voit que dans ces montagnes; c'est une erreur. On le rencontre également à l'ouest, dans tous les pays situés entre les montagnes Rocheuses et les côtes de l'océan Pacifique, lorsqu'il y trouve aisément à vivre, et à l'est, il étend volontiers ses courses à une distance considérable dans les prairies, mais pas cependant jusqu'aux forêts qui croissent sur la ligne du Mississipi, et où l'ours noir est le seul représentant de la grande famille.

Les bois ne sont pas le séjour que préfère l'ours gris. Bien que, dans son bas âge, il monte aisément aux arbres, lorsqu'il a atteint toute sa croissance, ses énormes griffes, toujours émoussées, l'empêchent de grimper. Il se plaît davantage dans les endroits remplis de buissons, surtout quand ceux-ci se couvrent de baies. Il fait ainsi de fréquentes excursions dans le terrains découverts où croît la *pomme blanche* ou navet indien (*psoralea esculenta*), qu'il déracine en creusant et retournant la terre avec ses griffes, comme feraient des cochons avec leur grom. Il va chercher également au fond des ruisseaux, la racine du kamas (*camassic esculenta*), l'aneth (*anethum graveolens*), une espèce de valériane (*valeriana edulis*), et la racine d'un chardon (*circium virginianum*). Un grand nombre de fruits entrent également dans son régime alimentaire, que complètent et varient les gousses à demi sucrées du *mesquite* (espèce d'acacia) et les cônes ou pommes du *pinus edulis*.

Il ne faut pas croire toutefois qu'il se nourrisse exclusivement de végétaux. Comme la plupart des autres ours, il est carnivore et dîne volontiers d'une carcasse de cheval ou de buffle. Ce dernier animal, malgré sa force et sa grosseur, est souvent la proie de l'ours gris. Les longues et épaisses touffes de poils qui lui tombent sur les yeux l'empêchent de distinguer la présence d'un ennemi, et à moins qu'il ne soit averti par l'odorat, on l'approche facilement. L'ours, qui sait cela, s'oriente de façon à avancer contre le vent, et lorsqu'il est assez près du buffle, il saute dessus par derrière, se cramponne à son dos, à son cou, avec ses énormes griffes, et parvient à le terrasser. Il est même assez fort pour transporter le cadavre de sa victime à une distance considérable afin de le cacher dans un taillis et de l'y dévorer à loisir.

L'ours gris ressemble plus à l'ours brun d'Europe

qu'à aucune autre espèce de la même famille. Son poil, long et hérissé, ne présente pas la surface unie qui caractérise la fourrure de l'ours noir. Il est généralement d'un brun foncé ; l'extrémité seule des poils est blanchâtre, principalement en été. Sa tête est toujours grise, et c'est là ce qui lui a valu son nom. L'espèce connue sous le nom d'ours noir comprend plusieurs variétés de couleur brune, rousse, baie et à poitrine blanche ; mais il suffit aux Indiens d'un coup d'œil pour les distinguer du véritable ours gris. Dans toutes ces variétés, si l'on rencontre des poils blancs mêlés aux autres, ils sont blancs jusqu'à la racine, tandis que, chez l'ours gris, ils ne le sont qu'à leur extrémité, et c'est ce qui lui donne son aspect grisâtre. Ce signe est constant et suffirait pour en faire une espèce particulière ; mais il se distingue par plusieurs autres caractères plus importants. Les oreilles de l'ours gris sont plus courtes, plus coniques et plus éloignées l'une de l'autre que celles de l'*ursus americanus* ou de l'*ursus arctos*. Il a les griffes blanches, arquées, beaucoup plus longues et plus larges que les autres ours. Elles ne sont larges toutefois que d'un côté ; en dessous, elles sont taillées en biseau aigu, dépassent de beaucoup les poils des pieds et coupent comme un rasoir. Ses pattes velues sont plus fortes et plus grosses que celles des autres espèces ; tandis que sa queue est au contraire très-courte et à peine visible. Cette extrême brièveté donne lieu, dans le pays, à une plaisanterie que les Indiens ne manquent jamais de faire quand ils ont tué un ours gris, et qui consiste à prier les personnes qui ne connaissent pas cette particularité de prendre l'animal par la queue.

Il n'y a pas moyen de confondre un vieil ours gris avec un autre. Sa taille et son aspect le font aisément reconnaître. Ce n'est qu'avec de jeunes sujets que l'erreur est possible.

Pour la férocité et les goûts carnivores, ce monstre des montagnes Rocheuses paraît l'emporter sur tous les autres ours, même sur l'*ursus maritimus*, et aucun autre n'est armé de moyens aussi redoutables pour satisfaire ses détestables penchants. Les chasseurs ne l'attaquent jamais, à moins d'être en nombre, et même alors la rencontre peut devenir fatale à l'un ou à plusieurs d'entre eux. Souvent ils ne doivent la vie qu'à la vitesse de leurs chevaux qu'heureusement l'ours gris ne peut atteindre à la course, tandis qu'il dépasse facilement un homme à pied.

Quant à fuir devant le chasseur, de jeunes oursons peuvent le faire quelquefois; mais quand il est dans toute sa force, l'*ursus ferox* ne craint pas de tenir tête à une troupe d'assaillants, courant de l'un à l'autre, et acharné au combat, tant qu'il lui reste un souffle de vie.

Le nombre de blancs ou d'Indiens qui ont été tués ou mutilés par des ours gris est presque incroyable. Quand il a choisi sa victime, le seul moyen, à défaut d'un bon cheval, d'échapper à ce terrible ennemi est de grimper sur un arbre. Un arbre est l'unique refuge de toutes les personnes poursuivies par l'ours gris. Nos chasseurs purent bientôt s'en convaincre par eux-mêmes.

XLIX

Un poste de trafiquants de fourrures.

Leurs comptes une fois réglés avec l'ours des Terres nues, nos voyageurs descendirent le fleuve Mackenzie jusqu'au fort Simpson. De là ils remontèrent un grand affluent du Mackenzie, connu sous le nom de rivière des Montagnes ou *rivière aux Liards*, comme l'appellent les Canadiens. Cette rivière a sa source bien au-delà des plus hauts pics des montagnes Rocheuses et offre ainsi le curieux phénomène d'un cours d'eau traversant perpendiculairement une chaîne de montagnes, ce qui se voit du reste dans plusieurs autres parties de la même chaîne, ainsi que dans les Andes de l'Amérique méridionale. La compagnie de la baie d'Hudson a plusieurs postes sur la rivière aux Liards, notamment les forts Simpson, Liard et Halkett, ce dernier très-enfoncé dans les montagnes. Au delà et sur le versant occidental, elle a, pour son trafic, d'autres stations dont la plus importante est celle des bords du Pelly, situé au confluent du Lewis et du Pelly, rivières qui, après leur jonction, se jettent dans la mer non loin du mont Saint-Élie, depuis longtemps connu des navigateurs qui fréquentent le nord de l'océan Pacifique.

Une communication a été établie du fort Halkett à la

station des bords du Pelly, au moyen de la Pease, qui est un des affluents de la rivière aux Liards ; de sorte que, partie en canot, partie en suivant les routes de terre, on peut traverser, à cette latitude, tout le continent américain. Des bords du Pelly à l'océan Pacifique, la route est encore facile ; car non-seulement les Russes visitent cette partie du pays, mais il y a, en outre, des marchands indiens qui vont, deux fois par an, de la station du Pelly à Sitka, l'entrepôt de la Compagnie russe pour le commerce des fourrures. Le détroit de Lynn, un peu au nord de Sitka, est aussi visité par les vapeurs de la Compagnie de la baie d'Hudson.

En suivant cette route, nos voyageurs étaient donc assurés d'atteindre Sitka sans difficulté, et de passer ensuite dans la péninsule du Kamschatka, sur la côte asiatique. D'un autre côté, en traversant les montagnes Rocheuses, ils étaient sûrs de rencontrer l'ours gris, et de plus, dans les contrées situées le long de l'océan Pacifique, ils avaient chance de trouver la variété de l'*ursus americanus* connue sous le nom d'ours cannelle ; car c'est à l'ouest de la grande chaîne, en Californie, dans l'Orégon, dans la Colombie anglaise et dans l'Amérique russe, que cette variété, qui doit son nom à sa couleur, se voit le plus fréquemment.

Une caravane, composée de marchands de fourrures et de chasseurs, partait précisément du fort Simpson ; pour porter des provisions aux postes de Liard et de Halkett, nos voyageurs résolurent d'en faire partie.

Arrivés à la dernière de ces stations, ils firent une halte dans le but de chasser l'ours gris.

Ils n'attendirent pas longtemps l'occasion, car cet hôte terrible des montagnes est loin d'être un gibier rare. Dans les districts où ils séjournent de préférence, les ours gris sont en effet plus nombreux que la plupart des autres quadrupèdes; on en voit assez souvent ensemble une demi-douzaine ou plus. Ce n'est pas qu'ils vivent en troupe; mais étant en grand nombre dans la même contrée, il n'est pas rare de les voir accidentellement réunis. On les rencontre plus fréquemment par groupes de quatre: mais alors ce sont tout simplement les membres d'une même famille : le mâle, la femelle et les petits de l'année, car leur progéniture est toujours de deux jumeaux. L'ours gris ressemble en cela à l'*ursus maritimus*, et diffère essentiellement des ours noir et brun, qui ont ordinairement trois petits à la fois.

Il y a toutes sortes de raisons pour que l'extinction de l'espèce des ours gris ne soit pas à redouter. D'abord leur chair est mauvaise. Les Indiens eux-mêmes ne la mangent pas, tandis qu'ils se régalent de celle de l'ours noir. En second lieu, leur fourrure n'a presque aucune valeur et se vend à peine. Enfin, et cette raison, qui tient des deux autres, est peut-être la meilleure, les chasseurs ne se soucient guère d'affronter ces animaux dans des luttes où il y va presque toujours de leur vie et où il n'y a rien à gagner. Voilà pourquoi le « vieil Éphraïm, » comme l'appellent plaisamment les gens du pays, peut se promener sans être inquiété, et comment, au lieu de se voir décimer chaque année par une guerre d'extermination, comme le buffle et même l'ours noir, dont la peau est d'un certain prix, l'ours gris est toujours aussi nombreux dans la plupart des pays qu'il habite.

Au fort Halkett, on manquait de bras et les préparatifs du convoi qu'il fallait expédier à la station du Pelly exigeaient un surcroît de travail ; nos jeunes chasseurs ne purent donc se procurer de guide, et ils furent obligés de se mettre seuls en campagne. Il va sans dire toutefois que Pouchskin les accompagnait.

La station du fort Halkett étant située au milieu d'une contrée tout à fait sauvage, dans un pays complétement inculte et loin de tout autre établissement, ils ne devaient pas être obligés de s'éloigner beaucoup pour rencontrer un ours gris. Il pouvait fort bien, en effet, s'en trouver dans le voisinage immédiat du fort; aussi à peine eurent-ils franchi l'enceinte qu'ils se tinrent sur le qui-vive.

Mais s'ils virent en effet des traces d'ours et de nombreux indices de la présence des animaux, ils ne purent en apercevoir aucun, et revinrent de leur première excursion un peu découragés.

La journée n'avait pourtant pas été tout à fait sans résultat. Ils avaient réussi à tuer un de ces animaux les plus rares de l'Amérique, la chèvre des montagnes Rocheuses (*capra americana*), qui ne se trouve que dans la partie la plus septentrionale de cette grande chaîne. Ce quadrupède, remarquable par la longueur de son poil soyeux et blanc comme la neige, est une véritable chèvre sauvage et la seule espèce du genre qui appartienne en propre à la faune américaine. Elle a à peu près la taille de la chèvre domestique, avec des cornes semblables; mais ses poils sont souvent si longs qu'ils lui tombent presque sur les pieds, ce qui lui fait paraître le corps plus gros et les jambes plus courtes qu'elle ne les a réellement. Comme le bouquetin d'Europe, on ne la trouve que dans les régions les plus élevées, au milieu des pics les plus escarpés et de rochers inaccessibles à presque tous les autres quadrupèdes, le mouton de montagne excepté. Elle est beaucoup plus timide que ce dernier, et bien plus difficile à approcher; aussi les chasseurs, même les plus habiles, ont-ils de la peine à s'en procurer.

Nos voyageurs n'avaient donc pas perdu leur journée. Dès le lendemain d'ailleurs, ils devaient, au gré de leurs désirs, se trouver en présence d'un ours gris.

L

Une rencontre avec le vieil Éphraïm.

Ils étaient à environ un kilomètre du fort et s'avançaient, avec précaution, à travers une contrée montueuse où croissaient, çà et là, des arbres et des buissons groupés en bosquets, ce qui lui donnait l'apparence d'un parc. Les vallées des montagnes Rocheuses présentent souvent ce caractère, et, dans leur partie septentrionale, ces bosquets se composent généralement d'arbustes à baies, tels que le groseillier sauvage, de cerisiers, de pruniers, et autres de même nature. L'ours gris est extrêmement friand de tous ces fruits, et comme l'endroit où se trouvaient nos chasseurs était garni d'arbres dont les branches en étaient chargées à plier sous le poids, il était assez naturel de penser qu'ils pourraient rencontrer là quelqu'un de ces animaux occupé à s'en régaler. Les branches d'un grand nombre de cerisiers étaient rompues ou inclinées jusqu'à terre, et les arbres, ainsi maltraités, n'avaient plus aucun fruit ; on eût dit qu'une troupe de maraudeurs avait passé par là.

Ces ravages paraissaient tout récents ; quelques-uns pouvaient remonter tout au plus à deux ou trois jours.

et une branche semblait avoir été cassée le matin même. Nos chasseurs se tenaient donc sur leurs gardes, l'ours pouvant se montrer à chaque instant.

Ils étaient à pied, ce qui, comme on l'a vu plus haut, était, pour chasser un gibier tel que l'ours gris, de la dernière imprudence. Les trappeurs les avaient avertis ; mais ils étaient restés sourds à leurs conseils, et à vrai dire, nos jeunes chasseurs, et Pouchskin lui-même, ne se faisaient qu'une idée incomplète du danger qu'ils couraient. Ils avaient entendu raconter et lu que l'ours gris est un des plus féroces que l'on connaisse ; mais, après avoir vaincu tant d'ours, ils s'imaginaient qu'ils en viendraient à bout comme des autres. Mais le vieil Éphraïm n'est pas un champion ordinaire. A la vue d'un homme, au lieu de fuir, il court le plus souvent droit à lui, la gueule ouverte, et sans la moindre provocation.

Nos chasseurs ne tardèrent pas à en avoir la preuve. Ils venaient de pénétrer dans une vaste clairière où s'élevaient seulement, de distance en distance, comme dans un verger, quelques arbres sous lesquels il ne poussait ni broussailles ni hautes herbes, de sorte que la vue pouvait s'étendre, dans toutes les directions, jusqu'à la lisière des bois environnants. Tout à coup un bruit singulier frappa leurs oreilles et les fit s'arrêter aussitôt et se retourner, car c'est derrière eux qu'il s'était fait entendre. Il ressemblait à la respiration difficile d'une personne asthmatique ; mais il était si fort que, s'il sortait de poumons humains, ce ne pouvait être que ceux d'un géant.

Ce bruit venait en effet d'une créature gigantesque, qui n'était ni plus ni moins qu'un ours gris. Et non pas seulement un, mais deux de ces monstrueux animaux, un mâle et une femelle, suivant apparence, se montraient, en ce moment, à la lisière du bois d'où nos chasseurs venaient de sortir. Tous deux se tenaient debout, sur leurs pattes de derrière; au bruit de leur respiration, qui avait attiré l'attention des chasseurs, se mêlaient des grognements aigus, et leurs mouvements indiquaient clairement que non-seulement ils avaient vu nos héros, mais qu'ils se préparaient à les attaquer. Presque aussitôt, en effet, ils s'élancèrent au galop, aussi vite que des chevaux l'auraient pu faire.

Trois coups de feu partirent à la fois et un des ours tomba pour ne plus se relever. C'était le plus petit et celui qui se trouvait en avant. Ayant agi sans s'être concertés, nos trois chasseurs avaient tiré sur le même animal et choisi celui qui était le plus près : circonstance fâcheuse, car si l'un deux seulement avait visé l'autre ours qui était le plus gros, il aurait pu au moins l'estropier.

Celui-là n'avait donc pas été touché, et, loin de l'effrayer, la chute de sa compagne, car c'est le mâle qui survivait, parut au contraire accroître sa fureur. Il s'arrêta néanmoins près du cadavre, qu'il flaira, comme pour se convaincre qu'elle était bien morte. Ce ne fut qu'un instant, mais cet instant fut, pour les chasseurs, d'un très-grand prix. Il leur donna le temps de chercher un refuge dans les arbres, chacun grimpant au plus vite sur celui qui se trouvait à sa portée. Alexis et Ivan, jeunes et agiles, en vinrent facilement à bout ; mais Pouchskin eut plus de peine à se hisser, et peu s'en fallut qu'il ne pût y réussir. Il s'était accroché à une branche et tirait après lui ses longues jambes, que rendait plus lourdes encore le poids d'une paire de grosses bottes. Il n'était encore qu'à moitié de l'arbre et déjà l'ours arrivé au pied se dressait pour le saisir.

Ivan et Alexis poussèrent simultanément un cri d'effroi. Ils voyaient les pattes velues du terrible quadrupède atteindre les jambes de leur fidèle serviteur, et il leur semblait que Pouchskin allait être ramené violemment à terre. Aussi quels ne furent pas leur satisfaction et leur étonnement, quand ils virent au contraire l'ours tomber brusquement à la renverse, avec une des bottes de l'ex-grenadier entre ses pattes, tandis que celui-ci gagnait le haut de son arbre.

Leur cri d'effroi se changea en exclamation de joie, et, sans rien dire, tous trois se hâtèrent de recharger leurs fusils.

L'ours désappointé parut vouloir se venger sur la malheureuse botte; il se mit à la déchirer avec ses dents et ses griffes jusqu'à ce qu'il l'eût mise en lambeaux. Puis, quand il en eut éparpillé les débris, il abandonna cette stérile vengeance et s'élança de nouveau vers l'arbre où Pouchskin s'était réfugié. Il savait, pour en avoir fait souvent l'expérience, qu'il ne pouvait y monter; aussi ne l'essaya-t-il pas, mais saisissant le tronc de sa puissante étreinte, il se mit à le secouer en tous sens, comme s'il cherchait à le déraciner.

Pendant quelque temps, nos chasseurs ne furent pas sans appréhension à cet égard. L'arbre n'était que de la grosseur d'un poirier ordinaire et il était secoué, dans un sens et dans un autre, avec une telle force que l'on entendait les racines craquer sous le sol.

Pouchskin, juché dans les plus hautes branches, était balancé comme un volant entre deux raquettes. Il avait même quelque peine à se maintenir et ne pouvait achever de charger son fusil, ce qu'il n'avait fait qu'à moitié lorsque commença pour lui ce singulier exercice. S'il avait été seul, sa position eût été vraiment critique; car avec le temps, l'ours serait certainement parvenu à déraciner l'arbre. Mais, Ivan et Alexis,

l'ours tomba à la renverse avec une des bottes de l'ex-grenadier entre ses pattes. (Page 262.)

qui avaient rechargé leurs fusils, lui envoyèrent chacun une balle, et il n'en fallut pas davantage. Incontinent le vieil Éphraïm lâcha prise, et se couchant à terre, il parut s'endormir. En même temps un flot de sang noir, s'échappant de ses mâchoires, prouva clairement qu'il s'était endormi du sommeil de la mort.

Nos chasseurs descendirent aussitôt de leurs arbres; mais la vue de Pouchskin, avec une jambe chaussée d'un bas, tandis que l'autre était enfoncée jusqu'à la cuisse dans une botte de cuir de cheval, était quelque chose de si plaisant que la gravité même d'un juge n'y eût pas résisté, et ses jeunes maîtres ne purent s'empêcher de rire encore une fois à ses dépens.

Les ours dépouillés, tous trois retournèrent au fort avec leurs trophées, au grand étonnement des vieux chasseurs qui s'y trouvaient réunis. Ils pouvaient à peine croire que ces jeunes étrangers fussent si aisément venus à bout d'un couple d'ours gris. La chose était certaine cependant, et les peaux étaient là pour l'attester.

La caravane avec laquelle ils étaient venus partait le lendemain pour le fort Pelly, et ils en profitèrent pour continuer leur route.

Cette partie du trajet se fit heureusement, et, de la station du Pelly, ils gagnèrent, en compagnie de quelques marchands du pays, l'établissement russe de Sitka, où le talisman magique que contenait le portefeuille d'Alexis leur procura la réception la plus hospitalière qu'on pût rencontrer dans un lieu aussi sauvage.

Ils avaient été assez heureux pour se procurer, chemin faisant, la peau d'un ours cannelle et celle d'un ours noir à poitrine blanche. Alexis put se convaincre que l'un et l'autre n'étaient que de simples variétés de l'*ursus americanus*. Ces deux variétés se trouvent quelquefois à l'est des montagnes Rocheuses ; mais elles sont beaucoup plus répandues le long de l'océan Pacifique et surtout dans l'Amérique russe, où l'ours de couleur cannelle est communément appelé l'ours rouge. On les trouve encore dans les îles Aleutiennes, et très-probablement aussi au Japon et au Kamschatka, où il existe un grand nombre d'ours, évidemment d'espèces différentes, mais confusément décrites et mal connues.

LI

Le Kamschatka

C'était maintenant la peau d'un ours du Kamschatka qu'il fallait à nos voyageurs; et pour cela, la première chose à faire était d'aller au Kamschatka. Le voyage n'était pas d'ailleurs aussi difficile qu'il pourrait le paraître au premier abord ; l'endroit où ils se trouvaient est en effet un de ceux qui ont des communications directes avec cette péninsule asiatique. Sitka est le port de rendez-vous des navires que la Compagnie russe du commerce des fourrures emploie chaque année à recueillir, le long des côtes nord-ouest de l'Amérique et dans les îles adjacentes, les fourrures que lui vendent les trappeurs du pays. De là ces navires se rendent à Pétropaulowski, sur la côte du Kamschatka, où ils complètent leur cargaison avec les peaux achetées, pendant l'hiver, dans toute la péninsule. De ce port enfin, une partie de ces fourrures est transportée en Chine, surtout la martre zibeline, qui sert à garnir les robes des riches mandarins, et échangée contre du thé, de la soie, des objets en laque ou d'autres articles de manufacture chinoise.

Les Japonais et d'autres nations orientales achètent

aussi une certaine quantité de fourrures précieuses ; mais la plus grande partie se vend aux Russes, pour qui une pelisse de fourrure est, à raison du climat, une nécessité.

La Compagnie de la baie d'Hudson elle-même vend en Russie une quantité considérable des peaux que lui livrent ses trappeurs, la consommation de ces articles étant très-limitée en Angleterre, surtout si on la compare avec celle de beaucoup d'autres objets de luxe.

Nos voyageurs firent, sur un navire de la Compagnie russe, le trajet de Sitka au port de Pétropaulowski, situé dans la baie d'Avatcha, près de l'extrémité méridionale de la péninsule.

Comme la baie d'Avatcha est presque fermée, elle forme un des havres les plus sûrs et les mieux abrités qu'on puisse trouver dans cette partie de l'océan Pacifique ; mais, malheureusement, l'eau y gèle en hiver et alors les navires ne peuvent ni entrer ni sortir.

On était déjà à la fin du printemps, lorsque celui qui portait nos héros arriva à Pétropaulowski ; mais comme l'hiver avait été extraordinairement long, la baie était encore couverte de glaces et le bâtiment ne put aller jusqu'au port. Cela ne les empêcha pas de débarquer. Des traîneaux, attelés de chiens, vinrent les prendre à bord et les conduisirent, sur la glace, à la ville ou *ostrog*, comme on appelle les villes et villages du Kamschatka.

A Pétropaulowski, nos voyageurs observèrent un grand nombre d'objets curieux et des coutumes singulières. Les maisons sont de trois sortes : d'abord, les *isbas*, bâties en bois et ressemblant assez aux cases des squatters américains. Ce sont les meilleures habitations du pays ; elles appartiennent généralement aux marchands et aux fonctionnaires, ou sont occupées par les

Cosaques que le gouvernement russe entretient au Kamschatka.

Les indigènes ont deux sortes d'habitations : une pour l'été, le *balagan*, et une autre pour l'hiver, le *jourt*. Le balagan est bâti avec des pieux et du chaume, sur une plate-forme élevée, à laquelle on arrive au moyen d'un tronc d'arbre, où, de distance en distance, sont pratiquées de fortes entailles. La maison n'a qu'un étage, et le toit en chaume est percé d'un trou, au sommet, pour donner passage à la fumée. Ces habitations ressemblent à des huttes grossières dressées sur un plancher élevé. Sous la plate-forme, le rez-de-chaussée reste ouvert et sert de magasin pour le poisson sec, qui forme la principale nourriture des habitants du pays. On y place aussi les traîneaux, les harnais, et c'est là que couchent les chiens, dont chaque famille possède un grand nombre.

La maison d'hiver, ou jourt, est construite d'une manière toute différente. C'est un grand trou creusé dans la terre, à la profondeur de trois mètres. Les parois sont recouvertes de pièces de bois, et le toit, faisant saillie à la surface du sol, ressemble au dôme arrondi d'un grand four. Un trou pratiqué au milieu sert à la fois de cheminée et de porte. On y descend par un tronc d'arbre entaillé, semblable à celui qui sert à monter au balagan.

Les curieux vêtements que se font, avec des fourrures, les habitants du Kamschatka; leurs chiens d'un blanc jaunâtre, minces et rappelant la race de Poméranie; les traîneaux auxquels ils attellent ces animaux et qui servent à leurs voyages en hiver; les costumes de ce singulier peuple, tout offrait à nos voyageurs un sujet d'étude intéressant, et leur journal s'enrichit, en peu de jours, de notes et d'observations nombreuses.

Les Kamschatdales se livrent très-peu à l'agriculture, leur climat étant impropre à la production des céréales. Dans quelques endroits on cultive de l'orge et du seigle, mais en très-petite quantité. Le bétail y est rare et le peu qu'il y en a appartient aux Russes et aux Cosaques. Les chevaux, également peu nombreux, sont tous, ou peu s'en faut, aux fonctionnaires du gouvernement. Les gens du pays vivent presque entièrement du poisson que leurs lacs et leurs rivières leur fournissent en abondance. Ils en pêchent et en font sécher en été pour leur provision d'hiver. Les animaux sauvages leur fournissent aussi une partie de leur nourriture, et c'est avec leurs peaux, principalement celles de la martre zibeline, qu'ils payent leurs contributions annuelles au gouvernement russe.

La péninsule est riche en quadrupèdes à fourrure, et quelques-unes de ces fourrures sont des plus belles et atteignent, dans le commerce, des prix très-élevés. La martre du Kamschatka est de qualité supérieure, ainsi que les nombreuses variétés du renard qui y abondent. On y trouve, en outre, le loup, l'hermine, la marmotte, le lièvre polaire, l'*orgali* ou mouton sauvage, le renne et plusieurs animaux plus petits, dont la peau a une valeur commerciale. La loutre de mer est commune sur les côtes du Kamschatka ; mais le principal, le plus noble gibier est, là aussi, ce redoutable quadrupède que nos héros étaient venus y chercher, l'ours en un mot. Le rencontrer ne devait pas être difficile, car il n'y a peut-être pas de pays au monde où ces animaux se trouvent en aussi grand nombre.

LII

Les ours pêcheurs.

Avant de se mettre à la recherche de l'ours du Kamschatka, nos chasseurs prirent toutes les informations qu'ils purent se procurer sur les habitudes de cet animal et les lieux qu'il fréquente.

On leur dit qu'il y en avait au moins deux variétés, connues toutes deux des chasseurs du pays. La plus commune est un ours brun, ressemblant beaucoup à l'*ursus arctos*; l'autre, qui est aussi de couleur brune, se distingue par une raie blanchâtre, qui lui entoure la gorge et les épaules comme un collier. Cette dernière variété n'est autre, sans doute, que l'espèce connue sous le nom d'ours de Sibérie (*ursus collaris*), et qui se trouve en grand nombre dans la plupart des contrées de l'Asie septentrionale. Leurs habitudes, au dire des chasseurs du pays, sont à peu près les mêmes. Ils dorment pendant l'hiver, choisissant adroitement pour refuges des grottes et des crevasses dans les rochers, ou des amas de bois suffisants pour les abriter.

Une habitude remarquable établit une différence essentielle entre ces ours et l'*ursus arctos*, avec lequel on les a généralement confondus. Ils sont pêcheurs, et vivent presque exclusivement de poisson, qu'ils prennent eux-mêmes. Pendant leur sommeil d'hiver, ils ne mangent naturellement rien; mais au printemps, aussitôt qu'ils sortent de leurs retraites, ils courent au bord des rivières et des lacs, très-nombreux dans le pays, et, rôdant sur la rive ou même entrant dans l'eau, qui partout est peu profonde, ils trouvent en abondance de la truite ou du saumon, et s'en régalent tout à leur aise. Le poisson est en si grande quantité que l'ours, rendu gourmand par cette profusion, ne mange que les morceaux qu'il préfère, c'est-à-dire la tête. Il laisse intactes la queue et une partie considérable du corps. Ces débris d'ailleurs ne sont pas perdus; ils profitent à un autre animal qui, plus affamé encore que l'ours et moins habile à la pêche, est le plus souvent, vers la même époque, à la recherche d'un repas de poisson.

Cet animal est le chien du Kamschatka, non pas une espèce sauvage, comme on pourrait le supposer, mais les chiens domestiques, ceux qu'on attelle aux traîneaux, et qui, dans cette saison, abandonnent les ostrogs ou villages et vont chercher leur vie au bord des lacs et des rivières. Ils y passent tout l'été, vivant de poisson, et se contentent volontiers des morceaux que les ours leur abandonnent. C'est là toute la nourriture de ces pauvres chiens, et comme on n'a pas besoin d'eux pendant l'été, on ne songe pas à les faire rentrer au logis avant les gelées. Alors, chose étrange, tous reviennent d'eux-mêmes et vont retrouver leurs anciens maîtres, hommes durs, qui non-seulement les font travailler tout l'hiver comme des bêtes de somme, mais les laissent presque mourir de faim. On a vu, dans ce retour volontaire à un ancien maître, une preuve de l'instinct de discipline et de la fidélité naturelle aux chiens du Kamschatka, comme à tous les animaux de même espèce; mais leur conduite a un autre mobile. C'est tout simplement l'instinct de la conservation qui les ramène au balagan.

Ces animaux, en effet, savent à merveille que, pendant l'hiver, les lacs et les rivières sont complétement gelés, et que s'ils continuaient, en cette saison, à errer dans la campagne, ils périraient certainement de froid ou de faim. La misérable ration de têtes et d'entrailles de poissons que leur jette leur maître, et qui est toute leur nourriture, vaut encore mieux que l'extrême et constante pénurie à laquelle ils se verraient bientôt réduits dans ces contrées couvertes de neige.

Les habitants du Kamschatka ont plusieurs manières de prendre les ours. Au commencement de l'hiver, s'ils voient une piste sur la neige, ils la suivent, armés d'un fusil et d'une lance, et, l'animal rejoint, ils le tuent comme ils peuvent. Plus tard, lorsque l'ours est endormi dans son antre, ils ont, pour le découvrir, leurs chiens de chasse, et divers indices semblables à ceux qui guident en pareil cas les Lapons, les Indiens de l'Amérique du Nord et les Esquimaux, tels que le léger nuage de vapeur qui s'élève, ou la couche de givre qui se forme au-dessus des trous ou fissures par où l'air extérieur pénètre dans sa tanière. Ils font aussi usage de piéges tendus dans les lieux où ils savent que les ours ont l'habitude de prendre leurs quartiers d'hiver.

En été, le chasseur se met en embuscade, avec sa carabine chargée, dans les endroits que fréquentent ces animaux, c'est-à-dire au bord des rivières et des lacs les plus poissonneux. Un ours vient-il à se montrer, rôdant sur la rive ou nageant près de terre, il tire et le tue ordinairement du premier coup; mais s'il le manque, la partie devient incertaine et quelquefois dangereuse, car souvent l'animal s'élance sur le chasseur. Si bien caché que soit son agresseur, parmi les longs roseaux et les buissons, l'ours le découvre aisément, guidé par la fumée et l'odeur de la poudre.

Aussi le chasseur du Kamschatka ne tire-t-il jamais sans viser avec grand soin. Il porte avec lui un bâton fourchu sur lequel il appuie son fusil, pour mieux ajuster. Manquer son coup, en effet, c'est s'exposer à perdre son gibier, à mettre en danger sa propre vie, et, ce qui ne laisse pas d'être aussi, pour un habitant du Kamschatka, un objet de quelque importance, à perdre sa poudre et sa balle, articles coûteux dans ce coin reculé du globe. En cas de malheur toutefois, il a encore sa lance et son grand couteau avec lesquels il se défend comme il peut; mais il n'est pas rare que la victoire reste à Bruin et que l'homme périsse dans la lutte.

Il y a des époques où les ours de Sibérie sont extrêmement dangereux. Telle est, par exemple, la saison du rut, qui arrive vers la fin de l'été. Lorsque l'hiver se prolonge et que les rivières et les lacs restent gelés après que les ours sont sortis de leurs tanières, il ne fait pas bon non plus les rencontrer. Ces animaux, affamés par suite du manque de poisson, leur nourriture ordinaire, courent les campagnes dans toutes les directions, s'approchent hardiment des ostrogs et rôdent autour des balagans et des jourts, en quête d'aliments. Malheur à l'homme qui se trouve alors sur leur passage! Au lieu d'attendre qu'il soit attaqué, c'est l'ours qui devient l'agresseur, et comme ces animaux voyagent souvent en nombreuse compagnie, la rencontre est presque toujours des plus périlleuses.

C'est par un de ces printemps tardifs que nos chasseurs arrivèrent à Pétropaulowski. On ne parlait, dans la ville, que des combats livrés aux ours ou par des ours, et le grand nombre de peaux fraîches apportées chaque jour par les Kurilskis[1], prouvait en outre qu'il n'était pas difficile d'en rencontrer dans les environs.

Nos voyageurs prirent un de ces hommes pour guide et allèrent à la découverte. La terre était encore couverte de neige, et, naturellement, ils voyageaient en traîneau : chacun avait le sien attelé de cinq chiens, suivant l'usage du pays. Quatre chiens sont attelés deux à deux et le cinquième en flèche. Leurs harnais se composent d'un collier de peau d'ours avec deux courroies de cuir servant de traits. Le traîneau appelé *saunka* n'a qu'un peu plus d'un mètre de longueur, et comme il est fait de bouleau, bois fort léger, cinq chiens peuvent aisément le traîner, avec un homme dessus.

Un bâton recourbé, qu'on appelle un *oschtol*, armé d'une pointe en fer et garni de grelots à l'autre extrémité, sert à les conduire. Excités par l'aiguillon et par les cris du voyageur, leur course atteint généralement une très-grande vitesse. Sur ce léger véhicule, on franchit les collines, on traverse les vallées, les lacs, les rivières, sans souci de routes tracées, et lorsque les chiens sont bons et bien soignés, on peut ainsi parcourir, en un jour, de très-grandes distances.

Moins d'une heure après leur départ de Pétropaulowski, nos chasseurs étaient entrés dans une contrée des plus sauvages.; on n'y apercevait pas la moindre trace de culture ni d'habitation, et ils pouvaient s'attendre, à chaque instant, à rencontrer le gibier qu'ils cherchaient.

1. Tribu d'indigènes particulièrement adonnés à la chasse.

LIII

Un troupeau d'ours.

Le guide les conduisit à une rivière qui se jette dans la baie, à quinze ou vingt kilomètres de la ville, et sur les bords de laquelle ils étaient à peu près sûrs, disait-il, de trouver un ours, sinon plusieurs, parce que, à un endroit qu'il connaissait, l'eau n'était pas gelée, et que, suivant toute apparence, les ours y venaient chercher du poisson. Pourquoi cette partie de la rivière n'était-elle pas gelée comme le reste? A cette question le guide répondit qu'un peu plus haut il y avait des sources thermales, phénomène assez fréquent dans la péninsule du Kamschatka, dont le produit se perdait dans la rivière vers laquelle ils se dirigeaient, et qu'à partir de cet endroit, sur un parcours de plusieurs centaines de mètres, l'eau ne gelait jamais, même pendant les plus rudes hivers. Plus bas, quand l'eau s'est refroidie, cette rivière gèle comme les autres, ce que nos chasseurs savaient à merveille, car c'était près de son embouchure qu'ils avaient débarqué, et en ce moment encore, c'était sur son lit, couvert d'une épaisse couche de glace, que glissaient leurs traîneaux.

Après qu'ils eurent fait de la sorte cinq ou six kilomètres, au fond d'un vallon étroit, entre deux chaînes de collines escarpées, le guide les avertit qu'ils approchaient de l'endroit où la glace devait cesser. Sur ce point la vallée était barrée par un banc de rochers à travers lequel l'eau s'était, avec le temps, ouvert un passage ; mais l'obstacle était néanmoins encore suffisant pour qu'au-dessus de cette chaussée naturelle il se fût formé une sorte de lac de deux hectares environ de superficie.

Les traîneaux ne devaient pas aller plus loin. On laissa les chiens au pied de la chaussée, en leur faisant signe de rester en place, ce qu'ils comprirent à merveille, et les chasseurs, tenant leurs fusils prêts, se mirent en devoir de gravir le rocher.

Il n'y avait d'autres moyens de s'abriter que ceux que pouvaient offrir les inégalités du terrain : point d'arbres, mais seulement quelques buissons s'élevant à peine à mi-corps, et presque entièrement enfouis dans la neige. Nos chasseurs se glissèrent en rampant jusqu'à ceux qui, de distance en distance, avaient poussé sur le barrage naturel dont nous avons parlé, et regardèrent avec précaution à travers les branches.

Comme le guide l'avait conjecturé, le lac n'était pas gelé. Il y avait bien un peu de neige à la surface, mais l'eau n'était pas prise, et la rivière qui s'y jetait du côté opposé ne charriait pas de glaçons.

Le guide avait aussi prédit hypothétiquement, qu'ils pourraient, en cet endroit, rencontrer un ours et peut-être plusieurs. Mais le brave homme n'avait assurément pas songé qu'il pût y en avoir une *douzaine*, et pourtant c'étaient bien douze ours, pas un de moins, qu'à leur grande surprise ils aperçurent sur les bords du lac.

Oui, douze ours! dans un espace d'environ cinq cents mètres. Il était facile de les compter, et sans leurs attitudes, auxquelles il était aisé de les reconnaître, on aurait pu les prendre pour un troupeau de vaches brunes ou pour des bœufs. Quelques-uns se tenaient sur leurs cuisses, comme des écureuils gigantesques. On en voyait aussi dans l'eau, le corps à demi submergé; deux ou trois dont on n'apercevait que la tête et le dos, suivaient le poisson à la nage; d'autres enfin rôdaient tranquillement sur la rive ou dans la prairie qui s'étendait des deux côtés du lac.

Nos chasseurs d'ours ne s'étaient jamais trouvés à pareille fête, et le Kamschatka est probablement le seul pays où l'on puisse voir à la fois tant de ces animaux réunis. Mais là, ce spectacle n'a rien d'extraordinaire, et souvent on y a vu non pas douze, mais vingt ours en une seule troupe, dans la saison où, sortant de leurs retraites d'hiver, et descendant des montagnes, la faim les conduit au bord des lacs et des rivières.

La vue de tant d'ours ne laissa pas de les embarrasser un peu, et ils ne surent trop d'abord que résoudre. Heureusement ils étaient cachés par les buissons et se trouvaient contre le vent. Sans cela, les ours, qui ont l'odorat très-fin, auraient eu bientôt découvert leur présence. Mais bien que plusieurs fussent près du rocher où se tenait l'ennemi, pas un n'avait l'air de s'en douter. Ils étaient trop occupés de leur pêche et de leur repas, pour être bien attentifs à ce qui se passait autour d'eux. Tous semblaient affamés. Leur corps efflanqué, leur poil hérissé et leurs membres amaigris attestaient un long jeûne, et les faisaient ressembler d'autant plus à des vaches, mais à des vaches à demi mortes de faim.

LIV

Une chasse en traîneau.

Que faire? Le cas était véritablement embarrassant.

Le Kurilski était d'avis de s'en aller et de laisser les ours tranquilles. Il y avait, dit-il, grand péril à les déranger, étant en si grand nombre et dans la disposition où ils semblaient être. Il savait que souvent, en pareil cas, des ours avaient attaqué plusieurs hommes réunis et leur avaient donné la chasse, ce qui pourrait bien leur arriver à eux-mêmes, s'ils s'y exposaient.

Sans refuser complétement de croire à ses récits, nos trois Russes se défiaient cependant de l'esprit peureux de leur guide, qu'ils savaient être d'une race timide. Il leur en coûtait aussi de renoncer à une si belle occasion, sans avoir rien fait pour en tirer parti. Ils penchaient donc pour tenter l'aventure.

Plusieurs ours étaient là, tout près, à leur portée. Était-il possible de s'en aller sans avoir seulement tiré un coup de fusil? S'ils la négligeaient, l'occasion ne se présenterait peut-être pas de si tôt, et le séjour de Pétropaulowski, même dans l'isba du gouverneur, qui n'était qu'un sergent de Cosaques, n'ayant pour tout logement qu'une assez pauvre cabane, n'offrait pas assez d'agréments pour leur donner le désir d'y faire une longue station. Il y avait plusieurs mois d'ailleurs qu'ils parcouraient des pays couverts de neige, et il leur tardait d'arriver à ces îles des tropiques, lieux pleins de charme et de séductions, qui devaient être leur prochain relais dans leur grand voyage autour du monde. Toutes ces considérations les déterminèrent à tenter l'aventure.

Le Kurilski, les voyant décidés, consentit à être de la partie, et quatre coups de fusil partirent à la fois du milieu des buissons.

Deux ours étaient tombés et se débattaient sur la neige. Mais aussitôt que la fumée se fut dissipée, nos chasseurs purent voir les dix autres venir à eux de tous côtés. Leurs cris féroces et la rapidité de leur course montraient assez clairement leurs intentions : ils venaient les attaquer.

Il n'y avait plus qu'un parti à prendre, c'était de battre en retraite. Mais où fuir? Il n'y avait point d'arbres dans les environs; et, lors même qu'il y en aurait eu, il n'eût pas été sûr d'y chercher un refuge, pas plus que parmi les roches escarpées qui, au-dessous du lac, s'élevaient des deux côtés de la rivière. Grimper aux unes, escalader les autres n'aurait été qu'un jeu pour les ours.

Les Russes commencèrent à regretter leur témérité et ne savaient que faire. Le Kurilski s'était attendu à ce qui arrivait et avait son idée toute prête. Il se précipita au bas de la chaussée et courut à son traîneau, criant à ses compagnons de l'imiter, car c'était leur seul moyen de salut.

Son conseil fut immédiatement suivi. Chacun s'élança vers son traîneau, s'assit sur le siége du petit véhicule en forme de croissant, saisit les guides et lança son attelage sur la route.

Si les chiens n'avaient pas été bien dressés, ou si les hommes eussent été moins habiles à conduire un traîneau, ils auraient couru le plus grand danger. Il n'y avait pas une seconde à perdre. Déjà les ours descendaient au galop la pente du talus où les chasseurs s'étaient embusqués, et quand le dernier traîneau partit, — c'était celui de Pouchskin, — l'animal qui se trouvait en tête de la troupe n'en était pas à plus de six pas.

Ce fut alors une lutte de vitesse entre les ours et les chiens, car ceux-ci savaient qu'il n'y avait pas moins de danger pour eux que pour leurs maîtres, et il n'était besoin ni de la voix ni de l'*oschtol* pour les exciter. Ils couraient sur la glace avec toute l'agilité dont les a doués la nature. Longtemps les ours, quoique plus lourds, suivirent d'assez près les fugitifs; mais ils finirent par perdre du terrain, et voyant que l'ennemi leur échappait, ils renoncèrent, l'un après l'autre, à la poursuite, et retournèrent vers le lac, mais lentement et avec un regret manifeste.

Juste en ce moment critique un accident arriva à Pouchskin, ou plutôt Pouchskin commit une bévue qui, cinq minutes plus tôt, aurait pu lui coûter la vie. L'ex-grenadier eut la malheureuse idée de laisser tomber la pointe de fer de son *oschtol* sur la neige, en avant du traîneau : c'est le moyen qu'on emploie au Kamschatka pour faire arrêter tout l'attelage; et dociles malgré le péril, les cinq animaux que conduisait le vieux soldat firent halte tout à coup. Heureusement les ours avaient déjà rebroussé chemin, et Pouchskin eut le temps de remettre ses coursiers au galop avant qu'ils se fussent aperçus de sa mésaventure.

Quand ils eurent mis ainsi un bon kilomètre entre eux et leurs ennemis, nos chasseurs firent une pause pour laisser leurs chiens reprendre haleine ; puis ils retournèrent à l'ostrog, sans éprouver la moindre envie de courir après les ours.

Ils n'avaient cependant pas l'intention d'abandonner complétement le produit de cette chasse. Ils allèrent à la ville pour demander du secours, et aussitôt qu'on sut ce qui leur était arrivé, tous les hommes de la colonie, Cosaques, Kurilskis et sangs-mêlés, se réunirent armés jusqu'aux dents pour une grande battue, et se dirigèrent avec eux vers le lac, le gouverneur en tête.

Les ours étaient encore au même endroit ; — les vivants et les morts, car on eut alors la preuve que deux étaient tombés sous les balles des chasseurs. — On dirigea sur les autres une fusillade générale qui les mit complétement en déroute et en tua cinq. Plusieurs furent, en outre, poursuivis et tués dans leurs repaires. Pendant toute la semaine suivante on mangea bien peu de poissons à Pétropaulowski, dont la population n'avait pas vu, depuis bien longtemps, un pareil carnaval.

Nos jeunes Russes eurent naturellement leur part dans les trophées de cette victoire. Ils choisirent la peau de l'un des ours qu'ils avaient tués eux-mêmes, et la laissèrent au gouverneur pour être envoyée par Okhotsk et Yakoutsk à Saint-Pétersbourg. Quelques jours plus tard, le bâtiment de la compagnie du commerce des fourrures, qui les avait amenés, les portait à Canton, où ils trouvèrent aisément un navire chinois qui les conduisit à la grande île de Bornéo.

LV

L'oura de Bornéo.

Il y a, sur différents points de l'île de Bornéo, des colonies de Chinois dont la principale occupation est l'exploitation des mines d'or et d'antimoine. Ces établissements, ainsi que beaucoup d'autres, situés dans les îles voisines sont sous la protection et direction d'une grande compagnie marchande, appelée *Kung-Li*, et ressemblant beaucoup à la compagnie anglaise des Indes orientales. Pour Bornéo, le siége principal de cette grande association commerciale est le port et la rivière de Sambas, sur la côte occidentale. Il y a également à Sambas une factorerie appartenant à une compagnie hollandaise des Indes orientales, qui a, en outre, dans l'île, deux autres comptoirs. Il n'existe à Bornéo aucun autre établissement européen, si on en excepte une agence britannique peu ancienne, dans la petite île de Labouan, et l'espèce de colonie formée à Sarawak par un aventurier anglais, qui se donne le titre de « rajah Brooke. »

Ce rajah, de fraîche date, fonde ses prétentions à ce titre et à la possession du territoire de Sarawak, sur une concession du sultan de Bornéo, qui aurait été la récompense des services par lui rendus à ce prince, en l'aidant à se défaire des pirates dayaks qui infestaient le pays. C'est ainsi du moins que la chose a été jusqu'ici présentée en Angleterre; mais un exam a plus attentif de toute cette affaire semble devoir modifier singulièrement l'opinion sur ce point; et il paraît qu'au lieu de concourir à la supression de la piraterie dans les eaux de Bornéo, le premier acte du philanthrope gentleman a été d'aider le sultan malais à réduire en esclavage plusieurs tribus de Dayaks inoffensifs et de les forcer à travailler, sans salaire, dans les mines d'antimoine. Telle est, suivant toute apparence, la nature des services qui ont été payés par la concession du territoire de Sarawak. Loin de combattre les pirates, le nouveau rajah s'est fait leur complice en s'alliant au sultan, leur patron et leur protecteur.

Quoique les Européens soient établis, depuis des siècles, dans les îles de l'archipel Indien et y soient à peu près tout-puissants, nous connaissons fort peu la grande île de Bornéo. Les côtes seules ont été décrites et encore bien imparfaitement. Les Hollandais ont fait une ou deux expéditions dans l'intérieur, mais ce n'est pas à ces marchands qu'il faut demander d'accroître la somme de nos connaissances. Pendant deux siècles, ils n'ont usé de leur influence en Orient que pour fomenter des discordes partout où il a été possible, et pour détruire jusqu'à la dernière étincelle de liberté ou de dignité chez les races qui ont eu le malheur d'être en contact avec eux.

Le fait est que Bornéo n'est aujourd'hui guère mieux connu qu'il y a cent ans, et cependant où trouver un plus beau sujet d'étude que cette île magnifique, qui attend encore une monographie, comme celle que

Marsden a consacrés à Sumatra, Tennant à Ceylan, et sir Stramford Raffles à Java?

Partout la vie tropicale s'y présente dans son plus splendide développement. La faune et la flore de ce pays sont si riches qu'on pourrait le comparer à un grand jardin zoologique et botanique, et, sur toute la surface du globe, il n'y a pas un autre coin de terre où le naturaliste puisse espérer de recueillir, pour prix de ses peines, une moisson aussi abondante et aussi variée.

Nos jeunes voyageurs furent remplis d'admiration à la vue des merveilles de cette nature tropicale. La végétation égalait tout ce qu'ils avaient vu de plus grand et de plus beau sur les bords du fleuve des Amazones, et la faune, surtout en quadrupèdes et en quadrumanes, était beaucoup plus riche.

Il est à peine besoin de dire que, parmi les premiers, un surtout attirait leur attention : c'était l'ours de Bornéo, le plus bel animal, sans comparaison, de la famille des ours. Il en est aussi le plus petit ; il n'atteint pas même la taille de son voisin l'ours malais, auquel il ressemble du reste beaucoup. Sa fourrure est d'un noir de jais ; il a le museau d'un jaune orange, et, sur la poitrine, un disque orange plus foncé, ayant quelque ressemblance avec la figure d'un cœur. Son poil est serré et uni sur tout le corps : ce qui est aussi un des signes caractéristiques de l'ours noir de l'Amérique du Nord et des deux espèces de l'Amérique du Sud, et le fait ressembler à son cousin le Malais, qui habite les îles voisines de Sumatra et de Java. On le confond même souvent avec ce dernier, mais c'est là une erreur. Non-seulement l'ours de Bornéo est plus petit, mais la marque de couleur orange foncé qu'il a sur la poitrine le distingue d'une façon suffisante et permanente. L'ours malais a aussi une tache sur la poitrine, mais elle est en forme de demi-lune et de couleur blanchâtre; son museau est d'un blanc fauve et non pas jaune, et il est loin d'être aussi beau que l'ours de Bornéo.

Celui-ci forme donc, dans la grande famille des ours, une espèce distincte, aussi bien que l'ours brun d'Europe, l'ours noir de l'Amérique du Nord, et ceux des Cordillères, dont ses habitudes le rapprochent d'ailleurs beaucoup, car il est, comme eux, frugivore et a un goût prononcé pour les douceurs. Il aime surtout le miel, ce dont nos chasseurs eurent bientôt la preuve.

LVI

Le grand tapang.

A leur arrivée à Sambas, ils avaient, suivant leur coutume, fait choix d'un guide pour les diriger dans leurs excursions. C'était un Dayak, appartenant à la classe des chasseurs d'abeilles, et qui, par la nature même de sa profession, se trouvait presque aussi souvent en contact avec les ours qu'avec les mouches à miel. Ils résolurent d'explorer d'abord, non loin de la ville, une chaîne de collines boisées, où l'ours de Bornéo se trouve en grand nombre et où l'on en rencontre presque en tout temps.

En traversant les bois situés sur leur route, ils remarquèrent une espèce d'arbre qui, au milieu de tant d'espèces nouvelles et singulières, attira particulièrement leur attention. Ces arbres ne croissent que de loin en loin; on en voit quelquefois deux ou trois au même endroit, mais plus généralement ils s'élèvent isolés au milieu des autres espèces, qu'ils dépassent de leurs cimes gigantesques. Ce qu'il y a de plus singulier, c'est que, de leur tronc entièrement nu, il ne se détache aucune branche que lorsqu'ils ont atteint une hauteur de quinze mètres environ au-dessus du niveau onduleux et mouvant du bois où ils règnent. On ne les voit pas d'en bas, mais seulement lorsque, de quelque éminence, on domine le pays, et alors on dirait une forêt au-dessus d'une autre forêt. Ce phénomène semblait, à nos voyageurs, d'autant plus extraordinaire que la forêt inférieure était composée d'arbres ayant, pour la plupart, de vingt à trente mètres.

Ceux qui avaient tout d'abord excité si vivement leur admiration étaient minces relativement à leur hauteur, ce qui les faisait paraître encore plus grands. Nous avons dit qu'ils n'avaient de branches qu'à trente-cinq ou quarante mètres du sol. A partir de là, ils en ont beaucoup et de grosses qui, symétriquement disposées autour du tronc, couvertes de petites feuilles et s'écartant fort peu, forment à l'arbre une belle tête arrondie.

L'écorce en est blanche; en la piquant avec un couteau, nos chasseurs reconnurent qu'elle était tendre et laiteuse. Le bois même est, jusqu'à une certaine profondeur, si spongieux qu'une lame ordinaire y pénètre presque aussi facilement que dans une tige de chou.

Plus avant il acquiert une certaine dureté, et si nos explorateurs avaient pu pénétrer jusqu'au cœur de l'arbre, ils l'auraient trouvé tout à fait dur et de couleur chocolat foncé. Exposé à l'air, ce bois devient aussi noir que l'ébène; les Dayaks et les Malais s'en servent pour en faire des bracelets et d'autres bijoux.

Interrogé sur le nom de cet arbre, le guide répondit qu'on l'appelait *tapang*. Ce nom était inconnu de nos jeunes Russes et ne leur disait pas à quelle espèce appartenait ce géant des forêts tropicales. Mais bientôt Alexis, en passant sous un de ces tapangs, vit à terre des fleurs qui en étaient tombées, et en ayant examiné une, il déclara que c'était une espèce de figuier (ficus), genre très-commun dans les îles de l'archipel Indien.

Si nos voyageurs avaient été surpris à la vue de ce bel arbre, leur étonnement ne tarda pas à s'accroître encore. En s'approchant de l'un des tapangs, ils furent frappés de l'aspect que représentait un des côtés de la tige, depuis le sol jusqu'aux branches. On eût dit une longue échelle grimpant le long du tronc et dont l'un des supports se confondait avec l'écorce même de l'arbre. Quand ils eurent fait quelques pas de plus, tout leur fut expliqué. C'est bien une échelle qu'ils avaient vue, mais d'une construction toute particulière, et qu'il eût été impossible de détacher du tapang autrement que par morceaux. Elle se composait de chevilles de bambou, plantées dans le tronc de l'arbre à distance d'environ 60 centimètres l'une de l'autre. Ces chevilles avaient à peu près 30 centimètres de longueur et étaient solidement maintenues par une tige de même bois à laquelle elles étaient attachées par le bout avec des joncs. Cette échelle, comme nous venons de le dire, s'élevait du pied de l'arbre jusqu'aux branches.

Il était évident qu'elle avait été faite pour monter à la cime du tapang; mais dans quel but? Personne ne pouvait mieux les éclairer à cet égard que leur guide, car c'était lui-même qui l'avait construite. Établir de pareilles échelles et y monter était une des parties essentielles de sa profession de chasseur d'abeilles. Voici l'explication qu'il donna à ses compagnons. Une grosse mouche ressemblant à une guêpe et que l'on nomme *lanyeh*, fait son nid à la cime des tapangs. Ce nid consiste en une certaine quantité de cire d'un jaune pâle, que les mouches déposent sous les grosses branches, de façon qu'elles soient à l'abri de la pluie.

L'échelle de bambou est faite pour arriver à ces nids, et le but de cette ascension est moins de s'emparer du miel que de prendre la cire qui le contient. Le *lanyeh* paraît être plutôt de la famille des guêpes que de celle des abeilles, et ne produit qu'une très-petite quantité de miel de qualité inférieure; mais la cire de son nid est un article précieux et chaque ruche peut en donner pour une valeur de plusieurs dollars (pièces de cinq francs).

C'est là un argent bien durement et bien péniblement gagné, et l'on ne comprend guère comment le pauvre Dayak peut choisir une semblable profession, lorsque tout autre travail lui donnerait avec moins de fatigue, et surtout avec moins de douleur, les mêmes moyens d'existence.

Il ne parvient jamais, en effet, à enlever le nid d'un lanyeh sans être grièvement piqué par ces insectes; mais, bien que leurs piqûres soient aussi douloureuses que celles de la guêpe commune, l'habitude semble y avoir rendu le Dayak presque insensible. Il monte sans crainte à la fragile échelle, portant une torche allumée dans une main et un panier de jonc sur le dos. Au moyen de la torche, il chasse les mouches de leur domicile aérien, et, à mesure qu'il détache les rayons de cire de miel, il les place dans son panier.

Pendant ce temps, les insectes furieux bourdonnent à ses oreilles et lui font, au visage, à la gorge et aux bras, qu'il a toujours nus, de nombreuses blessures; mais il n'y prend pas garde, et, sa besogne achevée, il descend, la tête enflée et souvent deux fois plus grosse qu'auparavant.

Triste profession que celle d'un chasseur d'abeilles de Bornéo!

LVII

Le bruang.

En continuant leur route, nos voyageurs remarquèrent plusieurs autres tapangs avec des échelles, et au pied d'un de ces arbres, le plus grand qu'ils eussent encore vu, leur guide s'arrêta.

Après avoir jeté à terre son kris et une hache qu'il avait apportée, il se mit à monter sur l'arbre. Dans quel but? Il ne s'agissait évidemment ni de cire ni de miel. Le Dayak, comme il l'expliqua lui-même, voulait tout simplement avoir une vue de la forêt, et pour cela il n'y avait d'autre moyen que de monter sur un tapang.

Il était impossible de voir sans effroi cet homme s'élever à une telle hauteur en se confiant à un support aussi faible et aussi incertain. Cette vue rappelait aux trois Russes le spectacle dont ils avaient été témoins à la Palombière, dans les Pyrénées.

Le Dayak arriva bientôt au sommet de l'échelle et s'y tint une dizaine de minutes, tournant les yeux et paraissant examiner la forêt de tous côtés. Enfin sa tête devint immobile et son regard parut se fixer dans une direction particulière. Il était trop haut pour qu'on pût juger de l'expression de sa figure, mais son attitude semblait indiquer qu'il avait fait quelque découverte.

Bientôt après il descendit et ne dit que ces mots : « Un *bruang*, je l'ai vu ! »

Les chasseurs savaient que bruang est le nom malais de l'ours, et la ressemblance de ce mot avec le sobriquet de Bruin leur avait déjà donné l'idée que ce dernier pouvait venir de l'Orient. Mais ce n'était pas le moment de se livrer à l'examen d'une question d'étymologie. En mettant pied à terre, le guide prit sa course et leur dit de le suivre.

Après quelques minutes de marche rapide à travers le bois, le Dayak commença à s'avancer avec plus de précaution, examinant attentivement le tronc de chacun des tapangs.

Il s'arrêta tout à coup devant l'un de ces arbres et leva les yeux en haut. Nos chasseurs, qui le suivaient, remarquèrent sur l'écorce des égratignures provenant, suivant toute apparence, des griffes de quelque animal. Ils n'eurent pas plus tôt fait cette observation, que l'animal lui-même apparut à leurs regards.

Tout en haut, à la cime du tapang, c'est-à-dire à l'endroit où les premières branches partent du tronc, on pouvait apercevoir un corps noir. A une telle distance, il ne paraissait pas plus gros qu'un écureuil : mais ce n'en était pas moins un ours de Bornéo, un véritable bruang. Près de son museau, une masse blanchâtre semblait pendre aux branches. C'était une ruche, et un léger nuage que l'on voyait au-dessus devait être l'essaim des mouches engagées sans doute dans une lutte désespérée contre leur voleur.

L'ours lui-même était trop occupé de son régal pour regarder en bas, et, pendant quelques minutes, nos chasseurs purent le contempler à leur aise, mais sans faire un mouvement.

Satisfaits de leur examen, ils se préparaient à tirer, lorsqu'ils en furent empêchés par le Dayak, qui leur fit signe de se tenir tranquilles et de le suivre un peu à l'écart. Quand ils furent hors de la vue de l'ours, il leur fit remarquer, ce qui était assez vrai, qu'à une pareille hauteur ils pouvaient manquer l'animal, et que, lors même qu'ils l'atteindraient, il était peu probable qu'une balle le fît tomber à moins qu'elle n'atteignît quelque partie vitale. Dans l'un ou l'autre cas, l'ours monterait plus haut, et protégé par les feuilles et les branches, il pourrait les braver. Il y resterait ensuite jusqu'à ce que la faim le forçât de descendre; et comme il était justement en train de prendre son repas, il pourrait, suivant toute apparence, y prolonger son séjour assez longtemps pour lasser leur patience.

On aurait, il est vrai, la ressource d'abattre l'arbre. Ils avaient une hache, et comme le bois était tendre, ils en viendraient aisément à bout; mais le Dayak leur fit observer qu'en pareil cas le bruang trouve presque toujours le moyen d'échapper. Le tapang tombe rarement à terre; il s'arrête sur la cime des bois qui l'entourent, et comme l'ours de Bornéo grimpe aux arbres et s'y tient comme un singe, il ne tombe pas davantage; il saute de branche en branche, se cache au plus épais du feuillage et ne se laisse glisser à terre que lorsque sa fuite est à peu près assurée.

L'avis du guide était donc d'attendre sans bruit, cachés derrière les arbres, que l'ours eût fini son repas et qu'il fût disposé à descendre. Il le ferait alors à reculons, et, s'ils agissaient avec prudence, ils pourraient le tirer presque à bout portant.

Toutes ces précautions, toutes ces lenteurs n'allaient

guère à l'impatience d'Ivan ; mais, entraîné plus encore que convaincu par l'opinion de son frère, il finit par se rendre.

Tous trois se placèrent alors derrière trois arbres qui formaient une sorte de triangle dont le tapang occupait à peu près le centre, et le guide, qui n'avait pas de fusil, se tint près de l'arbre son *kris* à la main, et prêt à donner à l'ours le coup de grâce, dans le cas où serait que blessé.

Il n'y avait d'ailleurs aucun péril pour les chasseurs. Le petit ours de Bornéo n'est dangereux que pour les abeilles, les fourmis blanches ou autres insectes qu'il ramasse avec sa langue. Il égratigne et mord cependant quand on l'approche de trop près ; mais, en somme, il n'est pas plus à redouter qu'un daim timide.

Les choses se passèrent exactement comme le Dayak l'avait annoncé. L'ours, ayant fini son repas, descendit à reculons et serait sans doute arrivé ainsi jusqu'à terre ; mais, avant qu'il fût à moitié chemin, Ivan, ne pouvant plus contenir son impatience, lui envoya un coup de fusil dont le bruit fit retentir au loin les échos de la forêt. Il avait tiré à balle et manqué son but. Il voulut recourir à sa charge de petit plomb et fit feu une seconde fois, mais tout aussi inutilement.

L'unique effet de ces coups répétés fut d'effrayer le bruang ; au premier, il commença à remonter, ce qu'il faisait presque aussi lestement qu'un chat, et pendant un instant il y eut toute apparence qu'il échapperait. Mais Alexis, qui avait surveillé les mouvements de son frère, se tenait prêt, et l'ours ayant fait une pause sur les premières branches, il tira à son tour, visant à la tête.

La balle dut aller à son adresse, car l'animal, au lieu de monter plus haut, resta suspendu à la branche qu'il avait déjà saisie et à laquelle il paraissait ne se tenir qu'avec peine.

En ce moment le coup de fusil de Pouchskin retentit dans les bois comme un coup de canon, et soudain l'ours, lâchant la branche qui le soutenait, tomba comme une masse au milieu des chasseurs. Il ne s'en fallut guère que de quelques centimètres que ce ne fût sur les épaules de Pouschkin. Heureusement, si minime qu'elle fût, la distance suffisait pour le salut du vieux grenadier.

Si le corps de l'animal était tombé sur lui d'une telle hauteur, il aurait été assommé et sa mort eût été aussi prompte que celle de l'ours lui-même. Aussi, en voyant le danger auquel il venait d'échapper, le pauvre Pouschskin ne put-il maîtriser son émotion, et fit-il un moment assez triste mine, mais il ne tarda pas à se remettre et à reprendre sa bonne humeur.

LVIII

Le mangeur de chou.

Nos voyageurs, croyant leur tâche finie à Bornéo, se préparaient à passer dans l'île de Sumatra, où vit, aussi bien qu'à Java et dans la presqu'île de Malacca, l'ours connu sous le nom d'*ursus malayanus*; mais avant leur départ de Sambas, on les assura que cette espèce habite également l'île où ils se trouvaient.

On la rencontre plus rarement que la variété à poitrine orange; mais les indigènes, qui sont généralement de meilleurs guides que les anatomistes, quand il s'agit de classifications et d'espèces, leur affirmaient que les deux variétés existent dans leur île, et le Dayak, dont nos chasseurs s'étaient assuré les services par la récompense libérale qu'il avait déjà reçue, leur promit que, s'ils voulaient le suivre jusqu'à un endroit qu'il connaissait bien, il leur ferait voir un bruang de la grande espèce. Dans la description qu'en fit cet homme, Alexis reconnut facilement l'*ursus malayanus*; celui qu'ils venaient de tuer était l'*ursus euryspilus*.

S'il leur était resté le moindre doute à cet égard, ils auraient été convaincus par le spectacle dont ils furent témoins dans les rues de Sambas. Des jongleurs ambulants y montraient en effet des ours des deux espèces, qui s'apprivoisent et se dressent facilement, et c'était bien dans les forêts de Bornéo que, suivant leur dire, ils avaient pris « le grand bruang. »

Puisqu'on pouvait le trouver où ils étaient, pourquoi aller le chercher à Sumatra? Nos jeunes gens avaient encore sans cela bien assez de chemin à faire, et ils commençaient à se fatiguer. Il était naturel, d'ailleurs, qu'après une si longue absence, après avoir enduré tant de fatigues et couru tant de dangers, il leur tardât de se retrouver chez eux et de jouir de tous les agréments de la vie confortable, dans leur beau palais des bords de la Néva. Ils résolurent donc de suivre leur guide dans cette nouvelle expédition.

Ils marchèrent toute une journée et arrivèrent, vers le soir, à l'endroit où le Dayak espérait rencontrer les grands bruangs. Ils ne pouvaient se mettre en chasse que le lendemain matin. Ils firent halte et formèrent leur camp. En moins d'une heure, le guide eut construit une hutte de bambous qu'il couvrit de feuilles de musacées sauvages[1].

Ils se trouvaient au milieu d'un magnifique bois ou plutôt d'une forêt de palmiers, de l'espèce appelée *nibon* par les indigènes, et qui est une variété du genre *areng* ou *arenga*. Le nibon appartient à la famille des palmiers à chou, c'est-à-dire que les habitants du pays en mangent les jeunes feuilles comme les Européens mangent le chou. Ces feuilles sont d'une blancheur exquise et ont un goût de noisette; les amateurs les mettent bien au-dessus des feuilles du cocotier et même du palmier-chou des Indes occidentales (*areca oleracea*)

---

1. Bananiers dont la feuille est très-grande.
(*Note du traducteur.*)

Les habitants de Bornéo et des autres îles de l'archipel Indien emploient le nibon à un grand nombre d'usages. Sa tige ronde sert à faire des solives pour leurs maisons. Fendue en lattes, on en fait des planchers. De la spathe ou enveloppe qui contient ses fleurs, on extrait un jus sucré avec lequel on fait du sucre, — ce qui lui a fait donner le nom d'*arenga saccharifera*, — et qui par la fermentation se change en liqueur enivrante. Le tronc contient du sagou en abondance. Enfin, avec les nervures des feuilles, ils fabriquent des plumes pour écrire et des flèches pour leurs fusils à vent.

La vue du bel arbre intéressa vivement Alexis; mais il était trop tard pour qu'il pût l'examiner à loisir. La demi-heure de jour qui leur restait fut employée à la construction de la hutte, pour laquelle chacun donna un coup de main au Dayak.

Le lendemain matin de bonne heure, Alexis, toujours tourmenté de la même curiosité au sujet du nibon, résolut de faire un tour dans la forêt, espérant y trouver un de ces arbres en fleurs : son frère, Pouchakin et le Dayak restèrent à la hutte pour préparer le déjeuner.

Il s'enfonça assez avant dans le bois, sans rencontrer ce qu'il cherchait. Mais comme il marchait ainsi au hasard, interrogeant du regard le feuillage des palmiers, il en aperçut un dont la tige éprouvait un mouvement de va-et-vient très-prononcé. Il s'arrêta pour écouter et entendit une sorte de déchirement, comme si quelqu'un dépouillait certains arbres de leurs feuilles, et particulièrement celui dont le balancement l'avait déjà frappé. Mais il n'en voyait que le tronc, et la cause du bruit, comme celle de ce mouvement inusité, semblait être à la cime, au milieu des feuilles,

Alexis regretta de ne pas avoir son fusil. Non qu'il eût peur : car au sommet d'un palmier il ne pouvait y avoir ni un éléphant ni un rhinocéros, et ce sont les seuls quadrupèdes qui soient à redouter dans une forêt de Bornéo, puisque le tigre royal, bien qu'assez commun à Java et à Sumatra, ne se trouve pas dans cette île privilégiée.

Ce n'était donc pas la peur qui faisait regretter à notre jeune Russe de n'avoir en ce moment d'autre arme que son couteau, mais la pensée qu'il pouvait perdre ainsi l'occasion de tirer sur une bête d'une espèce rare et qui devait être de belle taille, à en juger par les mouvements de l'arbre : car le poids d'un écureuil ou de tout autre petit animal n'aurait pas suffi pour imprimer au palmier un balancement aussi fort.

Il n'est pas besoin de dire combien les regrets du jeune chasseur augmentèrent quand, arrivé sous l'arbre et regardant en l'air, il aperçut, parmi les branches, un ours, le véritable *ursus malayanus*. C'était bien lui : son corps noir, son museau jaunâtre et la demi-lune blanche sur sa poitrine. Il était en train de se régaler de feuilles d'areng et les miettes de son repas jonchaient le sol au pied de l'arbre.

Alexis se souvint alors que c'était là une habitude bien connue de l'ours malais, dont l'aliment favori est le chou du palmier, et qui souvent s'attaque aux plantations de cocotiers, où il détruit des centaines d'arbres avant qu'on puisse le découvrir et le tuer. Cette forêt d'arengs, lui fournissant autant de choux qu'il en pouvait désirer, était bien l'endroit où on devait le rencontrer, et Alexis comprit alors pourquoi le Dayak les y avait conduits.

Il savait, en outre, que cette espèce est plus rare que l'autre, au moins dans l'île où ils se trouvaient, et il n'en était que plus contrarié de n'avoir pas son fusil. Attaquer l'animal avec son couteau eût été aussi absurde que dangereux : car l'ours malais est un adversaire plus redoutable que celui de Bornéo. Mais quand même Alexis en aurait eu l'envie, il ne pouvait engager la lutte, dans ces conditions, qu'en montant sur le palmier, et c'eût été dépasser les bornes de la témérité.

Le bruang avait depuis longtemps aperçu son ennemi au pied de l'arbre. Il avait en conséquence interrompu son repas, et, poussant des cris plaintifs, s'était placé dans une attitude de défense. La position qu'il avait prise indiquait d'ailleurs clairement qu'il n'avait aucune envie de descendre tant que le chasseur serait là. Alexis donna plusieurs coups de bâton sur l'arbre et fit quelques autres démonstrations pour l'effrayer, mais sans le moindre succès.

Sa première pensée fut de chercher à se faire entendre de ses compagnons. S'il y réussissait, ils viendraient à lui avec leurs fusils. C'était le plan le plus simple, le meilleur, et Alexis se hâta de le mettre à exécution en criant de toutes ses forces. Il appela pendant dix minutes et attendit à peu près aussi longtemps, mais sans obtenir de réponse, et personne ne vint.

Que faire? Aller les chercher, c'était donner à l'ours le temps de descendre et de se sauver. Il leur échapperait alors bien certainement, car il n'était pas vraisemblable qu'ils pussent retrouver sa piste à travers les bois. D'un autre côté, Alexis ne pouvait rester et attendre, probablement en vain, que l'ours voulût bien descendre, cas auquel il n'était pas même encore sûr qu'il réussît à le tuer ou à s'en rendre maître.

Au milieu de ces réflexions une idée heureuse lui

Il était en train de se régaler de feuilles d'areng. (Page 200.)

vint à l'esprit. Il recula de deux pas et se cacha derrière les larges feuilles d'un bananier sauvage, où l'animal ne pouvait l'apercevoir. Comme la matinée était fraîche, il avait son manteau. Il l'ôta et l'ajusta de son mieux autour du bâton avec lequel il avait frappé l'arbre, et qu'à l'aide de son couteau il tailla en pointe à l'une de ses extrémités. Sur l'autre bout il plaça sa casquette, et fit ainsi une sorte de mannequin ayant à peu près forme humaine.

Ce travail achevé, il s'avança avec précaution, ayant soin de rester lui-même toujours caché par les feuilles du bananier. Le mannequin, au contraire, fut enfoncé en terre de façon que l'ours pût l'apercevoir; puis, confiant dans l'effet de cette ruse digne d'Annibal, Alexis s'esquiva sans faire le moindre bruit. Quand il se sentit assez loin pour que l'animal ne pût l'entendre, il pressa le pas et retourna au camp.

S'armer et partir fut, pour ses compagnons et lui, l'affaire d'un instant, et vingt minutes plus tard ils étaient tous quatre au pied du palmier, où ils eurent la satisfaction de voir que la ruse d'Alexis avait complétement réussi.

Le bruang était toujours tapi parmi les feuilles du nibon; mais il n'y resta pas longtemps, car une volée de quatre coups de feu, visant à son poitrail blanc, le fit tomber sans vie auprès de l'arbre.

Le Dayak était mortifié de n'avoir pas, cette fois, découvert lui-même le gibier; mais en apprenant qu'il recevrait néanmoins la récompense promise, il fut bientôt consolé.

Encouragés par cet heureux début, nos héros résolurent de bien employer leur journée, et, après déjeuner, ils continuèrent leur chasse, dont le résultat fut de tuer, non-seulement un autre *bruang*, mais encore un *rimau dahan* ou tigre moiré (*felis macrocelus*), le plus bel animal de toute la race féline, dont la peau ne pouvait manquer de figurer avec éclat parmi les trophées réunis dans le muséum du palais Grodonoff.

Cette chasse termina leurs aventures dans l'archipel Oriental, et de Sambas ils gagnèrent directement, par le détroit de Malacca et le golfe du Bengale, la grande ville de Calcutta.

LIX

L'ours jongleur

Les voilà donc en route pour les hautes montagnes de l'Imaüs, la grande chaîne de l'Himalaya !

Là nos chasseurs comptaient trouver trois espèces d'ours différant entre elles par la taille, l'aspect, certaines habitudes et même par le lieu de leur résidence; car bien que toutes les trois existent dans les monts Himalaya, chacune a sa zone propre qu'elle habite presque exclusivement. Ces trois ours sont : l'ours paresseux (*ursus labiatus*), l'ours du Thibet (*ursus thibetanus*), et l'ours Isabelle ou l'ours des neiges (*ursus isabellinus*).

Le premier est celui qui a le plus attiré l'attention des écrivains et des voyageurs. Quelques naturalistes de cabinet l'ont, pendant longtemps, classé parmi les bradypes ou paresseux (*bradypus*). D'autres, au lieu de le laisser au genre *ursus*, auquel il appartient réellement, ont inventé pour lui un genre à part, et on le trouve mentionné, dans quelques catalogues zoologiques, sous le nom de *prochilus* (*prochilus labiatus*). Nous ne saurions admettre cette classification absurde, et nous lui conserverons son vrai nom d'*ursus labiatus*.

Ce nom lui a été donné à cause de la faculté qu'il a de pouvoir allonger les lèvres, surtout la lèvre inférieure, pour saisir sa nourriture, faculté qui lui est commune avec le tapir, la girafe et quelques autres animaux. Les épaisses touffes de poils qui lui couvrent le cou et presque tout le corps, ainsi que ses longues griffes en forme de croissant, lui donnent une ressemblance parfaite avec l'animal connu sous le nom de paresseux, et c'est de là sans doute que lui vient son nom vulgaire d'ours paresseux. Les naturalistes français lui ont donné le nom d'ours jongleur, et sa tournure grotesque le fait rechercher en effet par les bateleurs indiens; mais comme on dresse également à la danse et à divers exercices des ours de plusieurs autres espèces, ce nom n'est pas assez caractéristique, et il faut en revenir à celui d'ours à grosses lèvres (*ursus labiatus*).

Cet ours n'est pas tout à fait aussi gros que l'*ursus arctos*; on en rencontre cependant quelquefois dont la taille approche de celle de ce dernier. Il a le poil plus long qu'aucun autre de ses congénères, et sur le haut du cou cette longueur atteint ou dépasse même trente centimètres. Cette masse de poils est divisée, sur la nuque, par une raie transversale. Ceux de la partie antérieure tombent en avant et jusque sur les yeux de l'animal, ce qui le fait paraître lourd et stupide. L'autre est rejetée en arrière et lui forme une épaisse crinière. Quand l'ours est âgé, cette fourrure, très-longue et très-épaisse sur les flancs et autour du cou, pend presque jusqu'à terre et lui donne l'apparence d'une bête sans jambes.

La couleur de l'ours paresseux — nous lui laisserons ici ce nom, pour nous conformer à l'usage le plus répandu — est généralement noire, avec quelques taches brunes. Sur la poitrine, on remarque une tache blanche triangulaire; le museau est d'un blanc sal tirant sur le jaune. Il est d'ailleurs impossible de le confondre avec aucun autre ours noir. Son poil long et mêlé ne ressemble nullement à la fourrure unie ou relevée en brosse des espèces connues sous les noms de *malayanus*, *eurytpilus*, *americanus*, *ornatus* et *frugilegus*.

Mais ce qui le distingue principalement, c'est la faculté qu'il a d'avancer les lèvres jusqu'à plus de sept ou huit centimètres des mâchoires et d'en faire un tube dont la destination est évidemment la succion. Cette particularité et la longueur de sa langue, qu'il a plate, carrée au bout, et qu'il étend pour ainsi dire à volonté, sont d'abord en rapport avec ses habitudes. Ce développement extraordinaire lui a été certainement donné dans le même but qu'aux édentés de la tribu des mangeurs de fourmis, c'est-à-dire pour le mettre à même de laper les *termites*[1].

Ses longues griffes recourbées, qui ressemblent beaucoup à celles de plusieurs animaux de la même tribu et surtout du grand tamanoir de l'Amérique du Sud, lui servent à briser l'espèce de ciment dont ces insectes construisent leurs curieuses demeures. Les termites entrent, en effet, pour une part assez importante dans la nourriture de l'ours paresseux; mais il mange aussi des fruits, des végétaux succulents; il est à peine nécessaire d'ajouter qu'il aime passionnément le miel et qu'il pille les ruches.

Malgré le rôle comique que les jongleurs lui apprennent à jouer, il n'est pas rare qu'il fasse aussi parfois un peu de tragédie, surtout quand il est à l'état sauvage. Il n'attaque pas l'homme sans motif, et, si on le laisse tranquille, il passe volontiers son chemin; mais s'il est blessé ou provoqué, il se bat avec autant d'ar-

---

1. Fourmis blanches. *(Note du traducteur.)*

deur que l'ours noir d'Amérique. Les Indiens le craignent, mais c'est principalement, il est vrai, à cause des ravages qu'il cause dans leurs récoltes, et surtout dans les plantations de cannes à sucre.

Nous avons dit que l'ours paresseux n'habite pas seulement les monts Himalaya. Ces montagnes ne sont que la limite septentrionale de ses vastes domaines. On le trouve dans toute la péninsule de l'Hindoustan et même jusque dans l'île de Ceylan. Il est commun dans le Dekkan, dans le pays des Mahrattes et très-probablement dans toute l'Inde transgangétique. C'est également l'ours qu'on rencontre le plus souvent dans les montagnes qui bornent la province du Bengale, à l'est et à l'ouest, ainsi qu'au pied des Himalaya du Népaul; mais il ne va pas plus haut, ce qui prouve qu'il préfère un climat chaud, malgré son épaisse fourrure.

Un trait reste à noter. Au lieu de se cacher dans les solitudes, loin des habitations, il recherche plutôt la société de l'homme; non qu'il ait de l'affection pour lui, mais tout simplement pour profiter de son travail. Il a soin de placer toujours son gîte dans le voisinage de quelque village, dont il puisse à son aise dévaster les cultures. Ce n'est pas, à proprement parler, un habitant des forêts; il préfère les broussailles et les jungles. Il choisit habituellement pour repaire une cavité naturelle ou un trou creusé par quelque autre animal.

En quittant Calcutta, nos voyageurs prirent au nord-ouest, dans la direction des montagnes. Leur projet était de pénétrer dans la grande chaîne de l'Himalaya, par la principauté de Sikkim ou par le royaume du Népaul, et comme ils savaient que l'ours paresseux est très-répandu dans le pays qu'ils parcouraient, ils avaient constamment l'œil au guet.

Ils furent témoins, en effet, en beaucoup d'endroits,

des ravages que cet animal destructeur avait commis dans les champs cultivés, et ils virent sur leur route de nombreuses traces de son passage. Ils remarquèrent également, au milieu de quelques plantations de cannes à sucre, des tours en bois, dépassant en hauteur les plus grands arbres. Ils demandèrent dans quel but avaient été élevées ces singulières constructions, et on leur répondit que c'étaient des guérites où, quand la récolte commence à mûrir, des vedettes sont postées jour et nuit pour surveiller l'approche des ours et tâcher de les effrayer, dès qu'il en paraît quelqu'un dans les champs voisins.

Mais, malgré les preuves nombreuses de la présence de l'ours paresseux dans toute la province du Bengale, ce ne fut qu'au pied des monts Himalaya, dans une partie du pays appelée le Teraï, que nos chasseurs parvinrent à rencontrer ce qu'ils cherchaient. On donne ce nom de Teraï à une zone de terrain couverte de bois et de jungles, large d'environ trente kilomètres, qui s'étend parallèlement à la base méridionale de la chaîne de l'Himalaya, dans toute sa longueur, de l'Afghanistan à la Chine.

Toute cette contrée est si insalubre qu'elle est presque inhabitée; les seuls êtres humains qu'on y rencontre sont quelques tribus éparses des Mechs, qui, acclimatés dès l'enfance, n'ont rien à craindre de l'atmosphère chargée de miasmes qu'on y respire. Mais malheur à l'Européen qui fait un long séjour dans le Teraï! il est sûr d'y trouver son tombeau.

Malgré cette insalubrité, les plus grands quadrupèdes, l'éléphant, le gros rhinocéros indien, le lion, le tigre, le bœuf sauvage, le cerf, la panthère et le léopard semblent avoir, pour cette portion du pays, une préférence marquée. L'ours paresseux y rôde sans cesse, à travers les bois et les clairières, où il trouve abondamment des fourmis blanches, sa nourriture favorite.

Nos chasseurs ne pouvaient manquer de l'y rencontrer.

LX

Bruin pris par la langue.

Ils s'étaient arrêtés pour faire une collation et avaient attaché leurs chevaux à des arbres. Pendant que Pouchskin étalait les provisions et qu'Alexis était occupé à consigner dans son journal les événements de la journée, Ivan s'était mis à la poursuite d'un bel oiseau, auquel il espérait bien envoyer un coup de fusil. Il suivait avec précaution une sorte de ravin dont les bords pouvaient atteindre à la hauteur de sa tête, mais étaient, en quelques endroits, minés en dessous, comme par l'action des eaux. Le terrain sur lequel il marchait était de plus couvert de cailloux et de gravier, indiquant clairement le passage d'un cours d'eau. Ce qui lui avait paru un chemin creux était, pendant la saison des pluies, le lit d'une rivière complétement à sec en ce moment.

Ivan ne faisait pas toutes ces réflexions et ne songeait qu'au bel oiseau qui volait d'arbre en arbre, se tenant toujours hors de la portée de son fusil. Il suivait un des bords du ravin, le corps penché, cherchant à s'approcher, sans être vu, du gibier qu'il poursuivait, lorsque tout à coup son oreille fut frappée d'un bruit étrange, — un bruit monotone comme celui d'un rouet ou le ronron d'un chat. Cette musique ne lui fut pas précisément agréable, car elle annonçait le voisinage de quelque animal, qui, à en juger par le volume du son, quoiqu'il ne fût pas très-fort, pouvait être un voisin plus redoutable que commode. Ce fut pour lui un avertissement ; il renonça à la poursuite de l'oiseau et se tint immobile, écoutant avec beaucoup d'attention.

Pendant quelques instants, il ne put découvrir d'où venait le bruit ; il lui semblait l'entendre à la fois de tous les côtés. Sa première pensée avait été de l'attribuer à l'haleine d'un tigre; mais il connaissait le râle particulier qui accompagne la respiration du grand tigre royal du Bengale, et il ne le retrouvait pas dans les sons moins rudes et plus égaux qui l'occupaient.

Que ce fût d'ailleurs un tigre ou non, Ivan comprit tout de suite qu'il serait prudent ni de crier, ni de se mettre à courir pour rejoindre ses compagnons, bien qu'il n'en fût pas à plus de vingt mètres. En essayant de fuir, il pouvait attirer l'animal ou se jeter lui-même dans ses griffes, puisqu'il ne savait pas de quel côté il se trouvait. C'était pour reconnaître la position qu'il s'était arrêté et écoutait.

Il resta près d'une minute dans cette attente, interrogeant du regard, sur le bord du chemin, l'intérieur de la jungle. Il n'y put découvrir aucun être vivant; l'oiseau même avait disparu. Le bruit continuait toujours cependant, et une ou deux fois même il prit plus de volume, au point de ressembler à une sorte de grondement. Puis il cessa tout à coup et fut suivi d'un souffle rapide, plusieurs fois répété. C'était là un indice mieux défini, qui attira les yeux d'Ivan dans une direction où il n'avait pas encore cherché. Il avait examiné avec le plus grand soin tout ce qu'il pouvait voir sur les deux rives; il n'avait pas songé à regarder dans le lit même du torrent. Il se baissa, et, dans une des excavations creusées par les eaux, il aperçut, à sa grande surprise, l'auteur des bruits qui l'avaient si fort intrigué.

Il ne distingua d'abord qu'une tête d'un blanc sale, avec une paire de vilains yeux fixes; mais, en examinant avec plus d'attention, il reconnut que cette tête se détachait d'une grosse masse de poils noirs qui ne pouvait couvrir que le corps d'un ours, et, suivant toute vraisemblance, d'un ours paresseux.

Ce point éclairci, Ivan devait-il se réjouir ou s'alarmer? Il se serait félicité d'une telle rencontre, si l'ours avait été à distance; mais, placé comme il l'était, assez près de la bête pour qu'elle pût l'atteindre d'un seul bond, il n'avait pas trop lieu de s'en applaudir. Il comprit, au contraire, bien vite tout le danger de sa situation, et ne songea qu'à fuir. Il songea néanmoins en même temps au péril d'attirer la bête sur lui. Il savait que, malgré les mouvements désordonnés que fait l'ours en courant, surtout l'ours paresseux, il court encore plus vite que l'homme. S'il lâchait pied, l'animal pouvait lui sauter sur le dos, et alors c'était fait de lui.

Au lieu de tourner les talons, Ivan continua donc de faire face au péril, et, les yeux fixés sur l'ours, il commença à reculer lentement et silencieusement. Il avait en même temps abaissé son fusil dans la direction de l'animal, non avec l'intention de faire feu, mais seulement pour être prêt si l'ours devenait l'agresseur.

Bruin, en effet, ne semblait nullement disposé à abandonner la partie. Le grondement sauvage qu'il fit entendre en ce moment indiquait de tout autres intentions; c'était le prélude du combat. Presque au même instant, Ivan le vit se lever sur ses pattes de derrière, et avant qu'il eût pu lâcher son coup, ou même viser convenablement, la masse épaisse et velue, semblable à un tourbillon de loques noircies, s'élançait sur lui. On parle des bonds soudains du tigre et de la charge impétueuse du lion; mais, quoique cela puisse paraître étrange, ni l'un ni l'autre de ces animaux ne se précipite sur sa victime avec plus de rapidité que l'ours, cette bête en apparence si lourde et si maladroite. La faculté qu'il possède de se tenir debout, et la grosseur de ses pattes de derrière, combinée avec la puissance musculaire dont la nature a armé ses jambes, lui permettent de bondir en avant avec une vélocité aussi surprenante qu'inattendue. Les chasseurs de profession le savent bien; aussi n'approchent-ils d'un ours, même au repos, qu'avec les plus grandes précautions. Ivan le savait comme eux, et c'est pour cela qu'il cherchait à accroître la distance qui le séparait de l'animal, avant que celui-ci prît son élan.

Malheureusement il n'avait pas assez gagné de terrain, et il se trouvait encore assez près pour que l'ours pût l'atteindre d'un bond, lorsque celui-ci se leva sur ses pattes. Un pas de plus qu'il fit en arrière, au moment où Bruin s'élançait, le sauva : l'animal manqua son but. Se relever et se précipiter de nouveau fut l'affaire d'un instant; mais cette fois son élan fut moins fort. Il arriva jusqu'au jeune chasseur, mais celui-ci put se maintenir debout et saisir son adversaire. S'il fût tombé, c'était fait de lui.

Ivan avait jeté son fusil, car n'ayant pas le temps de viser, il ne pouvait s'en servir utilement. Il avait donc les mains libres, et quand l'horrible bête arriva sur lui, il étendit les bras, saisit sa grande crinière, et réunissant toutes ses forces dans un suprême effort, il put tenir à distance la tête du monstre et ses redoutables mâchoires.

L'animal avait entouré de ses pattes le corps du jeune chasseur, mais une épaisse et large ceinture qu'Ivan portait heureusement ce jour-là, le protégea contre les griffes de son terrible ennemi. Tant qu'il pourrait maintenir en arrière cette gueule ouverte, avec sa double rangée de dents blanches et aiguës, il avait peu de chose à craindre ; mais ses forces ne pouvaient suffire longtemps contre un si rude jouteur, et son seul espoir était que les cris qu'il poussait amèneraient ses compagnons à son secours. Heureusement, il allait en effet être secouru, et déjà il entendait venir Alexis et Pouchskin.

Le moment était critique. Les mâchoires de l'ours touchaient presque le visage du jeune homme, qui sentait sur ses joues l'humide et tiède haleine de l'animal. En même temps, Bruin allongeait sa langue autant qu'il pouvait, et lui imprimait des mouvements précipités, comme s'il eût espéré atteindre ainsi et attirer à lui la tête de son adversaire.

Mais la lutte fut courte. Elle ne dura que le temps nécessaire à Alexis et à Pouchskin pour arriver sur le lieu du combat, pas six secondes de plus. La première chose que fit Pouchskin fut de saisir de la main gauche la langue de l'ours, tandis que de la droite il lui plongeait son grand couteau entre les côtes. Alexis en faisait autant de son côté, et avant qu'ils eussent l'un ou l'autre retiré leur arme, l'animal lâcha prise et roula sur le gravier, où, après quelques contorsions grotesques, il resta sans mouvement et sans vie.

LXI

Une peau non étrennée.

L'aventure ainsi menée à bonne fin, nos chasseurs ne prirent que le temps d'avaler un morceau. On les avait prévenus du danger que pouvait leur faire courir le climat du Teraï; ils se hâtèrent de le traverser et atteignirent, avant la nuit, une région plus élevée. Ils gagnèrent ensuite les coteaux du Népaul, où ils espéraient rencontrer l'ours du Thibet (*ursus thibetanus*). Cet animal a été regardé, par quelques naturalistes, comme une simple variété de l'*ursus arctos*, mais sans la moindre raison. Il est beaucoup plus doux et exclusivement frugivore; son pelage est noir, mais avec une marque blanche sur la poitrine, ayant la forme d'un Y : les branches de la lettre montent le long des épaules, tandis que le pied descend entre les deux jambes et jusque vers le milieu du ventre. Cet ours a, en outre, les griffes courtes et faibles, et son profil, loin de ressembler à celui de l'*ursus arctos*, forme presque une ligne droite. Il est enfin beaucoup plus petit; sa taille, qui n'est guère que la moitié de celle de l'espèce avec laquelle on le confond, dépasse à peine celle de l'*ursus malayanus*, auquel il ressemble beaucoup plus.

Il habite principalement les montagnes de Sylhet et toute la partie de l'Himalaya qu'entoure dans le Thibet le Brahmapoutra[1]. On le trouve aussi sur les plateaux élevés du Népaul ; et c'est là que nos chasseurs résolurent de l'aller chercher. Guidés par un Ghoorka qu'ils avaient pris à leur service, ils ne tardèrent pas, en effet, à en découvrir un, dont la peau fut ajoutée à leur collection sans incident qui mérite d'être raconté. Ils auraient pu, avant de quitter le Népaul, y rencontrer encore l'ours brun ou isabelle (*ursus isabellinus*). Il ne fallait pour cela qu'entreprendre l'ascension de quelqu'un des sommets couverts de neige qui dominent toute la contrée ; mais ils savaient qu'ils le trouveraient aussi près des sources du Gange, et ils désiraient visiter ce lieu célèbre ; ils continuèrent donc leur route vers l'ouest, par le Népaul et Delhi, jusqu'à la station de Mussoorie, dans la belle vallée du Dehra-Doon.

Après s'y être reposés quelques jours, ils s'engagèrent dans les montagnes, dont le pied et la partie moyenne sont couverts de magnifiques forêts de chênes de plusieurs espèces différentes.

En traversant une de ces forêts, ils apprirent, à la grande surprise d'Alexis, qu'on y trouvait un grand ours noir, ne ressemblant ni à l'*ursus thibetanus* ni à l'*ursus isabellinus*, — une espèce distincte qui, quoique bien connue des chasseurs anglo-hindous, paraît avoir échappé à l'attention des naturalistes.

Ils eurent en même temps la preuve que cet ours, non classé, n'est rien moins que rare, et qu'il y aurait injustice à le considérer comme un membre insignifiant de la grande famille. Pour la taille, la force et la férocité, il ne le cède qu'à l'*ursus ferox* et à l'*ursus ma-*

---

1. *Fils de Brahma*, grand fleuve de l'Inde. (*Note du traducteur.*)

ritimus, et il peut aller de pair avec l'*ursus arctos*. Nos voyageurs virent dans presque tous les villages qu'ils traversèrent, les témoignages nombreux de sa cruauté et de la force dont il est armé pour faire le mal : — des hommes blessés, estropiés et quelques-uns même horriblement mutilés. On leur en montra à qui cet ours noir avait complétement arraché la peau du crâne et du visage, et dont les traits offraient l'aspect le plus hideux.

Cette singulière habitude de s'attaquer de préférence au cuir chevelu et au visage de l'homme, paraît être commune à toute la tribu des ours. On la trouve non-seulement chez l'ours noir et l'ours brun de l'Himalaya, mais encore chez l'*ursus arctos* et les ours gris et blanc. Ils visent constamment à la tête et particulièrement au visage, et un seul coup de griffe leur suffit d'ordinaire pour enlever la peau et la chair. Il est à remarquer encore qu'une fois sa victime ainsi défigurée, un ours cesse généralement de la maltraiter, et si l'homme a la présence d'esprit de rester tranquille et de faire le mort, le plus souvent le monstre s'éloigne et le laisse en repos.

Nos jeunes chasseurs avaient été informés par les Shikkards, nom que l'on donne aux chasseurs dans cette partie de l'Inde, de quelques autres habitudes de l'ours noir de l'Himalaya, qui le font ressembler beaucoup à l'*ursus arctos* de l'Europe septentrionale. Il se nourrit généralement de fruits, de racines et d'insectes de toute espèce, même de scorpions, et, lorsque les forêts ne lui fournissent pas une nourriture assez abondante, il pénètre dans les terres cultivées et ravage les récoltes. Chose étrange, il ne touche pas au froment, bien qu'il n'épargne ni les champs d'orge, ni ceux de sarrasin. Pendant la nuit, il entre dans les jardins contigue aux habitations et se régale de fruits et de légumes. Il pousse même l'audace jusqu'à prendre le miel des ruches, qui, suivant la coutume de ces villages, sont placées dans de petites niches, le long des murs de chaque maison.

L'ours noir mange quelquefois des melons et des concombres, mais il aime surtout les abricots, qui sont le fruit le plus communément cultivé dans toute la partie moyenne de l'Himalaya. Il entre de nuit dans les vergers, monte sur les arbres et y fait plus de dégâts, en quelques heures, qu'une vingtaine d'enfants n'en pourraient faire en une journée. Aussi, dans presque tous, a-t-on établi des guérites pour des gardiens qui surveillent ces terribles maraudeurs, et, dans la saison, en tuent un assez grand nombre.

L'ours noir de l'Himalaya mange de la chair fraîche ou en putréfaction, et, quand il en a une fois goûté, il n'en perd plus l'habitude et reste carnivore toute sa vie. Il donne alors la chasse aux chèvres et aux moutons qui paissent sur les montagnes, pénètre même dans les villages et attaque les bestiaux jusque dans leurs étables. Lorsqu'un troupeau de moutons se trouve sur son chemin, à moins qu'il ne soit poursuivi par les bergers, il ne se contente pas d'en tuer un, il en immole quelquefois une vingtaine.

Ces ours atteignent souvent une taille énorme, presque égale à celle de l'*ursus arctos*, dont on ne peut supposer cependant qu'ils soient une variété. Leur longueur ordinaire est de 2 mètres 40 centimètres, et lorsqu'ils ont atteint toute leur croissance, leur poids représente la charge de plusieurs hommes.

L'automne est la saison où ils sont le plus gras, — surtout le moment où les glands sont mûrs et encore sur les arbres. On les voit alors, en grand nombre, venir de tous côtés, dans les forêts de chênes, et monter aux arbres pour se régaler de leur mets favori. Ils n cueillent pas les glands un à un ; ils cassent d'abord les rameaux qui en sont chargés et les portent tous au même endroit, ordinairement à la fourche formée par deux ou trois grosses branches, et là, assis comme des écureuils, ils mangent à loisir.

Dans les forêts voisines des habitations et souvent visitées par les chasseurs, ils se tiennent ordinairement cachés pendant le jour, et ne sortent de leurs retraites qu'au coucher du soleil. Mais, dans les régions plus élevées et loin des villages, ils ne prennent même pas la peine de se cacher, et restent toute la journée sur les chênes à cueillir des glands. C'est en cette saison qu'on leur donne la chasse avec le plus de succès. Le chasseur n'a pas d'efforts à faire pour découvrir un ours ; il trouve son gibier en se promenant tranquillement dans les bois et en regardant aux feuilles, comme s'il cherchait des écureuils.

Nos héros arrivèrent précisément au mois d'octobre dans cette partie des monts Himalaya, et à peine entrés dans la région des forêts de grands chênes, ils commencèrent leurs recherches. Ils désiraient vivement réussir, sachant combien leur père serait charmé d'avoir, par surcroît, la peau de cet ours noir, qui pouvait être considéré comme une variété non décrite.

LXII

Un cheval dans une fâcheuse position.

Ils s'engagèrent d'abord dans une forêt de chênes, de cèdres et d'autres arbres qui couvraient la pente d'un coteau, au pied duquel se trouvait le petit village où ils avaient établi leur quartier général.

Arrivés à une certaine hauteur, ils mirent pied à terre, afin de mieux observer la cime des arbres où ils espéraient trouver leur gibier, et ils attachèrent leurs montures aux branches d'un grand cèdre. La chance, ce jour-là, semblait leur être contraire. Ils voyaient partout de nombreuses traces de la présence des ours, mais pas un de ces animaux.

Il était midi, et comme on leur avait dit que le soir était le moment le plus favorable pour la chasse, ils résolurent de retourner auprès de leurs chevaux et d'attendre le coucher du soleil. La marche leur avait donné de l'appétit ; un déjeuner et quelques heures de repos sous le grand cèdre allaient réparer leurs forces et les disposer à se mettre en chasse, avec plus de chances de succès, aux approches de la nuit.

Mais comme ils approchaient de l'endroit où ils avaient laissé leurs chevaux, ils entendirent des hennissements répétés, et, ce qui les surprit plus encore, un bruit sourd et un piétinement continu.

Arrivés tout près de là, leur étonnement ne fut pas moindre quand ils virent leurs trois bêtes sauter, comme si elles avaient voulu rompre leurs liens. Elles étaient attachées chacune à une branche séparée, à plusieurs mètres de distance l'une de l'autre, et toutes trois hennissaient, sans cause apparente, d'une façon extraordinaire.

Alexis et son frère savaient qu'il y a, dans l'Himalaya, une espèce de taon fort redouté de tous les animaux et de l'homme lui-même : ils le savaient pour en avoir déjà souffert. Mais on ne trouve ces insectes que dans les vallées basses, et il n'était pas probable qu'ils fussent à craindre dans ces forêts, à 3000 mètres au-dessus du niveau de la mer.

A défaut du taon, fallait-il soupçonner les abeilles ? Il pouvait y avoir un essaim de mouches sauvages dans le voisinage, sur les branches mêmes du cèdre, et leur présence aurait suffi pour causer le trouble où ils voyaient leurs chevaux.

Ils s'étaient presque arrêtés à cette explication, lorsque leur attention fut attirée vers un objet qui donna, du problème, une solution toute différente.

Un des chevaux paraissait plus effrayé que les autres et tandis qu'il se cabrait, ruait, piétinait, ses yeux semblaient attirés en haut. Les chasseurs portèrent leurs regards dans la même direction et, parmi les feuilles du cèdre, ils aperçurent une grosse masse noire, de forme oblongue, étendue sur l'une des branches inférieures, exactement au-dessus de la place où le cheval était attaché.

Ils avaient à peine eu le temps de reconnaître dans cet objet le gibier cherché par eux depuis le matin, que

La sangle était en mauvais état et se rompit. (Page 325.)

l'ours, car c'en était un, quitta sa branche et s'élança comme un chat sur le dos du cheval.

Celui-ci poussa un cri d'effroi, et comme si la terreur eût doublé ses forces, il réussit à casser la branche qui le retenait, et se sauva dans la forêt, l'ours se tenant toujours cramponné sur son dos.

Les arbres qui croissaient alentour étaient presque tous jeunes et minces; mais comme ils étaient très-serrés, le cheval, avec son étrange cavalier, ne pouvait avancer que difficilement, et, à demi aveuglé par l'effroi, il se heurtait presque à chaque pas. Tout à coup, on le vit s'arrêter comme s'il eût été retenu par un pouvoir magique. Les spectateurs, étonnés de cette scène, ne pouvaient s'expliquer ce qu'ils voyaient; mais comme ils étaient près du lieu de la halte, ils en connurent bientôt la cause. L'ours avait passé une de ses grosses pattes de devant autour d'un arbre, et de l'autre il retenait fortement le cheval par la selle. Il réussit assez facilement à le maintenir ainsi pendant quelque temps, mais bientôt s'engagea une lutte qui dura quelques secondes à peine. Le cheval faisait les plus violents efforts pour s'échapper; l'ours serrait énergiquement la selle de sa griffe et résistait de toutes ses forces.

Heureusement pour le premier, son harnais n'était ni neuf ni entretenu, à ce qu'il paraît, avec beaucoup de soin. La sangle était en mauvais état et se rompit; la selle resta entre les griffes de l'ours, et le cheval, devenu libre, mit à profit cet heureux accident. Il fit entendre un hennissement de joie et s'élança dans la forêt; il était hors de danger. Pour Bruin, au contraire, les tribulations allaient commencer.

Tandis que, retenant le cheval d'une patte, il s'accrochait de l'autre à l'arbre qu'il avait saisi et qui était un jeune pin, celui-ci avait plié au point que sa tête touchait presque la selle. Lorsque la sangle cassa, la tige élastique se redressa comme un ressort et avec une telle force, qu'elle fit non-seulement lâcher prise à l'ours, mais qu'elle le lança à plusieurs mètres sur le sol, où il resta tout étourdi, ou du moins si étonné qu'un moment on aurait pu le croire mort.

Ce moment ne fut pas perdu pour nos chasseurs. Ils accoururent à la hâte jusqu'à dix pas de l'animal, et tirèrent sur lui tous les trois en même temps, ce qui l'empêcha de se relever. — Encore un que l'on ne revit sur ses pattes que lorsque sa peau, transportée à Saint-Pétersbourg, fut montée et exposée dans le muséum du palais Grodonoff.

LXIII

L'ours des neiges.

A une plus grande hauteur, sur les monts Himalaya, habite l'ours des neiges. Cette espèce a reçu des naturalistes le nom bizarre d'ours isabelle (*ursus isabellinus*), à cause de sa couleur, qui est celle dont le nom semble destiné à perpétuer le souvenir de la robe, d'autres disent de la chemise que portait la reine Isabelle de Castille, à la fin du siége de Grenade[1]. Il est au moins difficile de définir exactement ce qu'on entend par la couleur isabelle, et les ours auxquels on a donné ce nom n'ont pas tous d'ailleurs le même pelage. Leur couleur varie, au contraire, du blanc au brun foncé. Les chasseurs de l'Himalaya les connaissent sous les noms d'ours brun, d'ours rouge, jaune, blanc gris, blanc d'argent et blanc de neige, ce qui montre combien de variétés de couleur on rencontre dans la même espèce. Quelques-unes de ces nuances toutefois peuvent être

---

1. La reine, dit la légende, avait fait serment de n'en changer que quand la ville serait en son pouvoir. On raconte la même histoire d'Isabelle d'Autriche, fille de Philippe II, assiégeant Ostende, qui ne fut prise qu'au bout de trois ans. (*Note du traducteur.*)

observées successivement chez le même individu, et sont l'effet des saisons ou de l'âge de l'animal.

De toutes ces dénominations, la meilleure paraît être celle d'ours des neiges. En l'adoptant, on évite la confusion dans les noms, les autres étant déjà donnés à des variétés de l'*ursus americanus* et de l'*ursus ferox*. De plus elle convient parfaitement à l'ours de l'Himalaya, puisqu'il habite, de préférence, la zone couverte de gazon et sans arbres qui se trouve entre la ligne des neiges perpétuelles et les pentes boisées où il ne descend qu'à certaines époques de l'année.

Pour le distinguer des autres espèces, il faut d'ailleurs très-peu se fier à la couleur. Au printemps, son poil est long, touffu et de nuances variant généralement entre le jaune et le roux, mais assez souvent aussi du gris au blanc d'argent. En été, ce long poil jaunâtre tombe et est remplacé par un autre plus court et plus foncé, qui s'allonge à son tour et prend une teinte plus claire. Les femelles sont de nuances plus foncées que les mâles, et les petits ont, autour du cou, un cercle blanc qui disparaît à mesure qu'ils grandissent.

L'ours des neiges est sujet à l'hivernage. Quand viennent les froids, il se retire dans quelque caverne d'où il ne sort que quand le soleil commence à fondre la neige qui couvre le gazon, à la lisière des bois. Là, on le trouve tout l'été, mangeant de l'herbe et des racines, ainsi que les reptiles et les insectes qu'il peut attaquer. En automne, il court les forêts, cherchant des baies ou des noisettes et, en cette saison, comme son cousin l'ours noir, il entre dans les terres cultivées et jusque dans les jardins pour se régaler de fruits et de graines; le sarrasin est son mets favori.

Naturellement frugivore, il mange cependant quelquefois de la chair, et il n'est pas rare qu'il commette des ravages parmi les troupeaux de moutons et de chèvres qui paissent, en été, sur les hautes montagnes. Dans ce cas, il ne craint pas la présence de l'homme, et il attaque les bergers qui essayent de lui donner la chasse.

Parmi les objets, plus ou moins étranges, dont se compose le régime alimentaire de l'ours des neiges, il faut mettre en première ligne les vers et les scorpions. Il passe beaucoup de temps à les chercher, grattant pour cela la terre et retournant les pierres. Il déplace ainsi des fragments de rochers qu'un homme ne pourrait remuer.

C'est pendant qu'un de ces ours se livrait à cette curieuse opération que nos chasseurs en firent la découverte et parvinrent à le tuer. Ils en avaient déjà rencontrés plusieurs et blessé deux, mais tous les deux s'étaient sauvés. Cette fois ils furent plus heureux, le gibier leur resta et d'une façon un peu inattendue.

Ils gravissaient péniblement un étroit ravin qui, bien qu'on fût en automne, était rempli de neige.

Cette neige était là depuis l'hiver, et, sans être gelée, elle offrait une surface dure et unie; aussi avaient-ils peine à se tenir debout, et de temps en temps, il leur fallait tailler des marches pour y poser leurs pieds : à vrai dire, ils grimpaient plus qu'ils ne marchaient. Leur but, en faisant cette pénible ascension, était de retrouver un ours qu'ils avaient vu monter par le même chemin, quelques minutes auparavant, et dont ils suivaient les traces empreintes sur la neige.

Ils faisaient aussi peu de bruit que possible, et ils arrivèrent ainsi au haut du ravin. En regardant avec précaution par-dessus les bords, ils découvrirent un plateau de quelques hectares d'étendue, sans neige et couvert de gazon. Çà et là se dressaient quelques fragments de rochers, évidemment tombés du flanc de la montagne, qui continuait de s'élever au delà du plateau.

Mais ce qui les réjouit surtout, ce fut d'apercevoir un ours, probablement celui dont ils avaient suivi les traces. Il était là, à vingt mètres au plus, et dans une étrange attitude : il tenait entre ses pattes de devant une pierre, presque aussi grosse que son propre corps, et qu'il cherchait évidemment à déplacer. Tous les trois le mirent en joue et tirèrent en même temps. Leurs balles, quelques-unes au moins, atteignirent l'animal : il lâcha le fragment de rocher qu'il soulevait et qui retomba à sa première place, mais il ne tomba pas lui-même. Il se retourna au contraire brusquement et, poussant un cri sauvage, courut droit aux chasseurs.

Ceux-ci, n'ayant pas le temps de recharger leurs fusils, n'avaient d'autre parti à prendre que de fuir, en descendant le ravin par où ils étaient venus, car tenter de monter sur le plateau c'était aller au-devant de l'ours. Mais descendre n'était pas chose facile. Ils n'avaient pas fait trois enjambées, qu'ils reconnurent l'impossibilité de se tenir debout sur la pente de neige durcie. Le temps leur manquait pour tailler de nouvelles marches ou pour chercher les anciennes. La seule voie de salut qui leur restât était de s'asseoir sur la neige et de se laisser glisser dans cette position. L'idée leur en était à peine venue que l'exécution suivit immédiatement; ils se servirent de leurs fusils pour modérer la vitesse de leur course, et ils arrivèrent ainsi au bas du ravin.

Une fois en bas, ils se retournèrent pour regarder derrière eux. L'ours était en haut et paraissait indécis, ne sachant s'il devait descendre à son tour ou abandonner la poursuite. Il était du reste parfaitement posé pour recevoir une nouvelle décharge, et ils se disposaient à en essayer l'effet, lorsqu'à leur grand étonnement ils s'aperçurent que les canons de leurs fusils étaient remplis de neige.

Tandis qu'ils se désolaient, croyant l'ours perdu pour eux, par suite de ce fâcheux accident, ils le virent faire un mouvement vers eux, comme s'il s'était enfin décidé à descendre; mais ce mouvement n'était pas naturel. Au lieu de s'avancer du pas qui lui est habituel, le pauvre animal semblait rouler sur lui-même, obéissant à une force étrangère plutôt qu'à sa propre volonté. Et en effet, épuisé par la perte de son sang, il était tombé de faiblesse au bord du ravin, et roulait sans avoir la force de s'arrêter.

Un instant après, il était étendu sans vie aux pieds des chasseurs qui, néanmoins, lui plongèrent leurs longs couteaux entre les côtes, pour se mieux garantir contre toute chance de résurrection.

LXIV

La dernière chasse.

N'ayant plus rien à faire sur les hauteurs de l'Himalaya, nos voyageurs descendirent dans les plaines de l'Hindoustan et traversèrent la péninsule jusqu'à Bombay. De Bombay, ils gagnèrent, par l'océan Indien, le golfe Persique, le port de Bassora, sur l'Euphrate. Ils remontèrent le Tigre, un des affluents de ce fleuve, et arrivèrent à la ville célèbre de Bagdad. Le but de leur voyage était, en ce moment, d'atteindre les cimes neigeuses du Liban, où ils devaient rencontrer l'ours de Syrie. Ils quittèrent donc Bagdad avec une caravane turque, et, après bien des peines et des fatigues, ils arrivèrent à Damas, théâtre de tant de crimes et de massacres causés par le fanatisme d'une fausse religion.

Ils n'avaient point à s'occuper de ces questions, et ils ne s'arrêtèrent que fort peu de temps dans cette malheureuse ville. Aussitôt qu'ils eurent recueilli tous les renseignements qui pouvaient leur être utiles, ils se mirent en route pour le Liban.

C'est dans cette chaîne de montagnes que se trouve l'ours de Syrie (*ursus syriacus*), et il n'y a que peu d'années qu'il y a été découvert. Tous les naturalistes doutaient de l'existence des ours en Syrie, comme ils nient encore qu'il y en ait en Afrique. Obligés de reconnaître leur erreur, quelques-uns ne veulent aujourd'hui voir dans les ours de Syrie qu'une variété de l'*ursus arctos*; mais c'est là une opinion insoutenable.

Par la forme, la couleur et la plupart de ses habitudes, l'ours de Syrie diffère essentiellement de l'ours brun du Nord. Il n'habite pas les forêts, mais généralement les lieux découverts ou les rochers, et, comme l'ours des neiges de l'Himalaya, il se tient, le plus communément, près de la ligne des neiges perpétuelles.

Sa couleur varie du gris cendré au brun fauve, mais elle change selon les saisons. Il a le poil plat, ce qui le fait paraître plus mince et plus petit que beaucoup d'autres animaux de la même espèce, qui ne sont pas plus gros que lui.

Un signe auquel il est aisé de le reconnaître, c'est la ligne de poils droits, assez semblable à la crinière dorsale d'un singe, qu'il a sur le dos, tout le long de la colonne vertébrale. L'ours de Syrie se distingue d'ailleurs aisément de tous les autres membres de la même famille, et le regarder comme une simple variété de l'*ursus arctos*, c'est tout simplement revenir, pour ce qui le concerne, à l'ancien système, qui considère tous les ours comme ne formant qu'une et même espèce.

L'ours de Syrie n'habite pas toute la chaîne du Liban. On ne le trouve que sur les sommets les plus élevés, particulièrement sur le mont Makmel, et c'est à la limite des neiges qu'il séjourne ordinairement. Il descend cependant quelquefois plus bas et, comme l'ours des neiges de l'Himalaya, il pénètre dans les jardins et y commet de grands dégâts. Il tue aussi les moutons, les chèvres, de plus grands animaux même, et, quand il est provoqué, il ne craint pas d'entrer en lutte avec l'homme. Il est redouté surtout pendant la nuit, car c'est le plus dans les ténèbres qu'ont lieu ses exploits Des bergers et des chasseurs ont été victimes de sa férocité, ce qui prouve qu'il a conservé le caractère sauvage que lui attribue l'Écriture, où il est dit que deux de ces ours déchirèrent quarante-deux des enfants qui avaient insulté le prophète Élisée.

Sa férocité a été également constatée à l'époque des Croisades, puisqu'on rapporte que le premier chef des croisés, Godefroy de Bouillon, tua un de ces ours qui attaquait un pauvre bûcheron d'Antioche, et que cette prouesse fut considérée comme un grand exploit par ces valeureux champions de la croix.

Nos chasseurs purent enfin se convaincre, par leur propre expérience, que l'ours de Syrie est toujours aussi sauvage et aussi féroce qu'autrefois. Ils ne devinrent, il est vrai, la proie d'aucun de ces animaux ; mais ce malheur serait arrivé, au moins à quelqu'un d'entre eux, s'ils n'avaient réussi, cette fois encore, à tuer l'ours avant que sa griffe pût les atteindre. Ce fut leur dernière aventure de ce genre, — la dernière du moins que rapporte le journal d'Alexis.

Ils avaient momentanément établi leur quartier général à Bischerre, petit village situé près de la ligne des neiges, sur le mont Makmel, et célèbre par le grand nombre d'ours qui habitent les hauteurs voisines. De Bischerre, ils faisaient leurs excursions à pied, la nature du terrain ne permettant pas de voyager à cheval; ils avaient fait déjà quelques bonnes chasses et tué même un couple d'ours, mais trop jeunes pour que leurs peaux pussent figurer dans leur collection. Il leur fallait un plus bel échantillon de la race syrienne, ils se le procurèrent de la manière suivante

Ils avaient suivi la piste d'un de ces animaux jusqu'à

un ravin dont l'entrée n'avait pas plus de trois ou quatre mètres de largeur, et qui du point où ils étaient, descendant par une pente rapide, semblait, à en juger par la forme arrondie des pierres qui en garnissaient le fond, être le lit d'un torrent, en ce moment à sec.

Ils s'engagèrent dans ce défilé, avec l'espoir que l'ours se serait réfugié dans quelque caverne ou crevasse. De chaque côté s'élevaient en effet, à une grande hauteur, des roches escarpées que nos chasseurs examinaient attentivement, sous toutes leurs faces, s'attendant toujours à voir Bruin au fond d'un antre. La chose était assez vraisemblable, car, à chaque pas, ils découvraient des crevasses et de profondes cavités, mais d'ours point.

Ils avaient parcouru le ravin à peu près dans la moitié de sa longueur et continuaient de monter, lorsqu'un bruit, pareil à celui d'un soufflet de forge, attira leur attention; ils regardèrent dans la direction d'où il semblait venir et aperçurent l'animal qu'ils cherchaient, l'ours enfin. Ils ne découvrirent d'abord que son museau, à six ou sept mètres au-dessus du fond du ravin. Bientôt toute la tête fit saillie et se dessina de profil; on eût dit une tête d'ours appliquée contre la surface plane d'un rocher, comme ces têtes de cerf qui ornent les salles à manger ou les antichambres de quelques châteaux. Il y avait là évidemment une caverne où s'était retiré l'animal.

Après avoir jeté un coup d'œil rapide sur les indiscrets qui l'avaient dérangé, l'ours retira sa tête si vite qu'il leur fut impossible de tirer leur coup de fusil. Pour viser avec plus d'aisance et de sûreté, ils firent quelques pas en avant, de façon à se trouver au dessus de la caverne et à en mieux voir l'entrée. Une fois là, ils attendirent, sans prononcer une parole, la réapparition de la tête ou au moins du museau.

Leur attente ne fut pas longue. Soit pour voir s'ils étaient partis, soit dans le dessein de se mettre à leur poursuite, l'ours avança de nouveau la tête hors de son antre. Craignant qu'il ne la retirât encore, tous trois firent feu, avec une telle précipitation que deux manquèrent leur coup. Seule, la balle d'Alexis atteignit la bête dans la mâchoire et la lui fracassa.

Lorsque la fumée se fut dissipée, ils virent le gros corps fauve de l'ours apparaître tout entier sur le rocher qui se trouvait en avant de la caverne. Il poussa quelques hurlements de rage et de douleur, puis sauta parmi les pierres, au fond du ravin; mais au lieu de descendre, comme ils s'y attendaient, il courut droit à eux.

Cette fois encore, il n'y avait pas deux partis à prendre. Il fallait fuir et continuer leur ascension. Descendre, c'était se jeter entre les griffes de l'animal furieux; tous trois se mirent donc à grimper du mieux qu'ils purent, et ils eurent un moment l'espérance d'échapper à leur ennemi. Mais, à mesure qu'ils montaient, la pente devenait plus escarpée, et les pierres, roulant sous leurs pieds, rendaient la marche plus difficile. Ils furent bientôt hors d'haleine et dans l'impossibilité de faire un pas de plus.

En désespoir de cause, ils s'arrêtèrent et firent face à l'ennemi, tirant tous trois leurs couteaux et se préparant à la lutte. L'ours avançait toujours, criant et hurlant. Il marchait parmi les pierres beaucoup plus vite qu'eux, et il les aurait certainement atteints si la course avait continué, car il était à peine à six pas derrière eux quand ils se retournèrent.

La lutte ne pouvait manquer d'être dangereuse. Essoufflés, haletants, ils n'étaient guère en état de soutenir l'assaut d'un si redoutable ennemi. Inutile de dire qu'ils n'avaient pas le temps de recharger leurs fusils;

ils n'y songèrent même pas. Ils étaient déterminés à se défendre avec leurs couteaux, quel que fût le péril, et ils s'en seraient peut-être, malgré tout, tirés à leur honneur si la lutte s'était engagée.

Mais, avant que l'ours arrivât jusqu'à eux, une meilleure idée vint à l'esprit de Pouchskin. Il se baissa subitement, jeta son couteau et saisit une énorme pierre qu'il éleva à la hauteur de ses épaules, et la lança de toutes ses forces sur l'animal. Atteint en pleine poitrine, celui-ci fut comme foudroyé. Non-seulement il tomba sous le coup, mais son corps fut précipité à dix pas en arrière.

Nos chasseurs rechargèrent leurs fusils et descendirent vers l'ours qu'ils trouvèrent sans vie parmi les pierres. Après lui avoir enlevé sa fourrure, ils retournèrent à Rischerre, et le lendemain, pliant bagage, ils se mirent en route pour gagner, à travers les défilés du mont Liban, les côtes de la Méditerranée.

Le mot d'ordre était désormais : A la maison! Ce mot résonnait agréablement à leurs oreilles. Leur grande chasse aux ours était achevée. Ils avaient accompli la tâche qui leur avait été imposée et fidèlement exécuté toutes les conditions de leur programme.

Ils s'attendaient naturellement à trouver, au retour, une bonne réception, et leur espérance ne fut pas trompée. Pendant plusieurs jours, ce ne furent que fêtes et réjouissances dans les salons du palais Grodonoff. Nos jeunes chasseurs avaient retrouvé, dans le muséum de leur père, leurs anciennes connaissances de toutes les parties du monde. Elles étaient là, dans diverses attitudes, et montées avec le plus grand soin. Il n'y manquait que l'ours de Syrie, dont ils avaient eux-mêmes apporté la dépouille, tandis que toutes les autres peaux avaient été envoyées par diverses occasions. Peu de jours suffirent pour que l'*ursus syriacus* fût aussi mis sur ses jambes, et la collection se trouva complète.

La « grande chasse aux ours, » avec ses étranges conditions et ses curieuses péripéties, fut bientôt, dans les cercles et les sociétés les plus distinguées de Saint-Pétersbourg, le sujet de toutes les conversations. Nos jeunes chasseurs, transformés eux-mêmes en animaux, par une figure fort en usage dans le monde, devinrent et restèrent les *lions* de la saison. Aujourd'hui même, il n'est pas rare, dans les salons de la grande capitale, de voir la conversation choisir de préférence pour ce sujet : *le Baron et ses ours.*

FIN

TABLE.

		Pages.
I.	Le palais Grodonoff	1
II.	Le baron Grodonoff	9
III.	Les ordres cachetés	13
IV.	Discussion des articles	19
V.	L'itinéraire	26
VI.	A Tornéo	36
VII.	La boîte à surprises	41
VIII.	Les ours de la Scandinavie	46
IX.	Les ours en hiver	55
X.	Bruin est-il à la maison?	61
XI.	Corps à corps	65
XII.	Une disparition mystérieuse	72
XIII.	Sous la neige	78
XIV.	L'ours cerné	83
XV.	Le vieux Nalle	88
XVI.	La barricade	94
XVII.	La fusée	99
XVIII.	La Palombière	105
XIX.	Les Pyrénées	111
XX.	Une singulière avalanche	116
XXI.	Une rencontre avec des muletiers	122

XXII.	Les ours des Pyrénées................................	127
XXIII.	Le chasseur d'isards................................	131
XXIV.	L'embuscade..	136
XXV.	Un ours dans un nid................................	140
XXVI.	Les aigles..	145
XXVII.	Le feu au nid.......................................	150
XXVIII.	Les ours de l'Amérique méridionale...............	155
XXIX.	La Montaña...	160
XXX.	Le cannellier péruvien..............................	166
XXXI.	Alerte sur un banc de sable.......................	170
XXXII.	Les pécaris..	174
XXXIII.	Charybde et Scylla................................	178
XXXIV.	Les anciennes missions............................	183
XXXV.	Les têtes de nègres................................	186
XXXVI.	L'ivoire végétal...................................	192
XXXVII.	Au Nord!..	198
XXXVIII.	Les forêts du Nord..............................	200
XXXIX.	Le bayous..	204
XL.	Un nègre à cheval sur un ours....................	210
XLI.	L'arbre abattu et l'ours mort.....................	216
XLII.	Le marché du squatter.............................	219
XLIII.	L'ours polaire.....................................	225
XLIV.	Une vieille ourse assiégée.........................	230
XLV.	Toute une famille prise............................	236
XLVI.	Les Terres nues....................................	241
XLVII.	Bruin prenant un bain.............................	245
XLVIII.	Le grand ours gris................................	250
XLIX.	Un poste de trafiquants de fourrures.............	255
L.	Une rencontre avec le vieil Éphraïm..............	259
LI.	Le Kamschatka.....................................	267
LII.	Les ours pêcheurs..................................	271
LIII.	Un troupeau d'ours................................	276
LIV.	Une chasse en traîneau............................	279
LV.	L'ours de Bornéo...................................	283
LVI.	Le grand tapang....................................	287

TABLE. 341

LVII.	Le bruang...................................	291
LVIII.	Le mangeur de chou.........................	296
LIX.	L'ours jongleur...............................	305
LX.	Bruin pris par la langue......................	311
LXI.	Une peau non classée........................	316
LXII.	Un cheval dans une fâcheuse position.........	321
LXIII.	L'ours des neiges.............................	327
LXIV	La dernière chasse...........................	332

FIN DE LA TABLE

Coulommiers. — Imp. Paul BRODARD. — 744-97.

LIBRAIRIE HACHETTE ET Cⁱᵉ
BOULEVARD SAINT-GERMAIN, 79, A PARIS

LE
JOURNAL DE LA JEUNESSE

NOUVEAU RECUEIL HEBDOMADAIRE
TRÈS RICHEMENT ILLUSTRÉ

POUR LES ENFANTS DE 10 A 15 ANS

Les vingt-cinq premières années (1873-1897),
formant
cinquante beaux volumes grand in-8, sont en vente.

Ce nouveau recueil est une des lectures les plus attrayantes que l'on puisse mettre entre les mains de la jeunesse. Il contient des nouvelles, des contes, des biographies, des récits d'aventures et de voyages, des causeries sur l'histoire naturelle, la géographie, les arts et l'industrie, etc., par

Mᵐᵉˢ D'ARTHÈZ, BARBÉ, S. BLANDY, CAZIN, CHAMPOL, CHÉRON DE LA BRUYÈRE, COLOMB, G. DEMOULIN, E. D'ERWIN, Z. FLEURIOT, REINECKE, DE HOUDETOT, L. MUSSAT, P. DE NANTEUIL, JEANNE SCHULTZ, DE WITT NÉE GUIZOT; MM. A. ASSOLLANT, DE BEAUREGARD, D. BELLET, LÉON CAHUN, ALBERT CIM, ERNEST DAUDET, DILLAYE, A. DOURLIAC, M. DU CAMP, DUHOUSSET, L. ÉNAULT, J. GIRARDIN, AIMÉ GIRON, M. DE GORSSE, A. GUILLEMIN, JACOTTET, CH. JOLIET, A. LEMAISTRE, ALBERT LÉVY, P. MAEL, E. RENAULT, E. HOUTON, E. MULLER, PAUL PELET, E. RENOIR, LOUIS ROUSSELET, L. SEVIN, Cᵗᵉ STARY, G. TISSANDIER, V. TISSOT, G. TOUDOUZE, ETC.,

et est

ILLUSTRÉ DE 12 500 GRAVURES SUR BOIS

d'après les dessins de

É. BAYARD, BUSSON, CRAFTY, Mᵐᵉ CHAMPEL, C. DELORT, FAGUET, FÉRAT, KAUFFMANN, LE BLANT, LEMAISTRE, LIX, A. MARIE, ADRIEN MORAU, DE MYRBACH, A. DE NEUVILLE, A. PARIS, PRANISHNIKOFF, F. RÉGAMEY, REICHAN, RENOUARD, RIOU, RONJAT, TAYLOR, TOFANI, VOGEL, G. VUILLIER, E. VULLIEMIN, TH. WEBER, M. ZIER.

CONDITIONS DE VENTE ET D'ABONNEMENT

Le JOURNAL DE LA JEUNESSE paraît le samedi de chaque semaine.

Le prix du numéro, comprenant 16 pages grand in-8, est de 40 centimes.

Les 52 numéros publiés dans une année forment deux volumes.

Prix de chaque volume : broché, 10 francs ; cartonné en percaline rouge, tranches dorées, 13 francs.

PRIX DE L'ABONNEMENT
POUR PARIS ET LES DÉPARTEMENTS

Un an (2 volumes). . . . . . . **20** FRANCS
Six mois (1 volume). . . . . . . **10** —

Prix de l'abonnement pour les pays étrangers qui font partie de l'Union générale des postes : Un an, 22 francs ; six mois, 11 francs.

Les abonnements se prennent à partir du 1ᵉʳ décembre et du 1ᵉʳ juin de chaque année.

MON JOURNAL

NOUVEAU RECUEIL HEBDOMADAIRE

Illustré de nombreuses gravures en couleurs et en noir

A L'USAGE DES ENFANTS DE HUIT A DOUZE ANS

DIX-SEPTIÈME ANNÉE

(1897-1898)

DEUXIÈME SÉRIE

MON JOURNAL, à partir du 1ᵉʳ octobre 1892, est devenu hebdomadaire, de mensuel qu'il était, et convient à des enfants de 8 à 12 ans.

Il paraît un numéro le samedi de chaque semaine. — Prix du numéro, 15 centimes.

ABONNEMENTS :

FRANCE	UNION POSTALE
Six mois............ 4 fr. 50	Six mois............ 5 fr. 50
Un an................ 8 fr. »	Un an................ 10 fr. »

Prix des années 1893 à 1897 de la deuxième série (5 vol.)
Chacune : Brochée, 8 fr. — Cartonnée, 10 fr.

Les années I à XI de la Première série sont épuisées.

PETITE BIBLIOTHÈQUE DE LA FAMILLE

Format petit in-16

A 2 FRANCS LE VOLUME, BROCHÉ

LA RELIURE EN PERCALINE GRIS PERLE, TRANCHES ROUGES,
SE PAIE EN SUS 50 C.

Champol (F.) : *En deux mots.* 1 vol.

Dombre (R.) : *La garçonnière.* 1 vol.
— *Un oncle à tout faire.* 1 vol.

Fleuriot (Mlle Z.) : *La vie en famille.* 10ᵉ édit. 1 vol.
— *Tombée du nid.* 4ᵉ édit. 1 vol.
— *Raoul Daubry, chef de famille.* 4ᵉ éd. 1 vol.
— *L'héritier de Kerguignon.* 3ᵉ édit. 1 vol.
— *Réséda.* 11ᵉ édit. 1 vol.
— *Ces bons Rosage.* 3ᵉ édit. 1 vol.
— *Le cœur et la tête.* 3ᵉ édit. 1 vol.
— *Au Galadoc.* 1 vol.
— *Bengale.* 1 vol.
— *Sans Beauté*, 18ᵉ édit. 1 vol.
— *La clef d'or.* 8ᵉ édit. 1 vol.
— *Loyauté.* 2ᵉ édit. 1 vol.
— *De trop.* 2ᵉ édit. 1 vol.
— *La glorieuse.* 1 vol.
— *Un fruit sec.* 1 vol.
— *Les Préealonnais.* 1 vol.
— *Le théâtre chez soi, comédies et proverbes.* 2ᵉ édit. 1 vol.

Fleuriot Kérinou : *De fil en aiguille.* 1 vol.

Girardin (J.) : *Les théories du docteur Wurtz.* 1 vol.

Girardin (J.) (suite) : *Miss Sans-Cœur.* 5ᵉ édit. 1 vol.
— *Les Braves gens.* 1 vol.
— *Mauviette.* 1 vol.

Giron (Aimé) : *Draconnette.* 1 vol.

Leo-Dex : *Vers le Tchad.* 1 vol.

Maël (P.) : *Fleur de France.* 1 vol.

Marcel (Mme J.) : *Le Clos-Chantereine.* 1 vol.

Nanteuil (Mme P. de) : *Les élans d'Élodie.* 1 vol.

Varley : *Une perfection.* 1 vol.
Ouvrage couronné par l'Académie française.
— *Dernier rayon.* 1 vol.

Wiele (Mme Van de) : *Filleul du roi.* 1 vol.

Witt (Mme de), née Guizot : *Tout simplement.* 2ᵉ édit. 1 vol.
— *Ceux qui nous aiment et ceux que nous aimons.* 1 vol.
— *Sous tous les cieux.* 1 vol.
— *A travers pays.* 1 vol.
— *Vieux contes de la veillée.* 1 vol.
— *Regain de vie.* 1 vol.
— *Contes et légendes de l'Est.* 1 vol.
— *Les chiens de l'amiral.* 1 vol.
— *Sur quatre roues.* 1 vol.
— *Mont et manoir en Normandie.* 1 vol.

D'AUTRES VOLUMES SONT EN PRÉPARATION

COULOMMIERS. — IMP. PAUL BRODARD.

www.ingramcontent.com/pod-product-compliance
Lightning Source LLC
Chambersburg PA
CBHW060327170426
43202CB00014B/2694